교사, 방정환에게 길을 묻다
방정환 교육철학의 이론과 실제

우리교육사상 02

교사, 방정환에게 길을 묻다
방정환 교육철학의 이론과 실제

**초판 1쇄 인쇄** 2021년 8월 25일
**초판 1쇄 발행** 2021년 9월 1일
**지은이** 방정환배움공동체 구름달
**펴낸이** 김승희
**펴낸곳** 도서출판 살림터

**기획** 정광일
**편집** 송승호, 조현주
**북디자인** 이순민

**인쇄·제본** (주)신화프린팅
**종이** (주)명동지류
**주소** 서울시 양천구 목동동로 293. 22층 2215-1호
**전화** 02) 3141-6553
**팩스** 02) 3141-6555
**출판등록** 2008년 3월 18일 제313-1990-12호
**이메일** gwang80@hanmail.net
**블로그** https://blog.naver.com/dkffk1020

ISBN 979-11-5930-200-8 03370

우리
교육
02 사상

# 교사,

## 방정환에게

# 길을

# 묻다

**방정환 교육철학의 이론과 실제**

**방정환배움공동체 구름달** 지음

살림터

# 아이들에게 배운다:
# 어른의 욕심에서 아이의 동심으로

『교사, 방정환에게 길을 묻다』라는 책이 나와 무척 기쁩니다. 소파 방정환 선생은 의암 손병희 선생의 사위로서 동학·천도교의 시천주·인내천 사상을 바탕으로 세계 최초로 어린이날을 제창했으며 어린이 교육·예술·문화·인권 운동을 주창한 대단한 인물임에도, 우리나라 교육계와 문화예술계에서 별로 주목받지 못해 왔습니다. 특히 유아교육 분야에서 방정환 선생의 사상과 업적에 대해 외면하거나 등한시해 왔습니다. 우리 유아교육은 제도적으로는 일본에, 내용과 방법은 서양에 기대어 왔습니다.

이러한 우리나라 유아교육의 현실이 안타까워 저는 지난 30여 년간 부산대학교 유아교육과 교수로 근무하면서 제도개혁과 내용개혁 운동을 부단히 해왔습니다. 그리고 1995년 부산대학교에 부설 어린이집을 설립하여 12년간 원장을 맡아 운영하면서 우리 아이들에게 잃어버린 자연과 놀이와 아이다움을 되찾아주는 생태유아교육[숲교육]을 시작했습니다. 이는 그동안 우리 민족의 잃어버린 유아교육의 참모습, 어린아이의 동심회복 운동의 출발이었습니다. 2017년 1월에는 유보혁신연대(53개 단체)를 결성하여 "대한민국의 유아교육은 민주공화국의 유아교육이다. 대한민국 유아교육의 주권은 어린이에게 있고, 모든 유아교육의 이론과 실제는 어린이로부터 나와야 한다"고 주창하면서 어른편익중심 유아교육에서 '아이행복중심' 유아교육으로의 혁신 운동을 강력히 추진했습니다.

이러한 30년간의 노력이 마침내 2019년 개정된 누리과정에 반영되기에 이르렀습니다. 1969년 유치원 교육과정 제정 이후 50년 만에 교실·수업·교사중심의 기존 유아교육을 자연·놀이·아이중심의 유아교육으로 개편한 것입니다. 이로써 획일화된 누리과정의 다양화와 운영의 자율화를 실현할 발판이 마련되었다는 점에서 작은 결실을 이룬 셈이며, 어린이 동심회복운동이 소파 탄생 120년 만에 그 빛을 보게 되었다고 생각합니다.

하지만 현장에서 방정환을 계승하는 배움터는 여전히 찾아보기 힘듭니다. 이는 방정환을 한국을 대표하는 교육자와 교육사상가로 제대로 평가하지 못하기 때문이며, 방정환 교육이론을 체계적으로 정립하지 못하고 있기 때문이기도 합니다.

이런 현실에서 6년 전, 경주 용담에서 방정환 선생의 뜻을 계승한 '방정환한울어린이집'을 개원하여 새로운 교육문화운동을 시작한 것은 참으로 다행한 일입니다. 방정환한울어린이집과 텃밭책놀이터의 실천 사례는 우리나라와 세계의 유아교육 및 초등교육이 나아가야 할 방향을 제시하기에 충분하다고 생각합니다. 방정환 선생에 대한 이론적 연구물에 바탕을 둔 이 운동이 유치원, 초등학교, 중등학교로 확산되어 아이들의 행복세상을 앞당기는 전환점이 되기 바랍니다.

이 책은 방정환 교육철학을 이론적으로 정립했다는 데에도 큰 의의가 있을 뿐 아니라, 그동안의 현장 경험을 가감 없이 소개함으로써 앞으로 방정환 선생의 뜻을 계승하려는 단체와 교육 현장에 많은 영감을 줄 수 있다는 점에서 매우 뜻깊게 생각합니다.

출간을 다시금 축하드리며, 이 책을 계기로 소파 방정환 선생의 사상과 운동을 계승하는 배움터들이 더 많이 생기고, 한국 교육이 우리의 교육철학을 바탕으로 획기적으로 전환될 수 있길 진심으로 소망합니다. 이제 온 세상의 큰 물결은 경주 용담의 잔물결에서 시작된 것입니다. 여러분들의 열정에 큰 박수를 보내면서, 저도 힘닿는 데까지 열심히 돕겠습니다. 고맙습니다.

2021년 7월
임재택 모심

# 새로운 문명의 '작은 물결들'을 기대하며

2013년 12월, 생태유아교육의 선구자라 할 수 있는 임재택 부산대 유아교육학과 교수님을 만난 일이 있습니다. 이런저런 이야기를 나누다가 우리나라에 '방정환초등학교'가 하나도 없다는 이야기를 들었습니다. 의아해했지만 그래도 '소파초등학교'는 있겠거니 했습니다. 학교 이름은 설립자의 호를 쓰는 경우가 많기 때문입니다. 그런데 검색해 보니 '소파초등학교'도 없었습니다. 순간 '이게 뭐지' 하는 생각이 들었습니다. '어린이' 하면 방정환인데, 어떻게 이분 이름이 들어가는 초등학교가 하나도 없단 말인가. 뭔가 망치로 얻어맞은 느낌이었습니다. 공교육은 말할 것도 없고, 대안교육조차도 서양교육을 추종하는 현실이 눈에 들어왔습니다.

그때 저는 '천도교한울연대'라는 환경단체의 공동대표를 맡고 있었습니다. 마침 신년맞이 수련회가 수운 최제우 선생의 득도지인 경주 용담정에서 열렸습니다. 새해 아침을 맞으며 이 이야기를 조심스레 꺼내 보았습니다. 그랬더니 참가했던 분들이 '우리라도 한번 만들어 보자'며 적극 호응했습니다. 그렇게 신년 아침에 '결의'가 이루어졌습니다.

그런데 초등학교는 설립이 만만치 않았습니다. 그래서 우선 어린이집을 해 보기로 했습니다. 마침 우리 단체에는 어린이집 원장 자격을 갖춘 분이 두 분이나 계셨습니다. 마음이 모이자 일이 급속도로 진척되었습니다. 2014년 3월, 용담정 아래에 괜찮은 자리가 나와서 바로 계약하고 모금이 시작되었습니다. 3개월 사이에 1억 원이 넘는 후원금이 들어왔습니다. 참여하신 분도 130여 명이나 되었습니다. 5월부터 바로 인테리어 공사가 시작되었습니다. 다행히 좋은 목수님을 만나서 모든 공간을 아이들이 건강하고 안전하게 지낼 수 있도록 생태적으로 꾸몄습니다. 바닥은 물론 벽도 아이들이 닿는 곳까지는 모두 오동나무로 했습니다.

그렇게 해서 2014년 9월 1일 '방정환한울어린이집'이라는 이름의 어린이집을 개원했습니다. 여기서 '한울'은 '생명의 전일성'을 의미하는 용어입니다. 본래 '한'에는 '하나'의 의미와 '크다'·'전체'라는 의미가 있습니다. '울'은 '울타리'라는 뜻도 있지만 '우리'의 의미도 있고, '우주'의 의미도 있습니다. 공간적인 울타리에 국한되지 않고 우주의 시·공간은 물론 우주의 질적인 차원까지 포괄합니다. 따라서 '한울'은 요즘 말로 하면 '우주적 생명' 또는 '생명의 전일성'을 의미합니다. 동학에서는 존칭해서 한울님이라고도 하는데, 동학의 한울님은 저 우주 너머에 계신 초월적인 인격신을 의미하지 않습니다. 이 우주에 가득 찬 기운이면서 내 안에 모셔져 있는 우주생명을 의미합니다. 해월 최시형 선생은 이 한울님 개념을 확장해서 모든 존재, 모든 사람이 곧 한울님이라고 했습니다. 특히 가난하고 빈천한 사람들, 당시 억압받던 며느리도 한울님이라고 했고, 천대받던 아이도 한울님이라고 한 것이 방정환 어린이 운동의 효시가 되었습니다.

개원하면서 가장 중시한 것은 아이들의 먹을거리였습니다. 그래서 모든 먹을거리는 생태유아공동체와 한살림생협에서 조달하는 식재료로 만들었습니다. 이로 인해 비용이 두 배 가까이 초과되는 것을 감수하면서 지금까지도 가장 우선순위로 지키고 있습니다. 두 번째로 방정환한울어린이집에서는 매일 숲나들이를 갑니다. 그냥 산책 정도가 아니라 산과 들, 계곡으로 나가서 자연과 깊이 교감하고 흙에서 뒹굴고, 맨발로 뛰어다니기도 하고, 햇살이 좋을 때는 풍욕도 하면서 온전히 자연 속에서 놀다가 옵니다. 옛날 시골에서 아이들이 산과 들 또는 시냇물에 나가서 마음껏 뛰놀던 그 모습 그대로입니다. 이렇게 3개월만 어린이집에 다니면 다른 어린이집 아이들과 피부색부터 달라집니다. 햇볕에 그을려 시커멓고 생기 넘치는 얼굴로 바뀝니다. 신체 능력과 체력도 놀랄 만큼 달라집니다. 웬만한 나무에는 다섯 살만 되어도 올라가고, 산비탈도 쉬지 않고 달음질쳐서 올라갑니다. 그렇게 1년이 지나면 아토피가 있던 아이가 낫기도 하고, 배변 장애가 있던 아이가 쾌변을 보는 변화가 일어나기도 합니다.

방정환한울어린이집은 전국에서 CCTV가 없는 거의 유일한 어린이집일 것입니다. 물론 CCTV가 꼭 필요한 경우도 있겠지만, 근본적 대책은 되지 못한다고 보았습니다. 교사와 부모 간 상호 신뢰가 더 중요한 것이지요. 그래서 모든 부모님의 동의를 받아 CCTV를 설치하지 않는 대신 부모님들께 모든 프로그램을 공개하고 언제든지 어린이집에 드나들 수 있도록 완전히 개방했습니다. 또한 '산들맘'이라는 자격으로 숲나들이에 적극 참여할 것을 권하고 있습니다. 여기에 전체 학부모가 참여할 수 있는 '도란도란'이라는 부모모임을 매달 개최하면서 대화와 소통을 통해 현안을 풀어가고 있습니다.

무엇보다도 방정환한울어린이집은 "어린이가 한울입니다."라는 모토 아래, "스스로 자라고 서로 배우는 기쁜 우리"를 교육이념으로 표방합니다. 어린이가 한울이라는 의미는, 어린이를 한울님으로 높여서 공경해야 한다는 것입니다. '모자라고 미숙하다'고만 보아 보호해야 하는 존재만이 아니라 이미 완전하고 거룩한 한울님으로 받들어야 한다는 것입니다. 그뿐만 아니라 다른 어린이도 한울이므로 서로 소중히 여기고 공경하는 자세로 대해야 한다는 것입니다. 여기서 한 걸음 더 나아가 자연에서 만나는 모든 동식물, 나무와 풀, 작은 벌레, 돌멩이까지도 소중하게 대해야 한다는 것입니다.

위의 교육이념 중에 '스스로 자란다'는 것은 아이가 백지상태로 태어났기에 어른들이 뭔가를 채워 줘야 하는 존재가 아니라, 마치 씨앗처럼 이미 자기만의 개성과 특징을 가지고 스스로를 발현하는 존재로 본다는 것입니다. 지금은 농사도 농부가 비료로 영양분을 주입하고 농약과 제초제로 그 작물을 보호해야만 가능한 것으로 생각하지만, 실제 작물은 하늘의 햇빛을 받아 광합성을 통해 자랍니다. 거기에 땅의 영양분을 흡수함으로써 저마다 다른 자기만의 꽃과 열매를 맺어가는 것입니다. 다시 말해 하늘과 땅이 작물을 키우는 것이며, 작물의 입장에서는 자기에게 이미 있는 생명의 힘으로 자기 씨앗을 스스로 발현하는 것입니다. 여기에 농부의 역할은 매우 제한적입니다. 그렇다고 해서 중요하지 않다는 뜻은 아닙니다. 농부는 작물을 성장하게 하는 존재가 아니지만, 그 작물이 건강하게 잘 자라는 데 결정적인 역할을 할 수 있습니다.

이는 인간에게도 그대로 해당합니다. 인간도 자연과 생명의 일부이기 때문입니다. 그래서 아이가 저마다 다른 씨앗을 가지고 있음을 인정해야 하며, 어른들의 생각으로 키우려 해서는 안 됩니다. 그네들의 저마다 다른 특성을 인정하고 그 씨앗이 온전히 성장할 수 있도록 도와주며 좋은 환경을 만들어 주는 것, 아이들이 온전히 존중받을 수 있도록 믿어주고 기다려 주는 것이 부모와 교사의 역할입니다. 이런 부모와 교사의 역할이 결코 쉬운 것은 아닙니다. 오히려 부모와 교사는 더 세심하게 아이들을 관찰하면서 개입해야 할 때와 기다려야 할 때를 정확하게 고려해야 하고, 아이들의 행동뿐만 아니라 내면의 욕구와 감정의 차원까지도 살필 수 있는 전문성과 따뜻한 가슴이 요구됩니다.

　다음으로, '서로 배운다'는 것은 교사가 일방적으로 학생에게 지식을 주입하는 것이 아니라, 교사도 학생을 통해 배우고, 교사와 교사도 서로 배우며, 교사와 부모도 서로 배우고, 부모들끼리도 회의나 동아리를 통해 서로 배운다는 것입니다. 무엇보다 중요한 것은 아이들 스스로가 비록 부족하지만 서로 배우는 힘을 기르는 것입니다. 그래서 방정환 선생은 '교육'이라는 말을 많이 사용하지 않고 '배움'이라는 말을 주로 사용했습니다. 또한 학교 교육 못지않게, 학생들 스스로, 소년회라든지 동아리를 통해 비록 어설프고 부족하지만 자기네들의 힘으로 토론회도 하고, 연극도 만들고, 신문을 만들면서 자기주도적인 배움의 힘을 기르는 것을 중시했습니다. 이런 뜻을 담아서 방정환한울어린이집에서는 아침을 열면서 모두 큰절하며 '서로 배우겠습니다'라는 인사로 하루를 엽니다. 교사회의에서도 마찬가지로 '서로 배우겠습니다'라고 인사하면서 회의를 엽니다. 회의는 단순히 안건을 처리하고 찬반양론을 거쳐 뭔가를 결정하는 자리가 아닙니다. 서로 다른 다양한 생각들에 귀기울이고 상대방의 입장을 존중함으로써, 자기 껍질을 깨고 생각을 확장시키는 자리입니다. 이를 통해 안건은 더 생산적으로 발전되며 서로 배움의 공명이 일어나는 시간입니다.

　끝으로, '기쁜 우리'는 방정환 선생의 글에서 유독 '기쁨'이라는 단어가 많이 등장하는 점에 주목한 것입니다. 선생은 식민지적 억압 속에서, 또 어른들의 가부장적 굴레 속에서 기를 펴지 못하고 자기 생각을 펼 수 없었던 당시 아이들의 눌린 가슴을 회복시켜서 기쁨이 샘솟을 수 있기를 바란 것입니다. 그때에 비하면 오늘날 아이들은 귀하게 키워지는 것은 사실이지만, '과연 아이들의 가슴이 기쁨으로 충만한가?' 생각해 보면 그렇지 않다 싶어 미안하고 안타깝습니다. 여전히 아이들의 행복은 미래로 유보되고 있습니다. 내일의 성공과 출세를 위해 늦은 시간까지 학원에 다니고, 영어단어 하나 더 외우면서 오늘을 힘겹게 견뎌야 하는 삶을 여전히 아이들에게 강요하고 있는 것은 아닌지요? 오히려 요즘 아이들이 느끼는 불안과 두려움은 이전보다 훨씬 강해졌는지도 모릅니다. 과연 무엇을 위해 아이들을 이렇게 몰아대고 있는 건가요?

교육에서 가장 중요한 것은 스스로의 몸과 마음을 소중하게 대하는 법을 배우는 것이며, 친구들과 사이좋게 뛰놀며 협력하는 방법을 배우는 것입니다. 그런데 오늘날 교육은 자신을 소중히 여기고 주변 동무들을 소중하게 대하기는커녕 경쟁해서 이겨야 하는 존재로 배우게 됩니다. 그 과정에서 가슴에서 올라오는 목소리는 애써 누르고 외면해야 하는 아이로 키우는 것이 오늘날 교육이 되어버렸습니다. 그렇게 외면된 내면의 목소리는 억압되어 잠재의식의 깊은 어둠과 그림자를 형성하게 됩니다. 그것을 요즘 심리학에서는 '내면아이'라고 부릅니다. 몸은 성장해도 외면된 내면아이는 성장을 멈추고 가슴 깊이 있는 골방에서 숨죽이며 울고 있게 됩니다. 그래서 내면의 목소리를 억누른 채 사회적으로 성공하고 출세한 어른일수록 내면아이가 제대로 자라지 못한 경우가 많아서 그 간극으로 인한 사회적 문제가 생기기도 합니다. 그러므로 '지금 여기', 매 순간 아이의 욕구와 감정, 의지와 생각이 온전히 존중됨으로써, 늘 가슴에 기쁨이 머물게 하는 것이 아이의 성장에서 어떤 것보다 중요하다는 것은 두말할 필요가 없습니다.

처음 표어는 '기쁜 어린이'였습니다. 그런데 생각해 보니 '어린이'만 기뻐서는 안 될 일이었습니다. 교사도 기쁘고 부모도 기쁜 존재가 되지 않으면 아이가 어떻게 기쁠 수 있겠습니까? 그래서 교사도 기쁘고 부모도 기쁠 수 있으며, 모두가 배움의 주체가 되어 서로의 인격과 영혼의 성장을 돕는 '배움 공동체'가 되지 않고서는 안 되겠다고 생각했습니다. 그래서 비록 민간어린이집의 한정된 예산임에도 교사의 복지를 위해 최선을 다하려 했고, 휴식이나 연가 사용도 최대한 보장하려 하고 있습니다. 또한 교사에게 업무가 과중되지 않게 하려고 교사-학생 비율도 법적 기준의 절반 정도로 줄이는 노력을 하고 있습니다. 이로 인해 예산의 어려움이 생겼지만 이를 이해한 학부모님들의 자발적인 후원 동참으로 이 원칙을 견지하고 있습니다.

부모 역시 아이를 맡기는 것으로 역할이 끝나지 않고 이 '배움공동체'에 적극 참여함으로써 인식이 바뀌고 삶이 바뀌는 데까지 이르게 하고자 노력하고 있습니다. 부모의 삶이 바뀌지 않고 어린이집에 보내는 것만으로는 진정으로 아이의 가슴에 기쁨을 돌려줄 수 없기 때문입니다.

방정환 선생이 한국의 교육에서 잊혀진 이유는 여러 가지가 있겠지만, 그가 너무 일찍 돌아가신 까닭에 체계적인 교육론을 스스로 정립하지 못했기 때문인 점도 있으리라 봅니다. 하지만 위에서 언급한 것처럼 선생이 분명한 교육철학을 가지고 아이들이 제대로 성장하기를 바란 훌륭한 교육자였다는 것은 두말할 필요도 없습니다. 무엇보다도 방정환의 교육철학이 어느 서양의 교육자 못지않은 것은 그 뿌리에 동학의 사상과 정신이 있기 때문입니다. 동학의 핵심은, 한마디로 말하면 '모심과 공경'입니다. '모심'은 모든 사람과 모든 생명 안에 무궁한 우주생명이 모셔져 있다는 것입니다. 따라서 우리가 힘써야 하는 것은 자기 자신을 공경하고, 주변 사람들을 공경하고, 모든 생명을 공경하는 일입니다. 공경이 모든 실천의 핵심입니다. 비록 방정환 선생이 체계적인 교육론을 정립하지는 못했지만, '모심과 공경'의 동학사상을 기반으로 부족한 점을 채우면서 동학적 교육철학을 확립한다면 그것이 방정환 선생이 추구했던 교육의 모습이라고 생각합니다.

방정환한울어린이집을 설립하고 2년이 지나면서 어린이집을 좀더 체계적으로 지원하며 방정환 정신을 계승하고 확산시켜 갈 새로운 교육운동이 필요해졌습니다. 그래서 2016년 12월 4일 '방정환한울학교'라는 교육운동 단체가 결성되었습니다. 초대 이사장으로 임재택 교수님을 모시고 방정환의 정신과 뜻을 한국에 널리 알리는 한편, 서양 교육에 지배되고 있는 한국 교육의 현실을 바꾸고자 했습니다. 무엇보다 아이들이 한 인격체로 온전히 존중받고 행복이 미래에 유보당하지 않으며, 오늘 여기서 기쁠 수 있는 아이로, 그리고 내면에 간직한 저마다의 씨앗을 자기 색깔로 온전히 꽃피워내고 열매 맺을 수 있도록 돕고자 했습니다. 2017년에는 당시 이사로 참여하신 정미라 님께서 오백 평의 땅을 기증함에 따라 텃밭형 어린이도서관 성격의 '방정환 텃밭책놀이터'를 열게 되었습니다. 여기서 초등방과후 프로그램도 열고 주말 텃밭도 열어서, 우리 삶에 직결된 '삶의 기술'을 배우게 했습니다. 작년엔 초등과정을 준비하는 학부모 모임인 '잔물결공부모임'을 다시 경주에서 시작했고, 올해는 부모들의 아지트이면서 공동육아를 실험하는 복합문화공간 '잔물결카페'를 열었습니다.

그러다 올해 초에 단체 이름을 '방정환한울학교'에서 '방정환배움공동체 구름달'로 바꾸게 되었습니다. '방정환배움공동체'는 단체의 성격을 규정한 용어이고, 뒤의 '구름달'은 수운과 해월을 의미합니다. 방정환 교육철학의 뿌리가 수운과 해월의 동학에 있음을 명확히 하자는 의미입니다. 보통은 구름이 달을 가린다고 생각하는데, 구름이 있음으로써 달이 더 빛날 수 있고, 달이 있음으로써 구름이 더 아름답게 느껴지기도 합니다.

이제 이 책의 구성에 대해 잠시 언급하려 합니다. 이 책은 어린이집 설립 이후 7년간의 현장 경험과 방정환한울학교 설립 이후 방정환 교육의 이론을 정립하려는 노력의 결실입니다. 1부 '이론편'의 첫 글은 이주영 선생님이 쓰신 총론적 성격의 글입니다. 여기서는 방정환의 생애를 소개하고, 방정환의 어린이 운동이 단순히 어린이를 보호하고 존중하자는 정도의 운동이 아니라 모든 억압에서 어린이를 해방시키고자 했던 어린이 해방 운동이었다는 점을 밝히고 있습니다.

두 번째 글은 방정환 교육철학 분야에서 최고 권위자라 할 수 있는 안경식 교수님의 글입니다. 이 글에서는 방정환 교육사상의 뿌리가 되는 동심에 대해 깊이 있는 분석을 함으로써 방정환의 마음으로 들어가는 길을 안내하고 있습니다. 세 번째 글은 필자의 글로, 방정환의 교육철학을 전체적으로 개괄하는 글입니다. 방정환 교육의 뿌리가 동학이라는 점을 명확히 하면서 방정환 교육의 목표, 방법론, 그리고 핵심인 모심과 공경의 영성에 대해 종합적으로 논하였습니다. 네 번째 글은, 동학과 교육철학 양 분야를 아우르는 최고 전문가 정혜정 교수님이 방정환 교육의 내용과 방법을 좀 더 자세히 소개하면서 그 특징을 생명교육의 관점에서 논한 글입니다. 다섯 번째 글은 (사)방정환연구소 장정희 소장님의 글인데, 교육의 관점에서 방정환의 아동문학을 조명하면서 동화에 나타난 인정 많고 의롭고 씩씩한 어린이 상과 방정환의 소년 지도와 교육 방법이라 할 수 있는 '자율, 애와 정, 평등'의 가치가 그의 아동문학 작품에 어떻게 전개되고 내면화되었는지 보여줍니다.

2부 '실제편'은 방정환의 교육철학을 현장에서 구현하고 있는 '방정환한울어린이집'과 '방정환텃밭책놀이터'의 운영사례에 대한 일종의 보고서입니다.

첫 번째 글은 '방정환한울어린이집' 임우남 원장님의 글로, 방정환한울어린이집의 보육이념과 실제 운영프로그램을 생태, 공동체, 영성의 세 부분으로 나눠 소개하고, 교사교육과 부모활동에 대해 소개했습니다. 중간중간 교사들의 목소리와 산들맘에 참여했던 부모들의 목소리를 넣어서 현장감을 더했습니다. 다음으로 '방정환텃밭책놀이터'는 최경미 대표님의 글로, 초등방과후 동아리인 '탐험하는 바람(탐바)'을 소개하고, '작은농부' 활동과 '엄마아빠와 함께 하는 텃밭체험놀이', 부모동아리 '책두레 밭두레'를 소개했습니다. 역시 중간중간 '탐바일지'를 넣어서 현장의 목소리를 전합니다. 이 두 편의 글을 통해 방정환의 교육철학이 현장에서 어떻게 적용되고 있는지, 부족한 점은 무엇인지 살필 수 있을 것입니다. 이 '실제편'을 먼저 읽는 것도 좋은 방법입니다. 아무쪼록 이를 토대로 더 좋은 방정환 배움터가 나오길 기대합니다.

구름달 공동체가 지금에 이르기까지, 그리고 이 책이 나오기까지 감사드려야 할 분들이 참 많습니다. 초대 이사장님인 임재택 교수님을 비롯하여 2대 이미애 이사장님, 그리고 계약에서부터 어린이집 설립에 가장 많이 애써 주신 정미라 이사님, 어린이집의 기초를 잘 닦아주신 한미영 초대 원장님, 어린이집이 자리 잡기까지 현장에서 많은 애를 쓰신 정진숙 2대 원장님께 깊이 감사드립니다. 그리고 초창기부터 깊은 애정으로 동참해 주시는 이주영 선생님, 장정희 선생님을 비롯한 임원님들께도 고마움을 전합니다. 누구보다도 창립에 기꺼이 동참해 주신 130여 명의 방울님들, 지금도 물심양면으로 후원하고 묵묵히 응원해 주고 계신 회원님들께 머리 숙여 깊이 감사드립니다.

끝으로 출판계의 어려운 상황 속에서도 이 책이 출간되기까지 오랜 시간 기다리며 수고하신 살림터출판사 정광일 대표님과 직원 여러분께 미안함과 동시에 진심 어린 감사를 드립니다. 특히 한국 교육이 제대로 서야 한다는 열정으로 교육 관련 책을 꾸준히 내고 계신 그 뜻에 다시 한번 고개를 숙이는 바입니다. 편집에 열과 성을 다해 주신 송승호 선생님께도 감사의 인사를 전합니다.

우리 '구름달' 공동체는 지금까지와 같이 어린이집과 텃밭책놀이터를 잘 가꿔가는 한편, 앞으로 초등배움터와 중고등배움터를 마련하는 데 좀더 주력하고자 합니다. 당장은 방정환 초등배움터를 만드는 것이 꿈입니다. 그래서 방정환한울어린이집을 졸업한 아이들이 그 배움을 이어갈 수 있으면 좋겠습니다. 학교폭력과 시험에 시달리며 경쟁과 통제 위주의 교육으로 영혼이 바짝바짝 말라가는 우리 아이들이 이 배움터에서 정말 씩씩하고 기쁘게 자라며, 성적보다는 삶에 필요한 지식과 기술들을 배우고, 무엇보다 자신의 몸과 마음을 소중히 여기는 법을 가장 우선적으로 배울 수 있기를 바랍니다. 그리하여 옆 동무들을 경쟁자가 아니라 서로 배우고 성장하는 진정한 벗으로 공경할 수 있기를, 그리고 모든 생명을 소중하게 여기고 공경할 수 있는 아이들로 성장할 수 있기를, 그리하여 내면에 각자 소중하게 간직된 자기만의 씨앗들을 잘 꽃피워낼 수 있기를 바랍니다. 그렇게 성장한 아이들이 앞으로 새로운 사회, 새로운 문명의 '작은 물결들'이 될 수 있다면 정말 큰 기쁨이겠습니다. 고맙습니다.

2021년 8월
방정환배움공동체 구름달 대표 김용휘

# 차 례

제 **1** 부

# 이론편

# 방정환의 생애와 어린이 해방 선언

이주영

# 여는 글
## : 어린이 해방을 위한 꿈

방정환은 33세라는 짧은 세월을 오로지 어린이 해방을 위해 불꽃처럼 살았습니다. 그는 계급 해방과 여성 해방에 이어 당시 가장 힘없고 천대받던 어린이의 해방을 부르짖음으로써 우리 민족 역사에 큰 자취를 남겼으며, 남녀노소 모두가 진정으로 자유롭고 평등한 세상을 위한 소중한 첫걸음을 내디뎠습니다.

방정환은 이러한 자기 꿈을 다양한 글에 녹여내며 실천에 앞장섰습니다. 그는 도쿄 유학생 지식인 중심으로 색동회를 구성했고, 천도교소년회를 바탕으로 기독교와 불교 등 다른 종교의 소년회와도 손을 잡고 활동했습니다. 또한 각 사회단체에서 만든 소년회를 비롯해 지역의 소년회를 만들고 지도했습니다. 이런 노력으로 1920년대에서 1930년대 사이에 수백 개의 소년회가 조직되어 활동을 전개했습니다. 소년회 운동의 내실을 위해 전국의 소년회 지도자들로 구성된 '조선소년운동협회'를 조직하여 어린이 해방 운동을 발전·확산시키기도 했습니다.

방정환은 전국 각지의 소년회에 자신의 생각을 전달하면서 조직과 운영을 이끌기 위해 월간 잡지 『어린이』를 발간했습니다. 『어린이』는 천도교소년회의 후원으로 천도교에서 운영하던 개벽사에서 발간했습니다. 『어린이』는 한때 3만 부의 판매부수를 기록했으며, 개인 구독을 넘어 각 소년회에서 구독하여 함께 읽었고, 조선은 물론 중국과 일본 교포 어린이들까지 널리 읽혔다고 합니다.

방정환은 어린이 운동 목적을 '어린이 해방'으로 보았습니다. '어린이 해방 세상'을 위해 어린이들을 장유유서라는 재래의 윤리적 억압으로부터 해방시켜야 했고, 경제적 억압을 타파하기 위해서는 계급 해방을 해야 했습니다. 또한 다른 민족의 억압에서 벗어나기 위해 민족독립이 필요했습니다. 곧 어린이 운동을 독립운동이나 계급투쟁의 도구나 하위개념으로 본 것이 아니라, 어린이 해방 세상을 위한 충분조건으로 민족 해방과 계급 해방이 필요했던 것입니다.

방정환 어린이 운동에 대한 평가는 크게 두 갈래로 나뉩니다. 특히 방정환 작품을 놓고 '어린이를 자신의 삶을 자신이 개척해 나가는 주인으로 세웠다'는 관점과 '현실과 유리된 '동심천사주의'로 흘러서 현실에서 자기 삶을 변화시키기 위해 적극적인 투쟁으로 나아가지 못하게 했다'는 대립적 관점이 있습니다. 그 양쪽에 송완순과 이오덕이 있습니다. 송완순은 "어린이의 참담 누추한 생활 실상에 대하여 느낀 민족적이자 인도적인 의분을 적극적 투쟁으로 발전시키지 못하고 소극적 무저항으로 머물게 했으며—눈물에 젖은 꽃방석에 아동들을 태워서 무지개 나라로 승화하기를 힘썼다."[1]고 평가했습니다.

반면 이오덕은 방정환에 대해 "그는 외적에 짓밟힌 식민지 어린이들 운명을 스스로의 운명으로 자각하고—어린이와 민족의 운명에 밀착된 세계에 살면서—어린이를 수난당한 민족의 주인공으로 인식했다."[2]고 평가했습니다.

이러한 두 갈래 관점 중에서 나는 이오덕의 의견이 방정환 어린이 해방 운동이 지향하는 본질을 더 올바르게 파악하고 있다고 생각합니다. 방정환 문

1) 이재복, 『우리 동화 바로 읽기』, 한길사, 32-34쪽에서 재인용.
2) 이오덕, 『시정신과 유희정신』, 창작과비평사, 1977, 192쪽.

학에 나타난 어린이, 곧 방정환이 문학 작품에서 그리고 있는 어린이를 살펴보면, 그는 어린이를 수난당하는 민족의 주인공으로서 그러한 운명을 자각하여 씩씩하게 이겨내고 적극적으로 운명을 개척하는 당당한 인물로 그리고 있음을 알 수 있습니다. 이로써 보면 그는 당시 어린이들이 모든 억압과 굴레에서 진정 해방되어 자기 삶은 물론 역사의 주인이 되기를 간절히 소망하고 있음을 알 수 있습니다.

# 방정환의 생애[3]

방정환은 1899년 11월 9일, 서울 야주개에서 태어났습니다. 야주개는 종로구 신문로1가와 당주동 사이에 있던 낮은 고개 이름에서 나온 마을 이름입니다. 야주갯골이라고도 불렀습니다. 지금 구세군회관 자리에 있던 경희궁 정문인 '흥화문(興化門)'이란 현판 글씨가 명필로 어찌나 빛이 나던지 캄캄한 밤에도 빛이 고개까지 비쳐서 그 앞거리를 야조가(夜照街)라 하고, 이 고개를 야주현·야주개라 불렀다고 전합니다. 현재 세종문화회관 예인마당 건너편 로얄빌딩 안쪽입니다. 로얄빌딩 한쪽에 방정환 생가터를 표시한 '소파 방정환 선생 유허비'가 세워져 있습니다. 그 오른쪽 뒤로 들어가면 조그만 주시경 공원이 있습니다. 한용운이 운영하던 『유심』 잡지사와도 그리 멀지 않은 거리에 있습니다. 이런 지리적 여건 때문에 방정환은 주시경과 한용운을 가깝게 따르면서 배울 수 있었을 것입니다.

방정환은 온양(溫陽)이 본관이고, 아버지 방경수(方慶洙)와 어머니 손씨 사이에 맏아들로 태어났습니다. 그가 태어났을 무렵 그의 집안은 시장에서 쌀가

---

3) 방정환 생애에 대해서는 안경식, 이상금, 민윤식, 염희경, 장정희 같은 연구자들이 쓴 글이 있다. 어린이 책으로도 이재복을 비롯해 몇 작가들이 쓴 책이 있다. 그래서 이 글에서는 시간의 흐름에 따라 성장기와 활동기를 간략하게 살펴보는 정도로 짚어보려고 한다. 연보에 대해서는 연구자에 따라 조금씩 다른 의견이 있는데, 이 글에서는 가장 최근에 나온 『정본 방정환 전집 5』(한국방정환재단, 창비, 2019)에 실려 있는 연보를 저본으로 하면서 필자의 의견을 덧붙였다.

게와 생선가게를 운영했습니다. 큰 기와집을 하나 가지고도 부족하여 두 집을 사고 그 사이를 터서 한 집을 만들어 쓸 정도로 넉넉했다고 합니다.

방정환은 일곱 살 때인 1905년 4월, 현재 서울 역사박물관 건너편에 있던 보성소학교 유치반에 입학했습니다. 부모가 입학시킨 게 아니라 스스로 가서 머리를 싹둑 자르고 모자를 받아서 쓰고 오는 바람에 집안에서 난리가 났다고 합니다. 그의 기개를 알 수 있는 대목입니다. 어린 시절부터 그는 이렇게 자기 주도적이었습니다. 그런데 그가 아홉 살 되던 1907년, 그의 집안에서 하던 가게가 망하게 되었습니다. 그 까닭은 몇 가지 추측만 있지 정확하게 밝혀진 건 없습니다. 망하는 나라를 따라 함께 망했으니 시사하는 바가 있습니다. 방정환은 사직동 도정궁 앞 초가집으로 이사하고 큰댁을 비롯한 집안 도움을 받으며 근근이 살게 되었습니다.

가난한 가운데서도 방정환은 씩씩하게 활동합니다. 집안 형편으로 학교는 쉬게 되었지만 집안 어른이 선물한 환등기로 동네 아이들을 모아놓고 활동사진을 보여주기도 하고, 열 살 무렵에는 또래 아이들을 모아놓고 매주 모여서 주제를 걸고 열띤 토론을 하는 이른바 '소년입지회'를 조직하기도 했습니다. 11세에 사직동 매동보통학교에 다시 입학했다가 1910년 10월 사직동에서 근동으로 이사하면서 미동보통학교 2학년으로 전학했습니다.

1913년 미동보통학교를 졸업하고 선린상업학교로 진학했습니다. 그러나 가정 형편이 어려워 1년 만에 중퇴하고, 그 후 1년 뒤인 1915년에 조선총독부 토지조사국에 사자생(寫字生)으로 취직합니다. 취직하면서 집을 나와 유광렬과 함께 지냅니다. 어렸을 때부터 『소년』, 『붉은 저고리』, 『새별』을 읽고 자란 방정환은 이 시기에 『청춘』, 『유심』 같은 잡지를 읽으면서 글을 쓰기 시작합니다. 특히 한용운이 발행하던 『유심』을 통해 많은 자극을 받았으며, 시와 수필. 소설을 발표하며 문학가로 등단하게 됩니다.

이러한 활동을 유심히 지켜보던 천도교인 권병덕의 추천으로 손병희의 셋째 딸 손용화와 1917년 5월에 결혼합니다. 이 결혼으로 방정환은 천도교 내에서 영향력이 높아지게 되었고, 보성전문학교로 진학하게 됩니다. 당시 보성학교는 재정난에 처하자 손병희가 앞장서 천도교에서 인수하여 민족의 동량을 길러내기 위해 박차를 가하던 시기였습니다. 방정환은 보성전문학교를 다니면서 다양한 활동을 했는데, 연극모임을 만들어 소인극 〈동원령〉을 각색 연출하고 주연을 맡기도 했습니다. 유광열, 이중각, 김선배 등과 '경성청년구락부'를 결성했고, 1919년 1월에는 경성청년구락부의 기관지 『신청년(新靑年)』을 발간했습니다. 『신청년』은 새로운 세상을 만드는 청년을 육성하기 위한 문예잡지였습니다.

이런 방정환이 천도교가 주축이 되어 일으킨 3·1혁명 때 가만히 있었을 까닭이 없습니다. 진장섭이 쓴 "소파와 나"라는 글에 보면 3·1혁명 당시 함께 만세를 부른 기록이 나타나고, 1920년 6월 『개벽』 창간호에 실린 유일한 소설 「유범」에는 3·1혁명 당시 학생들이 은밀하게 움직인 활동이 묘사되어 있습니다. 3·1혁명의 주역인 손병희의 사위이자 천도교청년회 지도자인 방정환은 항상 일제 감시를 받고 있었습니다. 그렇기에 방정환은 3·1혁명기에 어떤 역할을 했는지, 독립운동가들과 어떤 교류를 했는지 직접적인 글이나 기록을 남기지는 않았습니다. 그와 가장 가깝게 지낸 유광렬의 증언에 따르면, 방정환은 3·1혁명 때 독립선언서를 배포하고, 『조선독립신문』을 오일철과 함께 인쇄하고 배부하다 검거되었다가 1주일 만에 풀려났습니다.

방정환이 3·1혁명에 어느 정도 어떻게 참여했는지는 구체적인 기록이 없지만, 그다음 행보를 보면 3·1혁명이 그에게 상당히 큰 영향을 주었다는 것을 알 수 있습니다. 3·1혁명을 기점으로 방정환은 사회 운동에 적극 참여하고, 출판과 연극과 영화를 비롯한 다양한 문화운동을 전개합니다. 특히 어린이 해방 운동에 온 힘을 기울이는 과정을 볼 수 있습니다. 3·1혁명을 통해 방정환은 소년소녀, 곧 '어린이'의 독립된 인격을 자각하게 됩니다. 나아가 어린이를 어른보다 나은 새로운 사람, 어른보다 앞선 사람, 어른보다 위에 놓아야 하는 사람이라고 주장하기 시작합니다. 우리 사회에서 '어린이'를 새롭게 발견하고, 어린이도 자유롭고 평등한 사회가 바로 우리가 만들어야 하는 '개벽사회'라는 것을 깨달은 것입니다.

3·1혁명 이듬해인 1920년 3월, 방정환은 『신여자(新女子)』 창간에 편집 고문을 맡기도 하고, 같은 해 6월에는 잡지 『개벽(開闢)』 발행에 창간 동인으로 참여합니다. 평양청년회의 요청으로 '자아각성과 청년의 단합'이란 주제로 강연을 하고, 고한승·김윤경·이묘묵과 조선학생대회 순회강연단 연사로 전국 주요 도시를 돌며 강연하기도 합니다.

그러나 이러한 활동에 대한 일제 감시가 심해지자 그해 9월, 방정환은 천도교청년회 도쿄지부 조직을 책임지고 도쿄로 건너갑니다. 당시 일본에 민주주의 세력이 확장되면서 도쿄가 서울보다 일제의 감시가 약했고, 도쿄 유학생이 늘어나면서 이들이 향후 조선의 지식인 사회에 끼칠 영향이 크기 때문에 이들을 규합하고 교육하기 위한 방편이기도 했을 것입니다. 1921년 1월 김상근, 박달성, 이기정, 정중섭과 함께 천도교청년회 도쿄지회 발기인을 만들어 대표를 맡았습니다. 이후 4월에 공식 결성을 하고 지회장으로 선출되었습니다.

같은 해 2월에는 어린이문학에 관심을 두고 실천하겠다는 각오를 밝힌 「동화를 쓰기 전에 어린애 기르는 부형과 교사에게」(『천도교회월보』 1921. 2.)라는 글을 싣습니다. 그가 도요(東洋)대학 문화학과 청강생으로 입학한 게 4월이니, 그전에 이미 어린이 교육과 문학에 깊은 관심이 있었음을 알 수 있습니다. 그는 도요대학 청강생으로 공부하면서 새로운 사상과 학문을 배우고, 도쿄 유학생들과 교류하여 폭넓은 인맥을 쌓았습니다. 이는 이후 어린이 운동의 큰 자산이 되었습니다.

1921년 4월에는 서울에 있는 소춘 김기전(小春 金起田, 1894~1948)과 연락하여 천도교청년회 산하에 소년부를 설치하고, 본격적으로 어린이 운동을 시작했습니다. 소년부는 5월 1일 '천도교소년회'로 이름을 바꾸었습니다. 그해 여름에는 다시 서울로 돌아와 전주, 광주, 목포, 철원, 원산, 북청, 청진을 비롯해 전국 각지를 다니며 순회강연을 합니다. 명목은 새로운 사회와 천도교 교리 선전을 위한 강연이지만 실제로는 어린이 운동을 할 수 있는 지역 인사들과 인맥을 만든 것으로 보입니다. 순회강연 전후 진주소년회처럼 지역 소년회들이 생겨나는 것이 결코 우연이라고 할 수 없을 것 같습니다. 그러나 이런 순회강연으로 주목받던 중 11월에 종로경찰서에 체포되었습니다. 경찰은 태평양회의를 기회로 모종의 운동을 계획했다는 혐의로 체포했으나 뚜렷한 혐의를 잡지 못하고 내보냈습니다. 종로경찰서가 활동을 억압하기 위해 무리하게 체포했을 수도 있고, 방정환이 보안을 철저히 해서 혐의에서 벗어났을 수도 있습니다.

1922년은 방정환이 어린이 해방 운동을 한 걸음 더 내디딘 해라고 할 수 있습니다. 3월에 도요대학을 자퇴하고, 김기전과 함께 천도교소년회에서 5월 1일을 '어린이의 날'로 정해서 행사를 크게 열었습니다. 오전에는 세계 노동자의 날 행사를 하고, 오후 3시에 천도교소년회가 주관한 제1회 어린이날을 진행한 것입니다. 노동자 해방 기념행사에 어린이 해방 기념행사를 같이 했다는 것은 시사하는 바가 크다고 할 수 있습니다.

1922년 5월 19일에는 장인 의암 손병희가 돌아가셨습니다. 손병희는 3·1 혁명 준비 단계부터 가장 앞장서서 진두지휘했으며, 독립선언서 맨 앞에 서명했기 때문에 결국 감옥에 갔습니다. 수감 중에 뇌출혈로 쓰러졌지만 병보석이 허락되지 않았습니다. 병이 심각해져서야 가출옥이 허락되어 나왔지만 결국 얼마 못 가서 돌아가신 것입니다. 3·1혁명에서 손병희와 천도교의 역할이 요즘 과소평가되는 것 같습니다, 당시 그는 준비와 기획은 물론 인쇄를 도맡았으며, 대부분 자금도 천도교에서 나왔습니다. 기독교 쪽에 5천 원, 불교 쪽에 5천 원, 상하이 쪽에 3만 원, 만주 쪽에 6만 원이란 거금을 지원했다고 합니다. 당시 5천 원은 상당한 금액이었습니다. 이런 천도교 지원금이 있었기에 3·1혁명이 가능했습니다. 그 시작에 손병희가 있었습니다. 그에게는 장인이자 스승이었습니다. 그런 손병희가 돌아가셨기 때문에 천도교로서도 큰 타격이었지만, 방정환이 받은 충격은 엄청났을 것입니다. 그러나 방정환은 이런 충격을 이겨내고 오직 어린이 해방에 대한 열망으로 가득했습니다.

그 첫 결실이 1922년 7월 『사랑의 선물』이란 번안 동화책으로 개벽사에서 출간되었습니다. 유럽 동화 중에서 당시 우리 겨레 어린이들에게 꼭 들려주고 싶은 동화 10편을 골라서 번안한 것입니다. 번안이란 번역을 넘어서 옮기는 사람, 곧 방정환의 생각을 넣어서 조금씩 바꿔 쓴 것입니다. 이 책을 읽어보면 당시 우리 겨레가 처한 현실과 그런 현실을 넘어서 어린이 해방과 독립을 이루기 위한 마음을 길러주고 싶었던 심정이 느껴집니다.[4]

1923년에는 도쿄에서 도쿄 유학생을 중심으로 어린이 문제 연구 모임인 '색동회'를 만들었습니다. 그리고 그해 3월 20일 개벽사에서 어린이 해방 운동을 이끌어 갈 매체인 『어린이』를 창간했습니다. 주로 방정환과 색동회 회원들이 원고를 썼습니다. 방정환은 도쿄에 있으면서도 잡지 편집을 책임지고 있었습니다. 4월 17일에는 '조선소년운동협회'를 결성했습니다. 조선소년운동협회는 천도교소년회가 중심이 되어 불교소년회, 조선소년군을 비롯하여 조선 각지에서 소년회를 조직하고 지도하는 활동가들을 모아놓은 단체였습니다. 이 단체에서 5월 1일을 다시 '제1회 어린이날'로 제정했습니다. 그래서 1922년 5월 1일은 천도교소년회에서 정한 제1회 어린이날이고, 1923년 5월 1일은 조선소년운동협회에서 정한 제1회 어린이날이 된 것입니다. 방정환

---

4) 최근 이 10편에 대한 해설을 곁들여 『사랑의 선물』이 복간되었다. 방정환 번안, 장정희 편집, 『사랑의 선물』, 현북스, 2018.

은 '어린이 해방 운동'과 이를 위한 '어린이날'이 천도교에 국한되지 않고 모든 종교와 단체, 지역이 함께하는 운동으로 확대되어야 한다고 생각한 것입니다. 이 때문에 간혹 어린이날 횟수를 헤아리는 데 헷갈린다며 하나로 통일하자는 의견이 나오는데, 나는 굳이 그럴 필요가 없다고 봅니다. 1922년 5월 1일은 천도교소년회에서 정한 것이니 천도교에서는 그날을 기점으로 횟수를 세면 되고, 사회단체에서는 1923년 5월 1일을 제1회 어린이날로 시작하면 되는 것입니다. 그렇게 된 까닭에 관심을 가지고 더 자세히 알게 하는 것이 방정환 선생의 뜻을 더 잘 이해하고 행하는 길이라고 봅니다.

7월 23일은 두 가지 의미가 있는 날입니다. 1923년 7월 23일은 색동회와 어린이사 공동 주최로 6일간 조선소년지도자 전국대회를 개최한 날입니다. 500여 명이 모여 5박 6일 동안 어린이 운동과 관련한 연수를 했고, 이 연수를 받은 지도자들이 전국 곳곳에 흩어져 가서 소년회를 조직하고 지원했습니다. 1931년 7월 23일은 그가 돌아가신 날입니다. 그래서 이날은 최초의 어린이 해방 운동 지도자 대회가 열린 날이면서 방정환 추모일이 됩니다.

1923년 9월에는 천도교청년회가 천도교청년당으로 바뀌었는데, 그 중앙집행위원이 됩니다. 이후 세상을 떠날 때까지 천도교청년당 핵심 간부인 중앙집행위원으로 활동하면서, 청년당에서 정한 주요 7대 부문인 농민·노동·상민·청년·학생·여성·소년 운동 중에서 소년운동 부문을 담당했습니다. 그러면서도 개벽사에서 내던 잡지 『부인』을 『신여성(新女性)』으로 바꿔서 내는 데 참여했듯이 그는 소년 운동은 물론 여성 운동을 비롯한 다른 부문 운동에도 신경을 썼습니다. 『신여성』 제3호부터는 편집 겸 발행인을 맡기도 했을 정도입니다. 어린이 해방 운동을 발전시키기 위해서는 여성 운동을 포함한 다른 부문 운동도 중요하기 때문입니다.

1925년에는 조선소년운동협회 모임에서 어린이날 준비위원으로 선정되어 5월 1일 조선소년운동협회에서 주관하는 어린이날 기념행사를 총괄 운영합니다. 이날 행사에서 〈어린이날 노래〉를 처음으로 발표해서 부르게 됩니다. 이 노래는 가사도 씩씩하지만 응원가답게 곡도 힘이 넘칩니다. 사실 그 곡은 신흥무관학교 독립군들이 먼저 부르던 군가와 같은 것이었습니다. 겉으로 보면 미국에서 작곡한 야구 응원가에 붙인 노가바[5]이지만 속으로 보면 만주 독립군가 곡에 가사를 붙인 노가바가 됩니다. 요즘 부르는 어린이날 노래는 해방 후인 1946년에 다시 만든 노래입니다. 1925년 12월 방정환은 조선사회운동 총결산보고 연설협의회에서 소년운동 부문 연사로 선정되었습니다. 이는 당시 어린이 해방 운동이 조선 사회 운동 진영에서 상당히 중요한 위치에 있었음을 말해주며, 어린이 운동과 전체 사회 운동권에서 방정환의 높은 위상을 의미하기도 합니다.

그러나 사회주의 운동이 발전하면서 이러한 위상은 균열 현상을 보입니다. 1926년 4월 조선소년운동협회와 오월회에서 어린이날 기념행사 준비모임을 갖는데, 이 자리에서 어린이날 기념행사를 누구 이름으로 할 것인지를 두고 논란이 벌어집니다. 오월회는 사회주의 쪽 어린이 운동 단체였습니다. 결국 합의를 보지 못하고 조선소년운동협회와 오월회에서 어린이날 행사를 각각 따로 준비했습니다. 돌아보면 참으로 아쉽고 슬픈 분열입니다.

당시 조선소년운동협회 쪽에서는 선전물만 200만 장을 만들어 전국에 배포할 준비를 하고 있었습니다. 제1회 때 20만 장을 배포했으니 불과 몇 년 만에 열 배가 넘는 엄청난 인원이 참여를 준비하고 있었음을 알 수 있습니다. 그런데 순종황제가 별세하자 이를 핑계로 일본 경찰이 어린이날 기념행사를 금지했습니다. 그렇게 눌린 힘이 이후 6·10만세운동으로 폭발했다고 볼 수 있습니다. 6·10만세운동은 초·중등 학생들이 앞장서 일어난 학생 독립운동입니다. 그 학생 운동의 바탕에는 조철호가 지도하던 조선소년군이 있었고, 각지 소년회 회원들이 움직였습니다. 이 때문에 방정환도 일본 경찰에 검거되어 취조를 받고 풀려났습니다. 당시 만주 독립군들이 즐겨 부르던 노래

가운데는 〈반달〉 〈고향의 봄〉 〈오빠 생각〉처럼 방정환이 주도한 동요 운동에서 보급한 것들이 많았다고 합니다. 이는 소년회 운동에 참여했던 아이들이 자라서 상당수가 독립군으로 갔다는 증거가 될 수도 있다고 봅니다.

1927년, 신간회가 결성되면서 좌우 합작이 사회 운동의 주요 의제가 되었습니다. 이에 따라 어린이 운동에서도 좌우 합작이 필요함에도 조선소년운동협회와 오월회에서는 어린이날 기념행사를 따로 추진했습니다. 그러다 7월 30일에야 조선소년운동협회와 오월회가 연합하여 조선소년연합회를 결성하게 됩니다. 방정환은 이때도 창립준비위원으로 참여해서 고군분투 끝에 10월 16일 조선소년연합회를 창립할 수 있게 했고, 창립대회에서 위원장으로 선출되었습니다.[6] 이듬해 조선소년연합회 제1회 전국대회에서 임시의장을 맡았습니다. 이때 단체 이름이 조선소년총연맹으로 바뀝니다.

방정환에게 1928년은 특별한 해라고 할 수 있습니다. 1922년부터 마음에 품고 야심차게 준비했던 '세계아동예술전람회'를 우여곡절 끝에 10월에 개최했기 때문입니다. 세계아동예술전람회는 세계 여러 나라의 어린이들 그림을 모아서 전시하는 행사였습니다. 조선 곳곳에서 보내온 아이들 그림도 전시했습니다. 오랜 준비 끝에 겨우 개최했음에도 세계 어린이들 예술 작품을 전시한다는 게 새로워서인지 폭발적인 인기를 끌어, 전시 기간을 연장해야 할 정도였다고 합니다. 어린이들에게 세계에 대한 눈을 키워 주고, 우리 어린이들이 세계 어린이들과 한 자리에 당당하게 서는 모습을 보고 싶었던 방정환 마음이 잘 나타나는 전시회라고 할 수 있습니다.

1929년 3월에는 개벽사에서 새로운 잡지 『학생』을 창간했습니다. 얼마 후

---

5) 원래 있는 다른 곡에다 가사만 바꿔 붙여서 부르는 것을 노가바라고 한다. 애국가도 처음에는 영국 민요에 붙인 노가바로 불렸다. 찬송가 곡에 가사를 바꿔 부른 독립군가도 있다. 노가바라는 말은 1980년대 노동 현장에서 많이 사용되었다.

6) 조선소년연합회 임시대회에서 어린이날을 세계 노동자 대회와 같은 날로 하지 말고 따로 하자고 하여 5월 첫 일요일로 정했다. 그러다 해방되면서 첫 일요일인 5월 5일에 하게 되었고, 이후 5월 5일로 정착되었다.

최영주가 편집에 참여합니다. 최영주는 화성에서 화성소년회 운동을 이끌었고, 편집을 잘해서 방정환을 대신할 수 있었습니다. 방정환 사후 앞장서서 묘지를 조성하고, 자기 아버지와 본인 묘지를 방정환 묘지 아래에 마련할 정도로 방정환을 따른 사람입니다. 동생 최순애를 이원수와 결혼할 수 있도록 도와주기도 했습니다. 동요 〈고향의 봄〉을 쓴 이원수와 〈오빠 생각〉을 쓴 최순애, 그리고 〈오빠 생각〉의 주인공이 되는 오빠 최영주가 이후 방정환을 기억하게 하는 데 많은 역할을 합니다.

그해 10월에 방정환은 조선어 사전편찬회 발기인으로 참여하고 편찬위원을 맡게 됩니다. 방정환은 어린이들이 즐겁게 읽을 수 있는 잡지를 만들면서 쉽고 바른 우리말과 각 지역 말을 잘 살려 쓰기 위해 많은 노력을 했고, 10만 독자를 확보하면서 한글 보급과 발전에 크게 공헌했습니다. 어린이들이 소년회 활동을 하면서 동요를 잡지에 투고하게 하고, 좋은 동요는 유명 작곡가들에게 작곡을 부탁해서 악보를 잡지에 실어 보급했습니다. 우리 겨레에게 주옥같은 수많은 동요가 이렇게 해서 태어난 것입니다. 2019년 10월 국립 한글박물관에서 세종대왕 이후 한글 발전과 보급에 가장 큰 영향을 준 사람 5명을 선정해서 전시했는데, 방정환은 이런 공로 때문에 그 다섯 명 중 한 명으로 당당하게 선정될 수 있었던 것입니다.

1928년 조선소년운동총연맹 주도권이 사회주의 정홍교 계열로 넘어가자 방정환은 부득이 천도교소년회연합회를 통해 어린이 운동을 추진했습니다. 1930년에는 이름을 천도교소년회연합회총본부로 바꾸었습니다. 그러면서도 어린이날 행사를 천도교 중심이 아니라 가능하면 다른 소년회들과도 함께하기 위한 노력을 계속했습니다. 그래서 1931년 3월 서울 지역 소년단체 대표자들이 어린이날 행사를 준비하기 위해 '전선 어린이날 중앙연합준비회'를 결성하는데, 총무부위원으로 참여하기도 했습니다. 그러나 10년 남짓 짧은 기간에 온몸을 불태우듯 사력을 다했기에 그해 7월 9일 신장염과 고혈압으로 쓰러져 경성제국대학 부속병원 입원하게 됩니다. 그리고 불과 2주 만인 7월 23일 오후 6시에 못다 한 어린이 해방 세상을 꿈꾸며 세상을 떠났습니다.

많은 사람의 눈물 속에 천도교당에서 장례식을 치르고, 홍제동 화장장 붉은 불길 속에서 무거운 몸을 가벼운 연기에 실어 세상에 흐트러뜨리고, 뼈만 남아 납골당에서 쉬게 되었습니다. 8월 2일에는 서울 시내 소년단체 주관으로 추도식을 했습니다. 그러나 방정환 유골은 그 후 5년 동안 홍제동 화장장에 머물러야 했습니다. 손병희 사후 집안이 망해서 뿔뿔이 흩어지고, 너무 가난해서 유골을 찾아올 수 없었기 때문입니다. 5년 뒤 이런 사실을 알게 된 최영주가 앞장서 모금한 돈으로 유골을 모셔다가 지금 망우공원에서도 가장 높은 위쪽에 무덤을 만들었습니다. 동무들이 모은 정성으로 '동심여선(童心如仙)'이라고 새긴 비석 아래 작은 터에서 쉴 수 있게 되었습니다.

# 방정환과 3·1혁명

　　1919년 3월 1일은 우리 겨레 역사가 새로운 출발을 알리는 신호탄이었습니다. 이날의 선언은 전체 민족이 일본 제국주의 식민지 침략에 맞서 민족 자결주의 원칙에 따른 해방 선언이며, 군주제 정치체제인 대한제국을 버리고 민주공화제 정치체제인 대한민국을 세운다는 독립 선언이었습니다. 제국주의 억압에서 해방이라는 인류사적 대의와 민주국가 건설이라는 세계사적 흐름에 앞장서는 거족적인 혁명의 출발점이었습니다.

　　우리 겨레 5천 년 역사에서 처음으로 군주제를 버리고 민주제를 선택했으니, 3·1운동은 3·1혁명으로 부르는 것이 마땅하다고 봅니다. 3·1혁명으로 세운 대한민국이 임시의정원과 임시정부를 구성하고, 침략자 일본제국에 선전포고를 하고, 독립군과 광복군을 조직하여 27년이나 독립전쟁을 했습니다. 그리고 대한민국 30년, 1948년 7월 17일 제헌의회에서 헌법을 제정하고 8월 15일에 대한민국 정부를 수립했으니, 3·1혁명은 실패한 혁명이 아니라 반은 성공한 혁명인 것입니다. 그리고 1948년 대한민국 정부 수립 이후 독재에 맞선 4·19혁명, 10·16 부마항쟁과 5·18 광주 민주 항쟁, 1987년 6월 민주 항쟁, 2016년에서 2017년에 걸친 촛불혁명으로 이어가면서 끊임없이 민주공화국을 완성하기 위해 전진하고 있습니다. 곧 3·1혁명은 진행 중인 미완의 혁명이라고 할 수 있습니다.

그 준비와 진행에서 손병희와 천도교가 중요한 기폭제 역할을 했고, 초·중·고 학생을 비롯한 소년 소녀들 또한 큰 역할을 했습니다. 3·1혁명이 끼친 영향을 이야기할 때 조선총독부 총독 교체와 조선총독부의 정책 변화, 대한민국 임시정부 수립과 독립전쟁 시작, 조선인 학교와 신문과 잡지를 비롯한 문화 진흥, 물산장려 운동을 비롯한 조선 민족 경제 추구, 암태도 소작쟁의를 비롯한 노동자 농민 운동 확산, 여성 해방과 신분 제도 파괴 등을 열거할 수 있습니다. 그러나 나는 3·1혁명의 영향 중에서 가장 의미 있는 것은 18세 이하 어린이들이 우리 사회와 정치 일선에 정면으로 등장하는 계기가 되었다는 점입니다.

3·1혁명 촉발과 전개 과정에서 18세 이하 어린이들이 전면에 나서 만세 운동을 이끌었다는 증언은 수많은 기록을 통해 볼 수 있습니다. 첫날 탑골공원에서 만세 운동을 주도했고, 독립선언서를 숨겨서 전국 각지로 가지고 갔고, 밤을 새워가며 태극기를 그렸고, 만세 시위 현장에서 앞장서 만세를 불렀고, 보통학교 졸업식에서 송사를 하던 졸업생 대표가 바로 독립 만세 운동을 일으킨 사례가 허다합니다.[7]

3·1혁명을 경험한 어린이와 청소년들이 독립운동의 주요 세력으로 등장했습니다.[8] 그 사례는 김원봉과 윤세주를 비롯한 의열 투쟁가들, 1926년 순종 장례를 이용해서 일어난 6·10만세 운동, 1929년 11월 3일 광주 학생 의거, 1930년대 독립운동에 투신하는 윤봉길을 비롯한 수많은 의혈 열사들의 등장에서 볼 수 있습니다.

3·1혁명 과정에서 이러한 소년 소녀들의 정치·사회적 출현에 온 민족이 놀랐습니다. 그리고 그 힘의 본질을 발견한 핵심 인물들은 김기전과 방정환을

---

7) 민족문화협회, 『3·1운동』, 햇불사, 1980, 81-150쪽.
8) 김정의, 『한국소년운동사』, 민족문화사, 1992, 44쪽.

비롯한 천도교에서 솟아오르던 젊은이들이었습니다. 18세 이하 어린이들이 독립된 인격체임을 자각하고, 어른과 똑같은 권리를 가진 시민임을 깨달은 것입니다. 어른보다 더 새롭고 더 높은 사람임을 깨달은 것입니다.

# 어린이 해방 선언문 살펴보기[9]


우리 겨레 역사에서 어린이 해방 선언은 천도교 소년회에서 주관한 1922년 5월 1일 제1회 어린이날 행사에서 시작합니다. 이를 바탕으로 「조선소년운동협회」가 만들어졌고, 「조선소년운동협회」 이름으로 1923년 5월 1일 3시에 다시 제1회 어린이날을 개최했습니다. 천도교에서 시작했지만 온 겨레가 함께해야 한다는 마음에서 다시 한 것입니다. 그래서 천도교 어린이날의 횟수는 사회단체와 국가에서 하는 어린이날보다 1회를 더해주면 됩니다.

우리 겨레가 100여 년 전에 다짐한 〈어린이 해방 선언문〉은 기본 방향 세 가지, 실행 다짐 여덟 가지, 어른에게 드리는 글 여덟 가지, 어린이 동무들에게 드리는 글 일곱 가지로 구성되어 있습니다. 이를 다 읽어본 사람이 많지 않기에 모두 옮겨 봅니다.


**〈어린이 해방 운동의 기본 방향〉**

　1. 어린이를 재래의 윤리적 압박으로부터 해방하여 그들에 대한 완전한 인격적 예우를 허하게 하라.

---

9) 방정환연구소, 『신성한 동화를 들려주시오』, 소명출판, 2018; 이주영, 「1923년 천도교 소년회 어린이선언이 갖는 세계아동문화사적 의미」, 월간 『작은책』 2018년 11월호, 이주영, 「세계 어린이 권리 선언들」을 활용했음.

1. 어린이를 재래의 경제적 압박으로부터 해방하여 만 14세 이하의 그들에 대한 무상 또는 유상의 노동을 폐하게 하라.
1. 어린이 그들이 고요히 배우고 즐거이 놀기에 족한 각양의 가정 또는 사회적 시절을 행하게 하라.

〈실행 다짐〉

우리들의 희망은 오직 한 가지, 어린이를 잘 키우는 데 있을 뿐입니다. 다 같이 내일을 살리기 위하여 이 몇 가지를 실행합시다.

- 어린이는 어른보다 더 새로운 사람입니다.
- 어린이를 어른보다 더 높게 대접하십시오.
- 어린이를 결코 윽박지르지 마십시오.
- 어린이의 생활을 항상 즐겁게 해주십시오.
- 어린이는 항상 칭찬해 가며 기르십시오.
- 어린이의 몸을 자주 주의해 보십시오.
- 어린이들에게 잡지를 자주 읽히십시오.
- 희망을 위하여 내일을 위하여 다 각각 어린이를 잘 키웁시다.

〈어른에게 드리는 글〉

- 어린이를 내려다보지 마시고 치어다보아 주시오.
- 어린이를 가까이 하사 자주 이야기하여 주시오.
- 어린이에게 경어를 쓰시되 늘 보드랍게 하여 주시오.
- 이발이나 목욕, 의복 같은 것을 때 맞춰 하도록 하여 주시오.
- 산보나 원족 같은 것을 가끔가끔 시켜 주시오.
- 어린이를 책망하실 때에는 쉽게 성만 내지 마시고 자세 자세히 타일러 주시오.
- 어린이들이 서로 모여서 즐겁게 놀 만한 놀이터와 기관 같은 것을 지어 주시오.
- 대우주의 뇌신경의 말초는 늙은이에 있지 아니하고 젊은이에게도 있지 아니하고 오직 어린이 그들에게만 있는 것을 늘 생각하여 주시오.

〈어린 동무들에게〉

- 돋는 해와 지는 해를 반드시 보기로 합시다.
- 어른에게는 물론이고 당신들끼리도 서로 존대하기로 합시다.
- 뒷간이나 담벽에 글씨를 쓰거나 그림 같은 것을 그리지 말기로 합시다.
- 길가에서 떼를 지어 놀거나 유리 같은 것을 버리지 말기로 합시다.
- 꽃이나 풀은 꺾지 말고 동물을 사랑하기로 합시다.
- 전차나 기차에서는 어른에게 자리를 사양하기로 합시다.
- 입을 꼭 다물고 바르게 가지기로 합시다.

이 선언문으로 알 수 있듯이 1920년대 어린이 운동가들이 정한 어린이날은 5월 5일이 아니라 5월 1일이었고, 어린이들을 대상으로 유흥과 소비를 부추기는 날이 아니라 어린 민중이 인간다운 삶을 살 수 있는 해방 세상을 만들자고 선언하고 다짐하는 날이었습니다. 곧 어린이날은 2중 3중으로 억압받는 '어린 민중'이 스스로 해방을 선언하는 날이고, 어른들은 어떻게 하면 그런 해방 세상을 만들 수 있을까 반성하며 노력을 다짐하는 날로 시작했습니다. 이런 생각을 방정환은 다음과 같이 외쳤습니다.

아아, 거룩한 날, 5월 초하루! 기울어진 조선에 새싹이 돋기 시작한 날이 이 날이요, 성명도 없던 조선의 어린이들이 새로운 생명을 얻은 날이 이 날입니다. 눌리우는 사람의 발밑에 또 한 겹 눌려 온 조선의 어린 민중들이여! 다 같이 나와 이날을 기념합시다. 그리하여 다 같이 손목 잡고 5월의 새잎같이 뻗어나갑시다. 우리의 생명은 뻗어나가는 데 있습니다. 조선의 희망은 우리의 커가는 데 있을 뿐입니다.[10]

..................................
10) 『어린이』 1926년 5월호.

방정환은 당시 어린 민중이 일본 제국주의 침략에 짓밟히는 조선 민중인 부모들 발에 다시 차이고 눌리면서 생명이 죽어간다고 보았고, 어린 민중에게 다 같이 손잡고 5월의 새잎같이 생명을 뻗어 나가자고 했습니다. 100여 년이 지난 지금 18세 이하 어린이들도 마찬가지입니다. 아니, 어쩌면 더 촘촘하고 더 강력한 어른이라는 지배계층에게 억눌려 죽어가고 있습니다. 경제적 불평등과 차별에 내몰리고 있는 수많은 민중은 자기와 같은 고통과 슬픔을 대물림할까 두려워서 자녀들을 다른 아무것도 못 하게 하고 입시공부로만 몰아치고 있습니다. 기득권을 가진 어른들은 자기들이 누리고 있는 특권을 자녀들이 누리지 못할까 두려워서 그 특권을 지키기 위한 온갖 편법과 불법을 저지르고 있습니다. 학구(學區) 위반, 위장전입, 불법 고액과외나 족집게과외, 부당한 방법으로 대학 입학은 물론, 대학 졸업 후 취직이나 교회까지 자식들에게 특권을 대물림하려고 발버둥 칩니다. 모두 어린이들이 온전한 인격권을 누리며 사람답게 사는 길을 막고 있는 것입니다. 사람이 아니라 벌레 같은 미물이나 사나운 괴물로 기르고 있는 것입니다. 이런 사회는 어린이나 젊은이나 늙은이 모두가 사람답지 못하게 하는 불안하고 불편하고 불평등한 사회가 될 수밖에 없습니다. 당시 방정환과 함께 어린이 해방 운동에 앞장서 활동하던 김기전은 어린이날 해방 선언을 '좋은 소식 중의 좋은 소식'이라며 아래와 같이 반겼습니다.

해방! 해방! 이 말은 근래에 우리 조선 사람들이 퍽도 많이 부르짖게 되는 말이다. 정치적 해방, 경제적 해방을 부르짖음은 물론이고 '여자의 해방'과 같은 문제도 우리의 귀가 아플 만큼 떠들고 있다. 그러나 어떤 셈인지 금일 사회의 잠재력이 되고 내일의 사회의 중견력이 될 소년 해방 문제에 대하여는 별로 이렇다 하는 소리가 없었다. 재작년 이래로 이곳저곳에 몇 군데의 소년 단체가 생기어 빈 골짜기에서 소리치는 것처럼 얼마큼이라도 소년 문제의 소식을 전한 바가 없지 않았으나, 그 문제가 일반 여론이 되고 운동이 되어 만인의 주시를 필요로 하기까지에는 너무나 미미했으며 또한 너무나 선명하지 못했다. 이러한 오늘, 이와 같은 보편적 소년운동이 일어남을 보게 된 것은 실로 좋은 소식 중의 좋은 소식이다. 우리는 먼저 말만 듣기에도 한 조각의 충정이 스스로 솟아나 약동함을 금치 못하겠다.[11]

지금도 대부분 18세 이하에 해당하는 유·초·중·고 학생들에 대한 많은 문제가 수시로 제기되고, 학교 밖 청소년 문제도 가끔 거론되지만, 이들을 온전한 한 인격으로 생각하고 사람답게 살 수 있는 권리, 그 권리를 누릴 수 있는 해방이라는 관점과 기준으로 접근하는 경우는 보기 힘듭니다. 오히려 어떻게 하면 더 잘 통제하고 조정해서 어른들 입맛에 맞는 교육 제도를 만들고, 어떻게 하면 기득권자들이 그 자녀들한테 더 유리한 제도를 만들까에 골몰하는 것 같습니다. 이런 의미에서 100여 년 전에 발표한 〈어린이 해방 선언문〉은 우리가 무엇을 어떻게 생각하고 실천해 가야 할지를 가르쳐주는 기본 방향타가 된다고 볼 수 있습니다.

1923년 제1회 어린이날 행사 때 발표한 〈어린이 해방 선언문〉이 세계사에서 중요한 위치를 점하고 있음은 여타 세계 어린이 권리 선언들과 견주어 보면 쉽게 알 수 있습니다.

세계 여러 나라가 함께 어린이 권리를 담아서 처음 내놓은 것은 1924년 9월 26일 국제연맹에서 발표한 '어린이 권리에 관한 선언'(Declaration of the Rights of the Child)이라고 할 수 있습니다. 국제연맹 제네바 총회에서 승인한 선언이라 해서 '제네바 선언'(Geneva Declaration)이라고도 합니다. 이 선언문은 영국 사

---

11) 김기전, '좋은 소식 중의 좋은 소식', 『개벽』 1923년 5월호(통권 35호).

회운동가 에글렌타인 젭(Eglantyne Jebb)이 써서 발표했습니다. 이를 1923년 국제어린이구호협회(International Save the Children Union)가 채택했고, 1924년 국제연맹에서 승인했습니다. 그 내용은 5개 조항으로 다음과 같습니다.

### 어린이 권리에 관한 선언(1923)

1. 어린이가 제대로 자라기 위해 필요한 수단(물질과 정신)을 모두 제공해야 한다.
2. 배고픈 어린이는 먹을 수 있어야 하고, 아픈 어린이는 보살핌을 받을 수 있어야 하고, 뒤떨어진 어린이는 도움을 받을 수 있어야 하고, 범죄에 빠진 어린이는 재활 받을 수 있어야 하고, 고아나 떠돌이는 도움과 있을 곳을 제공받아야 한다.
3. 어린이는 위급할 때 가장 먼저 구조받아야 한다.
4. 어린이는 생계를 유지할 수 있어야 하고, 어떤 착취로부터도 보호받아야 한다.
5. 어린이는 자신이 갖고 있는 재주와 능력은 모든 사람을 위해 써야 한다는 의식 속에서 자라야 한다.

어린이들이 태어나면서 갖고 있는 권리가 어떤 것이며, 그 권리를 위해 어른들이 어떻게 해야 한다는 것을 담아낸 선언입니다. 인류 역사에서 어린이를 위한 이러한 선언문이 나오기까지 오랜 시간이 걸렸고, 많은 사람이 노력했습니다. 인류는 오랫동안 어린이를 다음 사회에 필요한 자원으로 보았습니다. 원시사회에서는 허약하거나 장애가 있는 아기는 처음부터 버려지거나 살해되기 일쑤였습니다. 원시공동체를 위한 건강한 노동자나 군인이 될 수 있어야 먹여주고 재워주고 길러줄 가치가 있었기 때문입니다. 부계사회에서는 부모가 소유하는 재산이고, 앞으로 자라서 사람이 될 '무엇'이었습니다. 어른과 같은 독립된 인격체인 '한 사람'으로 보지 않았는데, 이런 의식은 아직도 우리 사회 내면에 깊게 뿌리박혀 있습니다.

서양에서는 17~18세기에 인간의 이성과 자유와 권리를 중요하게 생각하는 계몽사상이 발전하면서 어린이 자유와 권리에 대한 주장이 나타나기 시작했습니다. 프랑스 계몽주의 선구자 장 자크 루소(Jean Jacques Rousseau)가 1762년 네덜란드에서 출판한 『사회계약론』에서는 "인간은 자유로운 존재로 태어났다"면서 인간의 자유와 평등을 선언했고, 어린이에 대해서는 "어린이는 인간으로, 그리고 자유인으로 태어났다"라고 주장했습니다. 그러나 다른 계몽주의자들까지 모두 어린이를 '한 사람'이면서 '어른과 똑같은 자유와 평등한 독립된 존재'로 본 것은 아니었습니다. 계몽주의자들도 대부분은 어린이가 자유인으로 태어난 것을 인정하지 못했습니다. 19세기를 대표하는 공리주의자면서 부인과 함께 여성 단체 결성에 참여하며 여성이 누려야 할 권리에 대해 앞선 주장을 폈던 존 스튜어트 밀(John Stuart Mill)조차도 어린이들이 태어나면서부터 누려야 할 권리를 인정하지 않았습니다.

다만 자본주의 사회로 바뀌면서 어린이들도 집안이나 도제 노동에서 공장 노동을 담당하게 되었습니다. 여성과 어린이는 가장 손쉽게 부려먹을 수 있는 값싼 노동자였기 때문입니다. 여자와 어린 노동자들은 방직공장에 특히 많았습니다. 영국 의회는 방직공장에서 혹사당하고 착취당하는 어린이들을 보호하기 위해 1802년 공장법을 만들면서 9~13세는 하루 8시간, 14~18세까지는 하루 12시간으로 노동 시간을 제한했습니다. 9세 미만은 고용 노동을 금지하고 이들에게 기초교육을 받게 했습니다. 그러나 이를 감독하지는 않았기 때문에 대부분 공장이 이를 무시했다고 합니다.

어린이를 '한 사람'으로 인식하면서 그들의 자유와 권리를 찾아주려는 운동이 실제로 일어난 것은 20세기 들어서면서부터라고 할 수 있습니다. 20세기에 들어서면서 어린이 권리를 주장한 사람들 가운데 가장 주목받은 사람이 스웨덴의 엘렌 케이(Ellen Karolina Sofia Key)라고 할 수 있습니다. 엘렌 케이는 진보 사상가면서 교육자였습니다. 집안은 대대로 루소를 숭배했고, 아버지는 급진파 정치인으로 국무장관까지 했습니다. 엘렌 케이는 민중 대학이라고 할 수 있는 노동자 기관에서 문화사를 강의했고, 1900년에 스웨덴에서 『어린이의 세기』를 출판했습니다. 이 책은 2년 후 독일에서 『Jahrhundert des Kindes(어린이의 세기)』라는 제목으로 출판되었고, 이 책을 계기로 국제 사회에서 주목받는 여성 작가가 되었습니다. 이 책에서 그는 "20세기는 어린이들이 정치개혁의 초점이 되어야 하고, 사회 안에서 어린이들이 각자에게 맞는 좋은 가정과 교육을 누릴 권리를 가져야 한다"고 했으며, 그런 사회가 될 거라고 내다보았습니다. 스웨덴은 20세기 세계에서 가장 먼저 가정과 집에서 어린이 체벌을 법으로 금지했고, 어린이들이 좋은 가정과 학교에서 자신에게 맞는 교육을 받을 권리를 가장 폭넓고 깊이 있게 보장하는 나라에 속합니다.

20세기 어린이 권리 운동에서 폴란드의 야누스 코르차크(Janusz Korczak)도 빼놓을 수 없습니다. 의사인 그는 1차 세계대전에 군의관으로 참전했다가 돌아와서 전쟁고아들을 위한 고아원을 만들었고, 어린이 교육과 권리를 주장하는 글을 썼습니다. "어린이들은 우리가 조종할 수 있는 인형이 아닙니다. 어린이들을 있는 그대로 받아들이면서 교육해야 합니다. 그래야만 어린이들이 발전할 수 있습니다." "어린이는 미래를 살 사람이 아니라 오늘을 사는 사람입니다." "어린이는 '언젠가는' '지금이 아닌' '내일'의 사람이 아닙니다. 이들은 지금 여기, 오늘 이미 존재하고 있는 이들입니다." "어린이를 대할 때는 진지하게, 부드러움과 존경을 담아야 합니다." 이 같은 말들에 어린이에 대한 그의 생각이 잘 나타나 있고, 이러한 생각에 많은 사람이 공감하게 됩니다. 1942년, 그가 가르치던 아이들 192명, 동료 교사 10명과 함께 노래 부르며 마지막 행진을 하면서 가스실로 들어가 죽은 사건이 알려지면서 많은 사람이 충격과 깨우침을 받았습니다.

그런 역사가 힘이 되어 2차 세계대전이 끝나고 유엔이 구성되면서 세계 어린이 권리 운동은 다시 폭넓게 펼쳐졌고, 1959년 11월 20일 세계 78개국 대표가 참여한 유엔 총회에서 만장일치로 '어린이 권리 선언(Declaration of the

Rights of the Child)'이 채택되었습니다. 1959년 '유엔 어린이 권리 선언'은 '인류는 자신이 줄 수 있는 최선의 것을 어린이에게 주어야 하므로' 이를 위하여 어린이 권리를 인정하는 10개 원칙을 각국 정부가 준수하도록 요청했습니다. 그 10개 원칙의 핵심은 다음과 같습니다.

원칙 1.   어린이는 이 선언에 제시된 모든 권리를 누려야 한다. 모든 어린이는 어떤 예외도 없이 어떤 이유로도 구별이나 차별을 받지 않고 이런 권리를 누릴 자격이 있다.

원칙 2.   어린이는 특별한 보호를 받으며, 건전하고 자유롭고 품위 있는 상태에서 발전할 기회와 편의가 제공되어야 한다. 법률을 만들 때는 어린이에게 가장 좋게 만들어야 한다.

원칙 3.   어린이는 태어날 때부터 이름과 국적을 가질 자격이 있다.

원칙 4.   어린이는 사회보장의 혜택을 누린다. 어린이는 건강하게 자라고 발전할 자격이 있다. 이를 위해 특별한 보살핌과 보호가, 태어나기 전과 후의 적절한 보살핌을 포함해서, 그와 그의 어머니에게 제공되어야 한다.

원칙 5.   몸과 마음이나 사회생활에 장애가 있는 어린이는 그의 특수한 상태에 필요한 치료나 교육 및 보살핌을 받아야 한다.

원칙 6.   나이 어린 어린이는 특수한 경우가 아니면 자기 어머니와 떼어놓아서는 안된다. 가정에서 어린이 부양을 위한 국비 지급과 기타 원조가 바람직하다.

원칙 7.   어린이는 사회에 쓸모 있는 구성원이 될 수 있게 교육받도록 해야 한다. 어린이는 교육과 동일한 목적으로 놀이와 오락에 대한 충분한 기회를 가져야 한다.

원칙 8.   어린이는 모든 경우에 가장 먼저 보호와 구조를 받는 대상에 포함되어야 한다.

원칙 9.   어린이는 모든 형태의 무시, 학대, 착취로부터 보호받아야 한다. 어떤 형태로도 매매의 대상이 되어서는 안 된다.

원칙 10.  어린이는 인종과 종교를 비롯한 모든 형태의 차별을 조장할 수 있는 관행으로부터 보호되어야 한다. 어린이는 이해, 관용, 우정, 평화, 세계 형제애 정신으로 그의 재능과 능력을 인간에 대한 봉사에 바쳐야 한다는 깨달음이 충만하도록 길러져야 한다.

　유엔은 이 선언 20주년을 기념하여 1979년을 '세계 어린이 해'로 선포했고, 나아가 1989년에는 이를 더욱 폭넓고 깊이 있게 발전시켜 그해 11월 20일 총회에서 '어린이 권리 협약'(Convention on the Rights of the Child)을 선언하고, 각국이 국제 조약으로 체결하도록 했습니다.

　이렇듯 세계 어린이 운동 역사를 살펴볼 때 1923년 5월 1일 방정환과 그 동지들이 발표한 제1회 어린이날 선언문 3개 조항은 1923년 국제어린이구호협회가 채택한 어린이 권리에 관한 선언 5개 조항과 견주어 볼 때 결코 떨어진다고 할 수 없습니다. 어린이를 보호의 대상에서 권리의 주체로 보는 관점은 더 진보적이라고 할 수 있습니다. 그러나 우리는 서양에서처럼 어린이 권리 해방 운동을 꾸준히 발전시키지 못했습니다. 발전은커녕 일본 제국주의자들에게 철저하게 짓밟혔습니다. 광복 이후에도 독재 정부에 의해 왜곡되었고, 민주 정부가 들어서면서 어린이 권리가 일정 부분 향상되기는 했지만 그 정신을 부활시키면서 그 맥을 이어 발전시키지 못하고 있습니다. 일부 시민단체와 활동가들이 노력하고 있을 뿐, 국가 차원에서는 방정환과 어린이 해방 선언의 중요성과 역사성을 인식하지 못하고 있어 안타까운 형편입니다.

# 참된 어린이 해방 세상을 위하여

얼마 전에 '방정환 어린이 해방 운동 역사와 전망'이라는 주제로 강의했을 때 질문을 받았습니다. 청중 한 분이 "1923년 5월 1일 제1회 어린이날에 선포한 '어린이 해방' 100년이 가까워오는 현재 우리 사회에서 어린이 해방이 어느 정도 실현되었다고 생각하는지 말해 달라"는 것입니다. 당시 선언한 '윤리적 압박으로부터의 해방'과 '경제적 압박으로부터의 해방'이 상당히 실현되었다고 볼 수 있지 않느냐고 했습니다.

나는 한마디로 어린이 해방은 전혀 이루어지지 않았다고 답했습니다. 윤리적 압박에서 해방되었다고 볼 수 없는 현실이기 때문입니다. 1920년대 당시 문제였던 장유유서를 비롯한 조선 유교 윤리가 겉으로 보기에는 상당히 사라진 것처럼 보이지만 속은 그렇지 않습니다. 우리 사회는 여전히 어른이 어린이를 소유물로 취급하고 있기 때문입니다. 극단의 경우로 동반자살이란 말이 아직도 우리 사회와 언론에 살아 있습니다. 2020년까지도 1년에 20여 명 어린이들이 동반자살이라는 이름으로 부모들에게 살해당하고 있습니다. 윤리적 억압이 가장 당연한 듯이 자행되는 분야가 교육입니다. 우리 사회 어른들은 교육에 대한 자신들의 환상과 두려움을 자녀들에게 그대로 투영하고 있습니다. 교육을 어린이들의 자아발견과 행복을 위해서가 아니라 미래 경제 생산성 향상을 위한 도구로만 보고 있습니다. 그로 인한 압박이 얼마나 심하면, 경제협력개발기구(OECD) 회원국 가운데 18세 이하 어린이 자살 비율이 20년 넘게 1위에 있습니다.

경제적 압박에서도 전혀 헤어나지 못하고 있습니다. 출산율 역시 경제협력개발기구(OECD) 회원국 가운데 꼴찌입니다. 우리나라는 0.98명(2018년 기준)으로, 회원국 평균치 1.63명을 한참 밑돕니다. 2026년에는 5명 가운데 1명이 노인이 되는 초고령 사회로 들어가고, 2060년에는 생산가능 인구(15~64세) 100명 대 부양인구(노인과 어린이)가 101명으로 늘어납니다. 아기들이 태어나고 싶지 않은 나라가 된 것입니다. 이쯤 되면 우리 사회는 지속가능하지 않은 사회, 더 이상 미래가 존재할 수 없는 사회로 치달을 수 있습니다.

이렇게 저출산국이 된 가장 큰 까닭은 어린이에 대한 경제적 억압 때문입니다. 임신과 출산으로 부모가 경제 활동에 제약을 받게 되고, 긴 육아 기간 동안 부모의 경제 부담이 큰 억압으로 작용합니다. 이러한 억압은 겉으로는 부모가 받는 것 같지만 속으로는 어린이들이 받게 되는 것입니다. 법으로 보장된 출산휴가나 육아휴직을 못 쓰는 까닭이 '직장 눈치' 69%, '경제 부담'이 27%를 차지한다고 합니다. 직장 눈치는 경제 활동에 대한 간접 억압으로 나타나고, 경제 부담은 직접 부담으로 나타납니다. 이 역시 겉으로는 산모가 억압받는 것이지만 속으로는 아기들이 경제적 억압을 받는 것입니다.

이렇게 현대 어린이들도 직·간접적으로 옛날 장유유서 같은 어른 중심 윤리에 억압당하고 있고, 나라에서 임신과 출산과 육아를 지원해야 함에도 오히려 경제 활동 제약과 경제 부담 때문에 부모가 임신과 출산 자체를 포기할 정도로 경제적인 억압을 받고 있는 것입니다. 대체로 임신 휴가와 출산 휴직 때문에 직장에서 상사와 동료 눈치를 보지 않을 수 있고, 3년 육아휴직 후에도 복직을 보장받는 교사 출산율이 다른 직업군보다 훨씬 높다고 합니다. 다른 직업군에 견줄 때 육아휴직 보장으로 경제적 압박을 덜 받기 때문입니다. 다른 직업군도 임신과 출산과 육아 기간에 경제적 압박을 받지 않으면 출산 비율이 높아질 것입니다. 이처럼 산모가 경제적 억압으로부터 해방되는 것은 곧 아기들이 경제적 억압으로부터 해방되는 것이고, 그럴 때 '우리 아기들이 태어날 권리'를 충분히 보장받을 수 있는 것입니다.

지금 우리 시대에서 필요한 어린이 해방은 임신과 출산과 육아로 인한 경제적 억압으로부터 부모를 해방시켜 주는 일입니다. 곧 어린이가 이 땅에 태어날 자유와 권리를 소중하게 지켜주고, 어린이를 둔 부모들이 존중받는 문화를 만들어야 합니다. 어린이가 이 땅에 태어날 자유와 권리를 억압받지 않는 어린이 해방 세상, 헌법 제31조에 규정되어 있듯이 자기 능력에 맞게 평등하고 평화롭게 교육받을 권리를 보장받는 어린이 해방 세상, 어린이들이 참된 어린이 문화를 누리면서 어린이답게 살 수 있는 자유와 권리를 보장받는 어린이 해방 세상이 되어야 합니다.

어린이 해방은 시민 해방, 계급 해방, 여성 해방을 넘어 인류가 완성해야 할 인간 해방이 나아갈 길입니다. 어린이 해방 세상이 되어야 모든 사람이 자유와 평등 그리고 평화를 누리면서 사람답게 살 수 있는 세상이 될 수 있을 것입니다. 그 새로운 길은 방정환과 그 동지들이 100년 전에 온몸으로 추구했던 3·1혁명 정신과 어린이 해방 운동의 부활, 그리고 그런 사상의 온전한 계승과 발전을 통해 만들 수 있습니다.

# 방정환 사상의 원점으로서 동심

안경식

# 방정환 사상의 원점, 동심

소파 방정환은 1931년 7월, 33살의 나이로 요절했습니다. 방정환이 한때 편집인으로 있었던 『신여성』지는 추모 특집호를 냈습니다. "선생의 가심을 아끼는 나머지 우리는 이 지면을 눈물 머금고 새로 짬으로써 그 안타까운 마음을 풀어 적으나마 기념하려 하나이다."라는 말과 함께 편집 동인들은 방정환이 쓴 것으로 보이는 '동심시선(童心是仙)'이라는 글씨를 같이 실었습니다. 방정환의 묘는 망우리 아차산에 있습니다. 유족과 색동회 동인 등 방정환의 지인들은 묘비명으로 '동심여선(童心如仙)'을 선택했습니다. 그 많은 말을 두고 그들은 왜 이 말을 선택했을까요? 방정환의 삶을 대표하는 말이 이 말이었다고 보았기 때문일 것입니다.

이 글에서 나는 방정환의 동심을 이야기하고자 합니다. 방정환의 어린이 사상과 철학은 동심에서 출발합니다. 방정환의 어린이 운동의 기점 역시 동심입니다. 방정환의 문학과 예술, 교육도 동심을 먼저 이해하지 않으면 파악하기 어렵습니다. 동심의 이해는 방정환의 삶을 이해하고 사상을 해석하는 열쇠가 됩니다.

2019년 5월 1일, 한국방정환재단에서 『정본 방정환 전집』을 출간했습니다. 방정환이 남겨놓은 글들을 수집 정리하여 전 5권(각 권 700~900쪽 정도)으로 엮은 것입니다. 글을 쓴 기간이 10대 후반에서 33세까지 불과 10여 년의 짧은

『신여성』 추모 특집호에 실린 방정환의 친필 '동심시선(童心是仙)'

시간이었음에도 그는 엄청난 양의 글을 남겼습니다. 여러 필명을 쓰는 바람에 찾지 못한 글도 많을 것입니다. 발굴된 글이 이러할진대, 발굴되지 않은 글과 그의 다른 활동은 또 어떠했겠습니까?『정본 방정환 전집』출간 당시 간행위원장 최원식 교수는「소파(小波)라는 원점」이라는 글을 썼습니다. "소파가 가신 지 한 세기가 가까워 오건만 선생의 진면목은 아직도 미명입니다. 다행히 최근 선생의 글들이 속속 발굴되면서 어둠이 급히 가시고 있습니다." 라고 하면서 방정환의 진면목을 알 수 있는 기회가 되기를 희망했습니다.[1] 활동하는 방정환을 만날 수 없는 지금, 그를 만날 수 있는 것은 그가 남긴

1) 최원식,「소파(小波)라는 원점」,『정본 방정환 전집 4』, 창비, 2019, 193쪽. 이 글에서 인용한 방정환의 글은 모두 2019년에 발간된『정본 방정환 전집』에 따른 것이다. 이하『전집』으로만 표기한다.

글을 통할 수밖에 없습니다. 그런데 문필 활동이든 또 다른 활동이든 그의 활동은 대부분 '어린이'라는 자장 안에 있습니다. 그렇다면 '어린이'라는 자장 안에 있는 그의 수많은 활동의 원점이 되고, 사상의 원점이 되는 것은 무엇일까요? 하나로 답할 수 없는 질문이지만 그것을 동심에서 찾아보고자 합니다. 방정환의 동심을 이해하지 않고서는 어린이와 관련한 어떠한 활동이나 사상도 이해하기 어렵기 때문입니다.

개인적 느낌인지는 모르겠으나 동심이란 말이 우리 주위에서 사라진 것 같습니다. 예전에 동심이 풍부하던 시절에는 동심이란 말도 흔하게 사용되었는데, 최근엔 동심이란 말조차 듣기가 힘들어졌습니다. 어떻게 보면 동심이란 말은 20세기에 쓰던 언어로, 이제는 화석이 되어버린 말일 수도 있겠습니다. 각종 포털 사이트를 검색해 보면 동심의 연관어로 '동심파괴'가 많습니다. 역설적인 방식으로 진실의 일면을 말하고 있는 것입니다.

동심이 20세기의 언어라면 4차 산업혁명의 시대, AI의 시대라고 일컫는 이 시대에 동심을 묻는 것은 의미 없는 일일까요? 오히려 지금이야말로 동심을 물어야 하지 않을까요? 그 질문에 대한 답을 방정환에게 듣고 싶습니다. '20세기는 아동의 세기'라고 했습니다. 그렇다면 그 20세기는 인류 역사상 처음이자 마지막으로 '동심의 세기'였을 것입니다. 이 땅에 그 세기를 연 사람이 방정환입니다. 방정환은 왜 동심에 관심을 가졌으며, 그가 말하는 동심이란 무엇이며, 그 동심과 예술, 교육은 또 어떤 관계에 있는지 생각해 보겠습니다.

# 방정환의 마음에 대한 관심

동학의 경전인 『용담유사』의 「교훈가」에는 "열석 자 지극하면/ 만권시서 무엇하며// 심학이라 하였으니/ 불망기의 하였으라"라는 말이 있습니다.[2] 열석 자는 이른바 본 주문 "시천주조화정 영세불망만사지(侍天主造化定 永世不忘萬事知)"입니다. 뜻은 "한울님 모시면 내 마음 그 덕에 합해지고, 평생토록 잊지 않으면 만사를 다 알게 되네." 정도의 의미입니다. 성현들의 말씀인 만권시서(萬卷詩書)가 열석 자로 요약되고, 그 열석 자는 '마음 심(心)' 자 한 자로 요약됩니다. 수운 최제우(1824-1864)는 자신의 도를 동학이라 했고, 그 성격을 심학(心學)으로 규정했습니다. 그런데 심학은 동학만이 아닙니다. 유·불·도 모두 심학을 자처하고 있습니다. 동양의 전통과 사상 전체가 '마음 심(心)' 한 자에 들어 있는 것입니다.

'동심여선', '동심시선'의 방정환도 동심을 이야기하기 전에 마음에 대한 관심이 컸습니다. 방정환은 언제부터, 어떤 계기로 마음에 관심을 갖게 되었을까요? 인간이 환경의 영향을 받는 존재라는 것을 생각하면 이 문제는 방정환의 삶의 여정을 통해 살펴볼 수밖에 없습니다. 그렇다고 여기서 방정환의

---

2) 천도교중앙총부, 『천도교경전』, 포덕 122년(1981), 82쪽.

행적을 샅샅이 뒤질 수는 없습니다. 일단 동학과 천도교를 중심에 두고, 그가 남긴 글을 통해 살펴보겠습니다. 알려진 대로 그가 당시 천도교주 의암 손병희(1861-1922)의 셋째 사위가 된 것이 1917년 5월입니다. 천도교인 권병덕(1867-1944, 민족대표 33인의 한 사람)이 소개했는데, 권병덕은 방정환의 아버지 방경수와 의형제 사이였다고 합니다.[3] 방정환의 어린 시절의 종교 활동에 대해서는 알려져 있지 않습니다. 아버지가 동학의 한 분파였던 시천교를 신봉했다고 하지만 그것이 방정환의 생각에 어떤 영향을 주었는지도 알 수 없습니다. 방정환은 신식교육을 받은 사람입니다. 11세(1909)에 매동보통학교에 입학했습니다. 이후 미동보통학교로 전학했고, 1913년 보통학교 졸업 후 선린상업학교에 입학합니다. 이후 신문화 흡수를 위해 많은 독서를 했습니다. 이 사이에 종교적 관심이나 활동은 추적되지 않습니다. 친구 유광렬의 증언에 의하면 방정환이 처음 글을 발표한 것은 1915년 육당 최남선이 창간한 교양잡지 『청춘』 6호였다고 합니다.[4] 이후 지속적으로 『청춘』에 시, 수필, 소설을 썼지만 동심이나 마음과 관련한 글은 쓰지 않았습니다.

그러던 그가 「마음」이라는 제목의 글을 쓴 것은 1918년 12월에 발간된 잡지 『유심』에서였습니다. 여기서 유심은 불교의 '일체유심조'의 유심입니다. 이 시의 전문은 이렇습니다.

> 보랴도 뵈잖고 흔적 없으나
> 그 한번 동하면 못 할 것 없고
> 그 가는 곳마다 사업 이루니
> 귀여움 무한타 우리의 마음
>
> 뜨거운 불길이 태지 못하며
> 힘 있는 노력이 뺏지 못하며

굳세인 물결이 씻지 못하니
그 조화 무한타 우리의 마음

무엇을 원하며 무얼 바라나
마음만 굳세면 못 할 일 없네
세계가 넓으나 그보다 크니
그 크기 무한타 우리의 마음

이 보배 이 조화 향하는 곳에
뉘 능히 막아 낼 장사 없나니
갈아서 빛내세 더욱 힘 있게
닦아서 키우세 우리의 마음

『유심』은 만해 한용운(1879-1944)이 창간한 잡지입니다. 천도교인이었던 방정환이 어찌하여 불교 잡지에 투고했을까요. 그냥 우연히 이 잡지에 투고한 것은 아닌 것 같습니다. 두 사람은 스무 살의 나이 차이에도 불구하고 인간적인 교류가 있었던 것 같습니다.[5] 만해기념관 관장 전보삼의 견해에 의하면 두 사람은 거처가 가까웠고(견지동과 계동), 그런 관계로 자주 왕래가 있었을 수 있습니다.[6] 방정환은 1917년 유광렬, 이중각, 이복원 등(이른바 '청년구락부'의 사천왕)과 함께 비밀결사조직 '청년구락부'를 결성합니다. 그리고 1919년에 '청년구

---

3) 김웅조, 「소파선생의 뿌리와 배경」, 『나라사랑』 제49집, 외솔회, 1983년 겨울호, 31쪽.

4) 『전집 5』의 부록에 있는 「작품 연보」(657-687쪽)(염희경 작성)에서는 1917년 『청춘』 11호(1917년 11월 간행)에 방운정(方芸庭)의 필명으로 쓴 「소년어자(少年御子)」를 처음으로 본다.

5) 우연의 일치인지 인연인지 두 사람의 묘소는 모두 아차산에 있으며, 생전보다 더 가까운 지척의 거리에 있다.

6) 전보삼, 「만해 한용운과 소파 방정환의 인연」, 『방정환연구』 창간호, 2019년 3월, 창간 축사.

락부'의 기관지 『신청년』을 발간했습니다. 이 『신청년』의 권두언도 한용운이 썼습니다.[7] 그래서 그런지 시 「마음」에는 불교적 색채가 보입니다.[8] 잡지 이름 『유심』이 말하듯이 방정환의 마음 역시 그와 무관하지 않아 보입니다. 눈으로 보려 해도 보이지 않고 형체(흔적)도 없으나 동하면 못할 것이 없는 것이 마음이라 했고, 세계가 넓으나 그보다 넓고, 무한한 마음이라고 했습니다. 그리고 보배, 조화, 무한이라는 말로 마음의 특성을 포착하려 했습니다. 또한 이 시에서는 마음을 닦아 나가자고 주장합니다. 마음만 굳세면 못할 일이 없다면서 갈고 닦아 키우자고 이야기합니다. 마음에 대한 방정환의 이런 생각은 한용운의 생각과도 상당히 통합니다. 한용운은 『유심』 창간호에 「심(心)」이란 시를 발표했습니다. 그 시를 조금 살펴봅시다.

심(心)은 심이니라
심만이 심이 아니라 비심(非心)도 심이니 심외(心外)에는 하물(何物)도 무
(無)하니라
생(生)도 심이요 사(死)도 심이니라
무궁화도 심이요 장미화도 심이니라
호한(好漢)도 심이요 천장부(賤丈夫)도 심이니라
신루(蜃樓)도 심이요 공화(空華)도 심이니라
물질계(物質界)도 심이요 무형계(無形界)도 심이니라
공간도 심이요 시간도 심이니라

심이 생(生)하면 만유(萬有)가 기(起)하고 심이 식(息)하면 일공(一空)도 무
(無)하니라
심은 무(無)의 실재(實在)요 유(有)의 진공(眞空)이니라
심은 인(人)에게 누(淚)도 여(與)하고 소(笑)도 여하느니라

(…)

심은 하시(何時)라도 하사(何事) 하물(何物)에라도 심 자체(自體)뿐이니라

심은 절대(絶對)며 자유며 만능(萬能)이니라.[9]


　물론 방정환의 「마음」보다는 한용운의 「심」이 더욱 불교적입니다. 그러나 두 시는 묘하게 닮은 데가 있습니다. 두 사람 사이의 교유 혹은 영향 관계에서 오는 것일 수 있습니다. 「마음」에서 갈고 닦고 키워야 한다는 주장 역시 『유심』이 불교 수양 잡지라는 것과 맥을 같이 합니다.[10] 『유심』에 실린 시 「마음」이 한용운과의 관계에서 나온 것이라 할지라도 방정환이 마음에 대해 어떻게 생각했는지 알 수 있는 소중한 자료가 됩니다.

　위에서 말한 대로 1919년 1월 비밀결사체 청년구락부의 기관지 『신청년』 창간호가 나왔습니다. 여기에 방정환은 「암야(暗夜)」라는 시를 발표했는데 역시 마음을 소재로 한 시입니다.

---

7) 유광렬(1898~1981)이 훗날 쓴 『기자반세기(記者半世紀)』(서문당, 1969), 73쪽에서 "1917년 가을 어느날, 회원은 구파발 한 밤나무 동산에서 야유회를 했는데, 이 모임에서 우선 청년구락부의 일로 잡지를 내기로 했다. 당시 불교계의 중진인 만해(萬海) 한용운은 불교청년들을 교양하면서 『유심(唯心)』이라는 잡지를 내고 있었다. 그래서 권두의 글을 그에게 받기로 하고, 한용운과 고향이 같은 이중각을 보냈다. 한용운은 취지를 듣더니 곧 써주기를 약속했다."라고 회고했다. 최덕교, 『한국잡지백년 2』에서 재인용.

8) 당시 『유심』 3호에는 방정환의 또 다른 글, 「고학생」이 실렸다. 이 글은 현상당선문예에서 상금 1원에 뽑힌 글로, 학생소설이란 형식으로 발표되었다.

9) 최덕교, 「큰스님 한용운이 발행한 유심」, 『한국잡지백년 2』, 2004.
(https://terms.naver.com/entry.nhn?docId=2180795&cid=42192&categoryId=51063)

10) 한국민족문화대백과사전의 '유심' 항목을 보면 집필자 백순재는 잡지의 성격을 불교 수양 잡지로 평하고 있다. 『한국잡지백년 2』를 통해 창간호의 잡지 목차를 보면, 「창간사」 '처음에 씀', 「시」 '심(心)' … 만해(萬海)/「논설」 '조선 청년과 수양' … 한용운(韓龍雲)/ '고통과 쾌락' … 주관(主管)/ '고학생' … 한용운(韓龍雲)/ '전로(前路)를 택하여 진(進)하라' … 오세인(五歲人)/ '시아(是我) 수양관(修養觀)' … 최린(崔麟)/ '동정받을 필요 있는 자(者)— 되지 말라' … 최남선(崔南善)/ '수진(修進)' … 유근(柳瑾)/ '유심(唯心)' … 이광종(李光鍾)/ '우담발화(優曇鉢花) 재현어세(再現於世)' … 우산두타(寓山頭陀)/ '종교와 시세(時勢)' … 이능화(李能和)/ '심론(心論)' … 김남천(金南泉)/ '반본환원(反本還源)' … 강도봉(康道峰)/ '가정교육은 교육의 근본' … 서광전(徐光前)/ '자기의 생활력' … 김문연(金文演)/ '학생의 위생적 하기(夏期) 자수법(自修法)' … 계동산인(桂東山人)/ '생(生)의 실현(實現)' … 타고르 원저(原著), 「소설」 '오(悟)' … 국여(菊如), 수양총화(叢話) 등으로 되어 있다. 마음과 관련한 글과 수양에 관한 글이 다수를 차지함을 알 수 있다.

가을밤의 어두움

점점 깊어 가는 침묵

그 중에 눈 뜨인 나

숨을 죽이고 있으매

나의 방은 바닷속 같도다

이 어두운 속에

나의 마음…

잔뜩 끼고 있어도

나의 마음…

붕어와 같이

내 몸을 떠나

어둠 속을 헤매인다[11]


　　이 글에서 나의 마음은 한 달 전에 발표한 『유심』에서의 나의 마음과는 다
소 차이가 있습니다. 3·1운동을 앞둔 시점, 어두운 조국의 현실을 바라보는
무거운 작자의 마음을 드러낸 것으로 보입니다.

　　마음에 대한 시가 더 있습니다. 1920년 『천도교회월보』 4월호에 방정환은
「나의 시―사람의 마음, 설(雪) 중의 사별, 심중의 소(小) 궁전」이란 제목으로
세 편의 시를 실었습니다. 첫 번째 시가 「사람의 마음」입니다.


바람에 불리는 갈대의 잎은

무엇을 탄식하며 흔들리는가

울고 떨고 한숨지면서

그리면서도 꺾이지도 않고…

이 몸의 마음속의 장미의 꽃을
마음대로 좋을 대로 꺾어 버리고
이것이 영별이라 하는 날에도
당신은 웃으며 울지도 않아

가지가지 구해도 얻지 못하고
가지가지 들어도 깨닫지 못하고
가지가지 보아도 알지 못하고
이렇게 사람은 죽어 버린다

사람의 마음의 사막 가운데
고운 꽃 피는 날은 어느 때일지
티 없고 거짓 없는 참된 사랑이
갚음을 받는 날은 어느 날일지

아아 그때야말로
아아 그때야말로
삶다운 생의 가치가 있다
아아 가치가 있다[12]


시의 끝에 '세우 속살거리는 창 옆에서'라고 기록해 놓았습니다. 세우는 '細
雨' 즉 가랑비입니다. 가랑비 내리는 날 창가에서 글을 적은 것이 드러나듯이

11) 『전집 1』, 705쪽.
12) 『전집 1』, 710-711쪽.

이 시는 감상적입니다. 무슨 사랑 노래 같기도 하지만 자세히 보면 현세의 갖가지 어려움에 부딪히는 마음을 이야기하고 있습니다. 울고 떨고 한숨 지으면서 바람에 나부끼는 갈댓잎같이 사람 마음도 사막 가운데 처해 있다고 합니다. 가지가지 구해도 얻지 못하고, 들어도 깨닫지 못하고, 보아도 알지 못하며 죽어가는 존재이지만 언젠가 고운 꽃 피는 날이 있을 것이라는 기대를 저버리지 않고 있습니다. 같이 발표한 세 번째 시는 「심중의 소(小) 궁전」입니다. 역시 마음과 관련이 있는 시입니다.

이 몸의 마음속의 작은 궁실을
오늘은 청결하게 소제를 하고
화병도 갖다 놓고 그림도 걸고
당신이 오시기를 기다립니다

이 몸의 참마음의 손님이시여
어서 좀 이곳으로 들어오십시오
참으로 좁고 좁은 방이지마는
따뜻한 불길이 늘 탑니다

남에게 말 못하던 가슴속 비밀
시원히 재미있게 말씀하시고
밤 들어 졸립거든 주무십시오
보드런 침상도 있습니다[13]

---

13) 『전집 1』, 713쪽.

이 시도 전체적으로 어두운 현실을 이야기하고 있습니다. "참으로 좁고 좁은 방"은 아무래도 조국의 현실을 이야기하는 것만 같습니다. 참마음의 손님은 조국 광복으로 여겨집니다. 그러나 종교적인 입장에서 보면, 1920년 무렵 방정환은 『천도교회월보』에 많은 시와 소설 같은 글들을 발표했으며, 각지를 돌며 천도교 교리 관련 강연도 했습니다. 그래서 참마음은 종교적인 마음을 이야기하고 있는 것이라 볼 수도 있습니다. 한용운의 「님의 침묵」에서 '님'과 같이 중의적으로 읽힙니다.

이와 같이 방정환이 처음부터 동심에 대한 글을 쓴 것은 아닙니다. 그 이전에 마음에 관한 시를 몇 편 쓴 적이 있고, 이후 동심으로 관심이 옮겨져 갑니다. 그 시기가 언제일까요. 천도교에서 어린이 운동을 시작한 것은 1921년입니다. 이해 4월, 천도교청년회 안에 소년부를 따로 두게 되었고, 방정환이 그 중심에서 활약했습니다. 그렇다면 이 무렵 동심에 대한 생각들이 정립되지 않았을까요. 방정환의 행적을 보면 그의 글의 주제가 인간의 마음에서 동심으로 옮겨 간 것과 어린이 운동에 나서는 시기가 일치합니다. 다시 말하면, 3·1운동 후 생긴 천도교교리강연부가 1920년에 천도교청년회가 되었고, 여기에 소년부가 특별히 만들어져 방정환의 활동은 청년회에서 소년회로 서서히 옮겨가게 된 것입니다. 이때 천도교에서는 종합잡지 『개벽』을 1920년 6월에 창간하여 문화운동의 수단으로 활용하게 됩니다. 방정환은 여기에 매호 글을 실었는데, 3호에 '잔물'이라는 필명으로 번안시 「어린이 노래-불 켜는 이」를 발표했습니다. 이로부터 그는 '어린이'라는 말을 사용하기 시작합니다. '어린이'라는 말을 사용한다는 것은 어린이를 하나의 독립된 존재로 본다는 안목의 변화를 드러내는 것입니다.

지금까지 본 바와 같이 방정환은 동심에 대한 글을 쓰기 전에 인간의 마음에 대한 글을 먼저 썼고, 여기에는 여러 종교의 흔적도 보입니다. 1921년 간행된 『천도교회월보』 10월호에는 「무서운 날」이란 시를 썼는데, 이 시의 소재는 어린이가 아니고 노인입니다. 이 시에는 불교, 기독교와 천주교, 천도교 등이 다 등장합니다. 한 인간이 노인이 될 때까지 평생 어지러운 세상에 진리를 찾아 헤매는 내용을 적었습니다. "극락의 대문을 찾노라 헤매고 천당의 꿈길을 걷노라 곤했다"고 했습니다. 그로 인해 "아내도 없고 자식도 없고/ 이 몸만 여위고 빈한만 쌓여/ 지나온 긴 꿈을 뉘우치는 노인"이라고 했습니다. 지구 종말을 맞아 사람들은 "향 피고 염불 외며 울고/ 천부를 부르짖어 살려 달라며" 떨고 있다고도 했습니다. 그러나 이러한 그간의 여정이 하나의 긴 꿈임을 깨달은 노인은 이제 한울 앞에서 잠잠히 서서 웃고 있다고 했습니다.[14] 그 한울은 동학(천도교)의 한울일까요. 『천도교회월보』에 발표한 글이니 그렇게 볼 수도 있을 것입니다. 그러나 그렇게만 이야기한다면 방정환의 삶을 종교에 가두는 것이 됩니다. 마음에 대한, 동심에 대한 그의 생각에는 종교적 영향이 있을 수 있어도 종교에 한정되거나 갇히지 않았던 것으로 보입니다.

14) 『전집 1』, 731-733쪽.

# 방정환의 동심

앞서 동심은 20세기의 언어이지 21세기의 언어가 아니라고 했습니다. 학문적으로도 이미 동심은 연구 주제로서 매력을 잃었습니다. 동심에 대해 지속적인 관심이 있는 사람이 있나 할 정도입니다. 방정환의 동심 개념은 이론적으로 고안된 개념이 아닙니다. 정치(精緻)한 이론 수립을 위해 만들어진 개념이 아니고, 실천과 관련된 개념입니다. 이 장에서는 그가 동심을 이야기한 의도부터 살펴보고, 그가 동심을 통해 전하고자 한 메시지가 무엇인지 생각해 봅시다.

방정환은 동심을 이야기하기 전에 어린이에 주목했습니다. 그가 어린이에 대해 본격적으로 글을 쓰기 시작한 것은 1920년부터입니다. 이 해 어린이를 소재로 2편의 시를 발표했습니다. 하나는 영국 시인 스티븐슨의 시 「The Lamplighter」를 번안한 「어린이 노래-불켜는 이」이고, 다른 하나는 「크리스마스」라는 시입니다. 앞의 시에서는 어린이를 이렇게 묘사하고 있습니다.

기나긴 낮 동안에 사무를 보던
사람들이 벤또 끼고 집에 들어와
저녁 먹고 대문 닫힐 때가 되면은
사다리 짊어지고 성냥을 들고

집집의 장명등에 불을 켜 놓고
달음질해 가는 사람이 있소
(…)
여보시오 게 가는 불 켜는 이여
고달픈 그 길을 외로워 마시오
외로이 가시는 불 켜는 이여
이 몸은 당신의 동무입니다[15]

8월 15일 잿골(재동) 집에서 번역하여 이 해 6월, 『개벽』에 발표한 시입니다. 희망을 이야기하고 있긴 하지만 어린이는 외로운 존재, 고달픈 존재로 묘사되고 있습니다. 그러나 그 외롭고 고달픈 어린이에게도 동무가 있으니 낙망하지 말라는 메시지를 던지고 있습니다. 이 시를 쓴 후, 방정환은 『개벽』 특파원으로 도쿄에 갑니다. 거기서 그는 「크리스마스」라는 시를 지어 『조선일보』에 발표합니다. 방정환을 연구하는 사람들에게도 잘 알려져 있지 않은 시여서 전문을 소개합니다.

은세상 그 위에 밤은 내리어
별님 찬란히 반짝거리고
십자가 식등[16] 불이 켜지고
종소리 납니다 교회당에서

귀여운 애기네 손목을 쥐고
교회당 향하고 걸어갈 때에
찬미가 소리가 들려오는데
애기의 눈에선 눈물이 납니다

다 같이 기꺼운 이날 이 밤에
애기님 눈물이 왠일입니까
오 나의 동무야 저곳을 보라
거지의 아이가 울고 있고나

집없는 외로운 어린아이가
장난감 하나도 갖지 못하고
손끝을 맞잡고 석석 떨면서
찬미가 들으며 울고 있고나

기꺼운 성탄도 돈으로 사나
싼타 노인도 돈 받고 오나
성탄의 기쁨도 부자만인가
싼타 노인도 부자 패인가

애기님 다정히 달겨들어서
불쌍한 동무야 이걸 가져라
가졌던 장난감 내어주고서
어린애 이마에 입 맞춥니다

불쌍한 동무의 손목 잡고서
불 피인 교당에 걸어갈 때에

15) 『전집 1』, 726쪽.
16) 식등: 장식한 등.

별님은 더 환히 반짝거리고

찬미가 더 좋게 들려옵니다[17]

앞의 시와 마찬가지로 외로운 어린이, 울고 있는 어린이가 주제입니다. 「크
리스마스」라는 제목이 있지만 실제로 말하려는 것은 어린이의 현실입니다.
이 시가 발표된 것은 1920년 12월 27일입니다. 시를 끝내고, 그 아래에 "나를
보고 주여 주여 부르는 자 다 천국에 드는 자 아니라 오직 이에 드는 자는
하날에 계신 아버지의 뜻을 좇는 자일뿐이니라."라고 써놓았습니다.[18] 천도
교인이었던 그가 그 유명한 「마태복음」 22장 내용을 굳이 써놓은 것은 의미
가 있습니다. 주님을 부르는 기독교인이라고 다 천국 가는 게 아니라 내 아버
지 뜻대로 행하는 자라야 들어갈 수 있다고 했습니다. 아버지 뜻에 대해 방
정환은 무엇이라 말하지 않았습니다. 그러나 시를 보면 "기꺼운 성탄도 돈으
로 사나/ 싼타 노인도 돈 받고 오나", "성탄의 기쁨도 부자만인가/ 싼타 노인
도 부자 패인가"라는 말이 있습니다. 또 "어린애 이마에 입 맞춥니다", "불쌍
한 동무의 손목 잡고서"라는 말도 있습니다. 성경에는 부자가 천국에 가는
것은 낙타가 바늘구멍에 들어가는 것보다 어렵다는 말도 있고, '마음이 가
난한 자'에 대한 이야기도 있습니다. 방정환이 본 "아버지의 뜻"은 부자가 되
는 것이 아니라 '마음이 가난한 자'인 것입니다. 기독교에 대한 방정환의 관심
이나 이해가 어느 정도인지는 알 수 없습니다. 그가 이렇게 「크리스마스」라
는 시를 쓰고 "아버지의 뜻"까지 이야기한 것을 보면, 「마태복음」 18장 3-4절
의 "어린아이와 같이 되지 않으면 결코 하늘나라에 들어가지 못할 것이다."
라는 말에도 크게 공감했을 것입니다.

해를 넘겨 방정환은 스스로 외롭고 쓸쓸한 어린이의 구원자가 되기로 결
심합니다. 천도교소년회 같은 소년단체를 통한 운동으로 어린이 구원에 나
서기도 했지만, 다른 한편 문학적·예술적 구원자가 되기로 한 것입니다. 이를

위해 도쿄에서 도요대학 철학과와 문화학과에 적을 두면서 일본의 아동문학도 공부했습니다. 그는 1921년, 외국의 명작 동화집을 번역한 『사랑의 선물』을 준비했습니다. 책 맨 앞에 책을 내는 이유를 적어 놓았습니다. "학대받고, 짓밟히고, 차고, 어두운 속에서 우리처럼, 또, 자라는, 불쌍한 어린 영들을 위하여, 그윽히, 동정하고 아끼는, 사랑의 첫 선물로, 나는, 이 책을 짰습니다."[19] 이 책이 발간된 것은 이듬해(1922년) 6월이지만 번역 작업이 끝난 것은 1921년 말이었던 것 같습니다. 번역을 끝내고 책머리에 그와 같이 책을 내게 된 글을 덧붙인 것으로 보입니다. 그런데 그 전에 이 책을 내려고 마음먹은 이유를 적은 글이 있습니다. 1921년 2월 『천도교회월보』에 실은 「동화를 쓰기 전에 어린애를 기르는 부형과 교사에게」라는 글입니다.[20] 이 글에서 방정환은 이렇게 말합니다.

> 나는 나의 가장 사랑하고 귀애하는 어린 동무, 어린 시인에게 무엇이든지 나의 사랑하는 마음을 표하여 좋은 선물을 주고 싶다. 그 선물로는 과자보다도 돈보다도 무엇보다도 그의 천사 같은 마음 깨끗한 가슴에 가장 적합한 깨끗한 신성한 것을 주고 싶다.
> 그래서 그로 하여금 더 맑고 더 깨끗하고 더 신성한 시인 되게 하고 싶다. 이 생각으로 나는 이 값있는 선물을 손수 만들기 위하여 이 새로운 조그만 예술에 붓을 댄다.[21]

---

17) 『전집 1』, 729-730쪽.

18) 시의 끝에 '1920년 계림사(鷄林舍)에서'라는 말이 있다. 계림사는 방정환과 도쿄 유학생 셋이서 하숙 생활이 불편해서 도쿄 시가에서 떨어진 이케부쿠로에 집을 얻어 살던 집을 일컫는 말이다. 『전집 1』, 730쪽.

19) 『전집 1』, 23쪽.

20) 이 글이 『사랑의 선물』과 관련한 것이라는 직접적 언급은 없다. 글의 맥락으로 본 필자의 생각이다.

21) 『전집 2』, 678쪽.

'이 조그만 예술'은 동화입니다. 당시 『천도교회월보』에는 이 글과 함께 오스카 와일드의 동화 「행복한 왕자」를 「왕자와 제비」란 제목으로 번안 발표했습니다. 이 글(「왕자와 제비」)을 발표하기 위해 동화론(「동화를 쓰기 전에 어린애를 기르는 부형과 교사에게」)을 쓴 것이라고 볼 수도 있지만, 「왕자와 제비」가 『사랑의 선물』에 있는 것으로 보아 방정환이 이 글(「동화를 쓰기 전에 어린애를 기르는 부형과 교사에게」)에서 말한 "값있는 선물"은 바로 『사랑의 선물』을 준비하는 것이었을 겁니다. 이 글에서도 예의 구원론이 등장합니다.

> 나는 이 새 일에 착수할 때에 더욱 우리 교 중의 많은 어린 동무를 생각한다. 어여쁜 천사, 인내천의 사도, 이윽고는 새 세상의 천도교의 새 일꾼으로 지상천국의 건설에 종사할 우리 교 중의 어린 동무로 하여금 애 적부터, 시인일 적부터 아직 물욕의 마귀가 되기 전부터 아름다운 신앙생활을 동경하게 하고 싶다. 아름다운 신앙생활을 찬미하게 하고 싶다. 영원한 천사 되게 하고 싶다.
> 늘 이 생각을 잊지 말고 이 예술을 만들고 싶고, 또 그렇게 할란다.[22]

여기서 우리 교(敎)는 천도교를 말합니다. 천도교 기관지 『천도교회월보』에서 천도교인을 대상으로 쓴 글입니다. 이 글에서 그는 어린이를 '어여쁜 천사', '인내천(人乃天)의 사도(使徒)'라고 합니다. 앞에서 아이를 구원하는 존재는 아이라고 했지만, 방정환은 그 아이를 인내천의 사도라고 했습니다. 어린이를 더 이상 외롭고 쓸쓸한 존재로만 보고 있지 않은 것입니다. 이 글에서는 또 어린이를 시인, 가인(歌人)이라고 합니다. 사물을 직관적으로 보는 시인의 특성이 어린이의 마음속에 있다고 본 것입니다.

동심에 대한 방정환의 좀 더 구체적인 생각은 「새로 개척되는 '동화'에 관하여—특히 소년 이외의 일반 큰 이에게」라는 글에서 밝혔습니다. 이 글은 『어린이』를 창간하기 직전인 1923년 『개벽』 1월호에 실었습니다.

> 우리는 누구나 가지고 있는 '영원한 아동성'을 이 아동의 세계에서 보
> 지해 가지 않으면 안 될 것이요, 또 나아가 세련해 가지 아니하면 아니
> 된다. 우리는 자주 그 깨끗한, 그 곱고 맑은 고향-아동의 마음에 돌아
> 가기에 힘쓰지 아니 하면 아니 된다.
> 아동의 마음! 참으로 우리가 사는 세상에서 아동 시대의 마음처럼 자
> 유로 날개를 펴는 것도 없고, 또 순결한 것도 없다. 그러나 우리는 연령
> 이 늘어 갈수록 그것을 차츰차츰 잃어버리기 시작하고 그 대신 여러
> 가지 경험을 갖게 되고 따라서 여러 가지 복잡한 지식을 갖게 된다. 그
> 러나 그 경험과 지식만을 갖는다 하면 그것으로 무엇을 하랴, 경험 그
> 것이 무익한 것이 아니요 지식이 무익한 것도 아니다. 그러나 그것만이
> 늘어간다는 것은 결코 아름다운 인생으로서의 자랑할 것은 못 되는
> 것이다. 더구나 그 경험 그 지식이 느는 동안에 한편으로 그 순결한 그
> 깨끗한 감정이 소멸되었다 하면, 우리는 어쩌랴…. 그 사람은 설사 냉
> 랭한 마르고 언 지식의 소유자일망정 인생으로서는 역시 타락한 자일
> 것이다.
> 아아, 우리는 항상 시시로 천진난만하던 옛-고원-아동의 세계-에 돌
> 아가 마음의 순결을 빌지 아니하면 아니 된다.[23]

이 글은 제목 그대로 어른을 대상으로, 당시 조선에서는 거의 새로운 영
역으로 떠오르기 시작한 동화에 대해 쓴 글입니다. 방정환은 여기서 어른을

..........................
22) 『전집 2』, 678-679쪽.
23) 『전집 2』, 689-690쪽.

'큰 이'라고 표현했습니다. 어린이라는 말에 상대되는 말로 일부러 만든 말입니다. '큰 이'에게 동화란 무엇인지, 또 동화가 어린이들에게 왜 필요한지 등을 설명하면서 어린이의 마음에 대해 이야기합니다. 여기서 방정환은 아동의 마음을 아동성이라고 했습니다. 아동성이란 말을 풀면 아동기의 마음의 특성입니다. 그 특성을 깨끗하고, 맑으며, 순결하다고 했습니다. 인간은 나이가 들어감에 따라 이러한 아동성을 차츰 잃어버리게 되고, 그 대신 각종 사회 경험과 지식으로 살아가게 된다고 했습니다. 방정환은 여기서 '아름다운 인생(일부러 진하게 인쇄해 놓았습니다)'과 타락한 인생을 비교하여 말합니다. 아름다운 인생은 동심으로 사는 사람이고, 타락한 인생은 순결하고 깨끗한 감정이 소멸된 사람입니다. 그는 인간이 살아감에 배워나가는 지식이나 경험이 필요 없다고는 하지 않았습니다. 그러나 그것만으로는 아름다운 인생이 안 된다고 한 것입니다. 그는 '큰 이'에게 말하고 있습니다. 동심은 우리가 돌아가야 할(회복해야 할) 마음이라고. 그는 일본의 아동문학가 오가와 미메이(小川未明, 1882-1961)의 말을 빌려 이러한 "아동의 세계는 어떻게 형용할 수 없는 아름다운 시의 낙원이며 동시에 어떻게 엿볼 수 없는 숭엄한 비밀의 왕국도 같다."고 했습니다. [24] 방정환은 순결과 자유와 아름다움이 다 여기(동심)서 도출된다고 했습니다. 그의 동심은 이미 종교 혹은 그 이상으로 승화되어 있는 것입니다. 방정환의 글 가운데 우리에게 가장 널리 알려진 글이 「어린이 찬미」입니다. 1924년 6월, 『신여성』 6월호에 발표했습니다. 이 글에서는 이렇게 이야기하고 있습니다.

> 하로라도 삼천 가지 마음! 지저분한 세상에서 우리의 맑고도 착하던
> 마음이 얼마나 쉽게 굽어 가려고 하느냐? 그러나 때로 은방울을 흔들
> 면서 참됨이 있으라고 일깨워 주고 지시해주는 어린이의 소리와 행동
> 은, 우리에게 큰 구제의 길이 되는 것이다. [25]

"하로라도 삼천 가지 마음(一日三千心)"이란 말은 불교의 이야기입니다. 굳이 불교가 아니라 하더라도 마음이 시시각각으로 변한다는 것은 우리의 경험으로 알 수 있습니다. 방정환은 지저분한 세상으로부터 우리를 구제해줄 수 있는 것이 어린이, 동심이라고 보았습니다. 이즈음 그는 인간 구원의 길을 종교에서가 아니라 동심에서 찾고 있었습니다. 방정환의 동심은 진, 선, 미를 넘어 성(聖)의 영역까지 아우르고 있습니다. 그는 같은 글에서 이렇게도 이야기합니다.

> 고운 나비의 날개… 비단결 같은 꽃잎, 아니 아니 이 세상에 곱고 보드랍다는 아무것으로도 형용할 수 없이 보드랍고 고운, 이 자는 얼굴을 들여다보라. 그 서늘한 두 눈을 가볍게 감고, 이렇게 귀를 기울여야 들릴 만치 가늘게 코를 골면서 편안히 자는 이 좋은 얼굴을 들여다보라. 우리가 종래에 생각해 오던 한울님의 얼굴을 여기서 발견하게 된다. 어느 구석에 몬지만큼이나 더러운 티가 있느냐. 어느 곳에 우리가 싫어할 한 가지, 반 가지나 있느냐…. 죄 많은 세상에 나서 죄를 모르고, 더러운 세상에 나서 더러움을 모르고, 부처보다도 야소보다도 한울 뜻 고대로의 산 한울님이 아니고 무엇이랴.[26]

방정환은 한울님의 얼굴을 어린이의 얼굴에서 찾은 것입니다. 천도교의 관점에서 말한다면 인내천의 사회적 실현이라 할 수 있습니다. 종교적 자각은

24) 『전집 2』, 690쪽. 오가와는 일본 아동문학의 아버지라 불리는 사람이다. 방정환의 동심관이 당시 일본의 문학사조에 어떤 영향을 받았는지에 대해서는 염희경, 『소파 방정환과 근대 아동문학』(경진출판, 2004), 126-142쪽에서 상세히 논하고 있다.

25) 『전집 4』, 193쪽.

26) 『전집 4』, 190-191쪽.

개별적인 것입니다. 그러나 개인적 자각에 머물러 버리면 반쪽짜리 자각입니다. 어린이는 현실의 존재입니다. 사회적 존재입니다. 현실의 어린이의 모습에서 한울님의 모습을 그는 본 것입니다. 그래서 그는 "부처보다도 야소(예수)보다도 한울 뜻 고대로의 산 한우님"이라 했고, "성당에 들어간 이상의 경건한 마음으로 모든 것을 잊어버리고 사랑스런 한우님—위엄뿐만의 무서운 한우님이 아니고—의 자는 그 얼굴에 예배하고 있다."고 했습니다.[27] 그는 또 이렇게 말합니다.

> 자유와 평등과 박애와 환희와 행복과 이 세상 모든 아름다운 것만 한
> 없이 많이 가지고 사는 이, 어린이다. 어린이의 살림 그것 고대로가 한
> 울의 뜻이다. 우리에게 주는 한울의 계시다.[28]

자유, 평등, 박애는 대표적인 근대 이념입니다. 이 근대 이념이 다 동심에, 그 동심의 발로인 어린이의 살림(삶)에 들어있다고 했습니다. 어린이의 삶에서 종교적 이념을 발견하는 것은 없었던 것이 아니지만 이렇게 우리가 추구하고자 하는 근대 이념까지 발견한다는 것은 일찍이 없던 자각입니다. 방정환의 어린이 운동은 바로 이 동심의 새로운 자각이 뒷받침하고 있음을 알 수 있습니다. 달리 말하면, 동심은 아동에 한정되는 개념이 아니라 인류의 자유와 평등, 박애로 나아갈 수 있는 개념이자 이념인 것입니다.

> 마른 잔디에 새 풀이 나고 나뭇가지에 새싹이 돋는다고 제일 먼저 기
> 뻐 날뛰는 이도 어린이다.
> 봄이 왔다고 종달새와 함께 노래하는 것도 어린이고, 꽃이 피었다고 나
> 비와 함께 춤추는 것도 어린이다.
> 비가 온다고 즐거워하는 것도 어린이요, 저녁 하늘이 빨개진 것을 보고

기뻐하는 것도 어린이다.

별을 보고 좋아하고 달을 보고 노래하는 것도 어린이요, 눈 온다고 기
뻐 날뛰는 이도 어린이다.

산을 좋아하고 바다를 사랑하고 큰 자연의 모든 것을 골고루 좋아하
고 진정으로 친애하는 이가 어린이요, 태양과 함께 춤추며 사는 이가
어린이다.[29]

　우리가 추구하는 자유, 평등, 박애와 환희, 행복, 사랑이 따로 있는 것이 아
닙니다. 그것은 어린이의 살림(삶) 속에 그대로 있는 것들입니다. 어린이가 기
뻐 날뛰는 것은 경이감이 없으면 일어날 수 없습니다. 지극한 감동이 없으면
기뻐 날뛸 수 없습니다. 그렇게 기뻐 날뛸 수 있고, 춤추고, 노래할 수 있는
것은 동심이 있기 때문입니다. 그래서 방정환은 마음을 그 모든 것을 가능하
게 하는 '심중의 소(小) 궁전'이라 한 것입니다.

27) 『전집 4』, 191쪽.
28) 『전집 4』, 192쪽.
29) 『전집 4』, 192쪽.

# 동심과 예술

　　동심에 대한 입장으로 방정환은 사후 '동심주의', '동심천사주의자'라는 비판을 많이 받았습니다. 이러한 비판에 대해 원종찬은 방정환의 문학은 동심주의라기보다는 넓은 의미의 낭만주의로 보는 것이 타당하다고 '옹호'했고, 염희경 역시 원종찬의 견해를 이어받아 역사적 낭만주의로 보는 견해를 지지했습니다.[30] 나는 방정환의 문학과 예술이 어떤 주의인지에 대해서는 잘 알지 못합니다. 다만 그것과 별개로 관심이 있는 것은 그가 왜 어린이 문학과 예술에 관심을 가졌느냐 하는 것입니다. 방정환이 전문(전업) 작가였다면 그가 왜 글을 쓰는지 묻는 것은 의미 없는 질문입니다. 그러나 내가 보기에 방정환은 전문 작가가 아닙니다. 그는 1922년 1월 『동아일보』에 「작가로서의 포부-필연의 요구와 절대의 진실로」라는 글을 쓴 바 있습니다. 그 글 첫머리에서 "무슨 그리 작가로서의 포부라고 할 만한 것도 없습니다. 다만 어떻게 나는 참을 수 없어서 창작을 합니다."라고 했습니다.[31] 방정환에게 문학은 도구적 성격이 강했습니다. 물론 그렇다 해서 그를 문학가·예술가로 이야기해서는 안 된다거나, 그의 작품이 수준이 낮다거나 하는 것은 아닙니다. 방정환은 왜 어린이 예술에 관심을 가졌는가 할 때 그 자체의 목적이 아닌 다른 목적이 있었다는 것입니다. 앞서 언급한 바와 같이 그의 관심은 불쌍한 조선 어린이의 구원이라는 현실적 목적이었습니다. '구원'이라는 말을 교육학자인 나는 '교육'으로 바꾸어 놓아도 무방하다고 봅니다. 알려진 바와 같이 방정환의 어린이예술운동 가운데 가장 주목할 만한 행사가 '세계아동예술전람회'입니다. 1928년에 개최한 이 행사는 1925년부터 준비한 세계적 행사였습니다. 당시 서울 인구가 36만 정도였는데, 9일간 모두 39,215명이 관람했습니다. 방정환은 「세계아동예술전람회를 열면서」라는 글에서 이렇게 말합니다.

> 그런데 이때까지 조선에서는 그것을(필자 주―예술) 전혀 모르고 또는
> 알 만한 사람도 잊어버리고 지내왔습니다. (…) 이래서는 안 되겠다고
> 일찍부터 조선의 교육에도 새로운 과정이 자꾸 늘어서 도화도 가르치
> 고 창가도 가르치고 하게 되었습니다. 그러나 그것만 가지고도 안 되겠
> 어서 이마적에는 동화다, 동요다, 무어다 무어다 하고 예술 방면의 교
> 육에 힘을 더 써 오게 된 것입니다.[32]

이 말에서 보듯이 방정환의 예술운동은 교육의 일환으로 이루어진 것임을 알 수 있습니다. 그는 아동의 구원을 위하여, 교육을 위한 수단으로 예술을 선택했습니다. 이 선택에 그의 탁월한 안목이 드러납니다. 그는 왜 아동구원, 아동교육의 수단으로 예술을 선택했을까요. 사실 동학의 인간관은 혁명적 인간관입니다. 그 혁명적 인간관을 아동관에까지 확대한 사람은 해월 최시형(1827-1898)입니다. 그러나 이러한 동학의 혁명적 인간관을 아동의 생활에서 현실화시킨 것은 방정환에 와서입니다. 현실화한다는 것은 말로만 되는

---

30) 염희경, 앞의 책, 128-141쪽.

31) 『전집 2』, 681쪽.

32) 『전집 3』, 477쪽.

것은 아닙니다. 실천이 따라야 합니다. 그 실천 방법으로 예술을 들고나온 것은 특별한 일이었습니다. 3·1운동 후, 방정환이 소년운동을 이야기할 때만 하더라도 시급성에서 밀려 무시당했습니다. 그러나 천도교 내에서, 급기야 청년부에서 소년부를 독립시키고 어린이 인권 운동을 전개한 것도 특별한 일인데, 당시로서는 생소하기 그지없는 아동예술을 들고나온 것은 더욱 특별한 일이었습니다. 그 시급한 시기에 방정환이 아동예술을 들고나온 것은 어린이라는 존재를 이전과는 다른 시각으로 보았기 때문입니다. 동서양의 위대한 사상, 우리 전통사상에서도 아동을 특별한 존재로 본 것은 공통입니다. 그러나 이전의 사상에서는 방정환과 같이 아동의 이상적 모습에만 주목했지 아동의 현실에는 주목하지 않았습니다. 방정환은 아동의 현실과 아동의 내면에 주목했습니다. 아동의 현실을 타개하는 것은 어른의 생각에 따라 이루어져서는 안 되고, 아동의 내면적 특성을 감안하여 이루어져야 한다는 것이 방정환의 생각이었습니다.

내면적 특성이란 무엇일까요. 방정환은 그것을 "움직[活動]이는 것"이라고 보았습니다.[33] 「아동 문제 강연 자료」라는 글에서 그는 "꿈적거린다(활동)는 그것뿐만이 그들의 생명이요 생활의 전부"라고 했습니다. 그리고 "그 활동을 더욱 도와주기 위하여 동화며 동요며 그림이 필요한 것이다."라고 말합니다.[34] 그는 기쁨은 아동의 성장에서 가장 중요한 요소인데, 그 기쁨은 활동에서 생겨나기에 아동의 활동을 도와야 한다고 주장하기도 했습니다. 그러나 조선의 현실은 "늙은이 중심의 생활이었던 까닭에 이때까지는 어린이가 말썽꾼이요, 귀찮은 것이었고 좋게 보아야 심부름꾼이었다. 그것이 어린이 중심으로 변하고 어른의 존재가 어린이의 생장에 방해가 되지 말아야" 한다고 했습니다.[35] 방정환의 동심은 한편으로는 깨끗하고 고운 동심이기도 하지만 움직이는 특성이 있습니다. 어른이 적어도 그것을 방해해서는 안 되고, 그 활동을 도와주는 것이 아동예술이라 보았습니다.

방정환의 아동관에서 예술은 동심과 불가분의 관계입니다. 먼저 방정환은 동심의 발로 자체가 예술적 성격을 갖는다고 했습니다. 그래서 동심이 있는 어린이를 시인, 가인(歌人) 같은 예술가라 했습니다. 예술가라 하면 훌륭한 예술 작품을 남겨 사회적으로 인정받는 사람을 생각하게 되는데, 방정환은 동심에서 나오는 어린이의 활동 자체를 예술로서 인정했습니다. 방정환은 이렇게 이야기합니다.

> 어린이들은 아무리 엄격한 현실이라도 그것을 이야기로 본다. 그래서 평범한 일도 어린이의 세상에서는 그것이 예술화하여 찬란한 미와 흥미를 더하여 가지고 어린이 머릿속에 다시 전개된다. 그래 항상 이 세상 모든 것을 아름답게 본다. (…)
> 위대한 예술을 품고 있는 어린이여, 어떻게도 이렇게 자유다운 행복 뿐만을 갖추어 가졌느냐.[36]

어린이를 위대한 예술을 품고 있는 존재라고 했습니다. 어린이의 세계에서는 어떠한 현실도 예술이 되어 나온다고 했습니다. 왜 그런가요. 바로 동심 때문입니다. 어린이의 마음의 특성이 그러하기 때문에 이름다운 인간 생활을 위해 동심은 불가결한 요소라고 보았습니다.

방정환의 어린이 예술의 영역은 제한되어 있지 않습니다. '천도교 유소년부'의 활동 요항에도 '동화, 동요, 가극, 무도, 경기, 체조, 야유, 등산, 수영 등 유소년 생활에 필요한 소년 예술 급(及) 체육의 보급에 힘쓸 것'이란 내용이 있

---

33) 『전집 5』, 499쪽. 「천도교와 유소년문제」, 『신인간』 1928년 1월호.

34) 『전집 3』, 841-842쪽.

35) 『전집 3』, 838쪽.

36) 『전집 4』, 194-197쪽.

습니다. [37] 어린이에게 필요한 모든 것을 어린이들에게 주고 싶었던 것입니다. 그 가운데 방정환이 특히 세 가지 세상을 말한 바 있습니다. 이른바 이야기 세상, 노래 세상, 그림 세상인 것입니다. 이야기 세상(동화)에서 동심이 어떻게 작동하는지를 그는 이렇게 이야기합니다.

> 어린이들은 또 실제에서 경험하지 못한 일을 이야기의 세상에서 훌륭히 경험한다. 어머니나 할머니의 무릎에 앉아서 재미있는 이야기를 들을 때, 그는 아주 이야기에 동화해 버려서 이야기의 세상 속에 들어가서 이야기에 나오는 모든 일을 경험한다. 그래 그는 훌륭히 이야기 세상에서 왕자도 되고, 고아도 되고, 또 나비도 되고, 새도 된다. 그렇게 해서 어린이들은 자기의 가진 행복을 더 늘려 가고 기쁨을 더 늘려 가는 것이다. [38]

어린이가 동화라는 예술을 통하여 어떤 경험을 하는지를 말해주고 있습니다. 아동기의 이러한 경험 방식을 학문적 개념으로 물활론적 사고(animistic thinking)라 하여 유아기·아동기의 특징적 사고라고 봅니다. 방정환의 개념으로 동심의 특징입니다. 그리고 그 동심은 노래 세상(동요), 그림 세상(아동화)에서도 그대로 작동됩니다.

> 어린이는 모두 시인이다. 본 것 느낀 것을 고대로 노래하는 시인이다. 고운 마음을 가지고 어여쁜 눈을 가지고 아름답게 보고 느낀 그것이 아름다운 말로 굴러 나올 때, 나오는 모두가 시가 되고 노래가 된다. 여름날 무성한 나무숲이 흔들리는 것을 보고, '바람의 어머니가 아들을 보내어 나무를 흔든다.' 하는 것도 고대로 시요, 오색이 찬란한 무지개를 보고 '한우님 따님이 오르내리는 다리'라고 하는 것도 고대로

시이다.[39)]

 여기서 중요한 말은 "본 것 느낀 것을 고대로 노래하는"이라는 말입니다. 나뭇잎이 흔들리는 것을 보고 한 비유나 무지개를 보고 한 비유도 놀랄 만하지만 그런 비유는 어른도 못할 바는 아닙니다. 굳이 이야기한다면 어른이 더 나을 것입니다. 그러나 어린이와 어른의 근본적인 차이는 "본 것 느낀 것을 고대로 노래"할 수 있는 능력입니다. 표현 능력, 비유 능력이 아닙니다. 어른은 그 능력을 잃어버린 존재입니다. 그 능력이란 것이 바로 동심입니다. 앞서도 인용했듯이 방정환은 "동화는 아동성을 잃지 아니한 예술가가 다시 아동의 마음에 돌아와서 어떤 감격 혹은 현실 생활의 반성에서 생긴 이상을 동화의 독특한 표현 방식을 빌어 독자에게 호소하는 것"으로 본 사람입니다.[40)] 동화와 동요를 짓는 사람은 대개 어른입니다. 그 어른은 어떻게 해서 동심을 표현하는 예술 작품을 만들 수 있는가 할 때, 그 어른은 아동성(동심)을 잃지 않았기 때문이라고 한 것입니다.

 그림의 경우도 마찬가지입니다. 방정환은 그림에 대해 이렇게 말합니다.

> 어린이는 그림을 좋아한다. 그리고 또 그리기를 좋아한다. 조꼼의 기교가 없는 순진한 예술을 낳는다. 어른의 상투를 재미있게 보았을 때 어린이는 몸뚱이보다 큰 상투를 그려 놓는다. 순사의 칼을 이상하게 보았을 때, 어린이는 순사보다 더 큰 칼을 그려 놓는다. 어떻게 솔직한 표현이냐. 어떻게 순진한 예술이냐.[41)]

---

37) 『천도교청년당소사』, 천도교청년당본부, 1935, 45-46쪽.

38) 『전집 4』, 195쪽.

39) 『전집 4』, 195쪽.

40) 『전집 2』, 687쪽.

"조꼼의 기교가 없는 순진한 예술"이 어린이의 그림이라고 보았습니다. 어린이의 그림을 그는 미숙하다거나 부족하다고 보지 않았습니다. "아직은 미숙하지만…"이라는 단서를 달지 않았습니다. 오히려 "어떻게 순진스럽고 솔직한 표현이냐. 거기에 아직 더럽혀지지 아니한, 이윽고는 큰 예술을 낳아 놓을 무서운 참된 힘이 숨겨 있다고 나는 믿는다."고 했습니다.[42]

방정환이 동심과 관련하여 예술에 주목하는 또 하나의 이유는 동심을 지키는 것이 예술이라 보았기 때문입니다. 동심의 표현이나 발로 자체가 예술이라는 점과 함께 그러한 동심을 지키는 것이 어린이 예술이라고 본 것입니다. 「동화를 쓰기 전에 어린애를 기르는 부형과 교사에게」라는 글에서 방정환은 이렇게 이야기합니다.

나는 이 귀여운 어린 시인의 깨끗한 가슴을 더럽혀 주고 싶지 않다. 물욕의 마귀를 만들고 싶지 않다.[43]

방정환이 어린이 예술을 하는 까닭은 어린 시인의 깨끗한 가슴, 즉 동심을 깨끗한 상태로 유지하기 위해 나아가 더 맑고 더 깨끗하고 더 신성하게 하기 위해서라는 것입니다. 그는 또 "우리가 일생을 두고 그리우며 동경하는 아동 시대의 따뜻한 고원에 들어갈 수 있기는 오직 아동 예술에 의하는밖에 없는 것"이라 하기도 했습니다.[44] 물론 각종 어린이 운동이 다 어린이를 위하는 것이기는 하지만 동심과 직결된 것은 역시 어린이 예술이라 할 수 있습니다.

----

41) 『전집 4』, 196쪽.

42) 『전집 4』, 197쪽.

43) 『전집 2』, 678쪽.

44) 『전집 2』, 691쪽.

# 21세기에 다시 묻는 동심

　방정환이 한창 활약하던 시대와 이 시대는 불과 100년밖에 떨어져 있지 않습니다. 그러나 그 100년은 이전의 100년과는 비교할 수 없는 시간입니다. 이 100년의 시간에 우리는 1차 산업의 시대에서 2차, 3차 산업시대를 거쳐 이제 4차 산업혁명의 시대를 맞고 있습니다. 이 100년 사이에 우리의 삶은 엄청나게 변화했고, 어린이의 삶에도 여러 가지 변화가 일어났습니다. 그 가운데 나는 두 가지를 주목하고 싶습니다. 하나는 어린이의 취학률이 사실상 100%에 달한 것입니다.[45] 100년 전 상황을 생각해 보면 취학률 100%는 엄청난 성취입니다. 다른 하나는 어린이의 행복도가 세계에서 거의 꼴찌 수준이라는 사실입니다. 국제구호단체 세이브더칠드런과 서울대 사회복지연구소가 2016년 발표한 한국 어린이 행복지수는 에티오피아나 네팔과 같은 저개발국가 아동들과 비슷한 수준이거나 오히려 낮은 것으로 나타났습니다. 영국, 이스라엘 등 세계 15개국의 만 8세, 10세, 12세 어린이 52,141명을 대상으로 '물질적 분야'와 '주관적 행복감'에 대해 질문하는 방식으로 진행된 조사에서 한국 어린이들의 물질적 수준은 조사 국가 중 가장 높았습니다. 하지만 주관

---

[45] 통계상 2018년 초등학교 취학률은 97.4%로, 거의 완전 취학상태로 본다.
　　 http://www.index.go.kr/potal/main/EachDtlPageDetail.do?idx_cd=1520

적 행복감은 8세, 10세, 12세 3그룹 모두 최하위에 머물렀습니다. OECD 회원국 22개국 대상의 조사에서도 역시 꼴찌인 22위였다고 합니다.[46] 어린이들이 행복하지 않다고 느끼는 것은 여러 가지 원인이 있겠지만 학교나 공부가 하나의 원인임은 누구나 아는 사실입니다. 100년 사이 양적·제도적으로는 엄청난 성과를 거두었지만 정작 어린이들은 행복해하지 않는 이상한 현상이 교육에서 일어난 것입니다.

개념상 타인을 대상으로 하게 되어 있는 교육이란 참 조심스럽고도 어려운 것입니다. 좀 이상한 말로 들리겠지만 교육은 '폭력'을 정당화하는 면이 있습니다. 물론 우리는 이 폭력을 폭력이라 하지 않습니다. 중립적인 말로 '영향'이라 하기도 하고 때로는 '사랑'이라 표현하기도 합니다.[47] 교육가로서 방정환의 고민도 여기에 있었습니다. 자칫하면 폭력이 되어버릴 수 있는 어린이에 대한 교육을 어떻게 할 것인가, 이보다 더 어려운 문제는 없다고 했습니다. 방정환은 당시 이렇게 고민을 털어놓은 적이 있습니다.

> 소년을 어떻게 지도해가랴…. 이것은 큰 문제입니다. 꽃과 같이 곱고 비둘기와 같이 착하고 어여쁜 그네 소년들을 우리는 어떻게 지도해 가랴. 세상에 이보다 어려운 문제가 없을 것입니다. 지금의 그네의 가정의 부모와 같이 할까…. 그것도 무지한 위압입니다. 지금의 그네의 학교 교사와 같이 할까. 그것도 잘못된, 그릇된 인형 제조입니다. 지금의 그네의 부모 그 대게는 무지한 사랑을 가졌을 뿐이며, 친권만 휘두르는 일 권위일 뿐입니다. 화초 기르듯, 물건 취급하듯 자기 의사에 꼭 맞는 인물을 만들려는 욕심밖에 있지 아니합니다.
> 지금의 학교, 그는 기성된 사회와의 일정한 약속하에서 그의 필요한 인물을 조출하는밖에, 더 이상도 계획도 없습니다. 그때 그 사회 어느 구석에 필요한 인물(소위 입신출세자겠지요.)의 주문을 받고 고대로 자꾸

판에 찍어 내놓은 교육이 아니고 무엇이겠습니까.

그러나 어린이는 결코 부모의 물건이 되려고 생겨 나오는 것도 아니고, 어느 기성 사회의 주문품이 되려고 낳는 것도 아닙니다. 그네는 훌륭한 한 사람으로 태어 나오는 것이고 저는 저대로 독특한 한 사람이 되어 갈 것입니다.[48] (*밑줄은 원문에는 방점으로 되어 있으며, 방정환이 친 것.)

방정환은 당시의 교육을 인형제조의 교육, 위압적 교육, 무지한 사랑의 교육, 입신출세의 교육 등으로 규정했습니다. 그런데 여러 가지로 이야기했지만 실은 다 같은 말입니다. 인형을 제조하는 사람도, 위압을 가하는 사람도, 무지한 사랑을 주는 사람도, 입신출세를 바라는 사람도 모두 어른입니다. 모두 어린이를 부모의 물건으로 보는 교육인 것입니다. '교육이 원래 그런 것 아닌가' 할 수도 있지만 그것은 교육이 폭력이 될 수 있음을 모르고 하는 말입니다. 폭력과 교육을 가르는 것은 기본적으로 아동을 어떤 존재로 보느냐 하는 것입니다. 방정환의 말대로 훌륭한 한 사람으로 태어나 저는 저대로 독특한 한 사람이 되어 갈 것이라 보는 견해가 있는가 하면, 부모의 물건으로 보는 견해가 있습니다. 물론 방정환은 전자를 믿은 사람입니다.

방정환과 천도교소년회의 주도로 이 땅에 어린이날이 처음 제정된 지 100주년입니다. 이 시점, 우리는 왜 방정환을 이야기하고 있을까요. 방정환이 우리에게 무엇을 이야기해줄 수 있기에 이 자리에 다시 방정환을 소환하는 것일까요. 방정환은 100년 전 어린이를 '발명'한 사람입니다. 어린이를 하나의

---

46) KBS 뉴스: https://mn.kbs.co.kr/news/view.do?ncd=3477058
한국사회과학자료원: https://kossda.snu.ac.kr/bitstream/20.500.12236/22828/1/kor_que_201600
연합뉴스: https://www.yna.co.kr/view/AKR20160502148300017

47) 안경식, 『신라인의 교육, 그 문명사적 조망』, 학지사, 2019, 9쪽.

48) 『전집 5』, 448-449쪽. 이 글은 1923년 『천도교회월보』 3월호에 발표한 글이다.

인간으로 독립시킨 사람입니다. 어린이가 한울임을 선언한 사람입니다. '동심
시선(童心是仙)'을 말한 사람입니다. 그가 100년 전, 그렇게 온몸으로 이야기하
고 외쳤음에도 우리는 아직도 어린이를 모르고 동심을 모릅니다. 이것이 이
시점에 방정환을 다시 소환한 이유입니다.

* 이 글은 『방정환연구』 제2호(2019. 9.)에 실린 「소파 방정환의 삶과 동심」을 수정 보완한 것입
  니다.

# 방정환의 교육철학과 동학사상

김용휘

# 교육사상가로서의 방정환

　지금 대한민국의 교육이 문제없다고 생각하는 사람은 거의 없을 것입니다. 순위를 매기는 교육, 입시 위주의 교육은 어린 시절부터 양보와 배려, 협동과 연대를 배우게 하기보다는 경쟁과 대결의 방식에 익숙해지게 만듭니다. 이 속에서 아이들은 늘 불안과 스트레스를 받으며 자기밖에 모르는 아이로 성장하기를 강요받고 있습니다. 여기에 정서적 함양과 인격적 성숙, 영혼의 성장을 위한 교육은 들어설 자리가 없는 게 작금의 현실입니다. 이런 폐해가 학교 폭력과 왕따, 시험 성적 비관으로 인한 자살과 우울증 등, 각종 교육 문제로 나타나 공교육의 파괴와 교권추락의 '교육 불가능'[1]으로 나타나고 있습니다.

　그런가 하면 공교육의 문제를 극복하고자 하는 대안교육조차 주로 서양의 교육이론과 방법론에 의존하고 있습니다. 물론 존 듀이로부터 발도르프, 몬테소리, 프뢰벨 등도 모두 훌륭합니다. 하지만 우리는 이미 1920년대부터 어린이를 '한울님'으로 존중하는 바탕 위에서 아동을 교육의 주체로 보고 새로운 교육운동을 한 역사가 있습니다. 그것은 동학의 정신을 계승한 소파(小波) 방정환 선생의 선구적 노력으로 인한 것입니다. 그런데 우리의 교육 현장에서 방정환은 거의 잊혀진 이름이 되어 있는 느낌입니다. 흔히 방정환은 어린이 운동가, 아동문학가로는 잘 알려져 있지만, 아동교육가로는 잘 알려져 있지 않습니다. 이런 현실을 반영하는 것이 지금 대한민국에 방정환의 이름이 들어간 초등학교가 하나도 없다는 사실입니다.

방정환 선생은 아동문학가, 어린이 운동가, 출판인, 사회운동가이기도 했지만, 듀이의 교육론이 들어오기 전에 이미 '아동중심'의 교육론을 설파하며 이 땅의 어린이들이 올바르게 성장하여 민족 독립은 물론 신사회 건설의 주도적인 일꾼이 되길 바랐던, 분명한 교육철학과 방법론을 갖춘 교육가였습니다. 그럼에도 이러한 방정환의 교육철학에 대한 연구는 여전히 일천합니다. 물론 방정환 연구 자체는 적지 않습니다. 그런데 대부분이 아동문학 쪽의 연구이고 교육 쪽의 연구는 상대적으로 빈약합니다.

방정환을 아동교육적 측면에서 주목한 이는 이상금입니다. 이상금은 "방정환의 어린이 운동은 아동존중 사상에 기반한 운동"이라고 논하면서 외래 사상이 아닌 한국적 논리로 아동의 소중함을 강조했으며, 학교교육에서 축출당한 민족교육의 역할을 학교 외 교육을 통해 수호하려고 했다고 그 교육적 의의를 논했습니다.[2] 이를 이어 방정환의 교육사상을 가장 체계적으로 논한 연구자는 안경식입니다. 그는 우리의 자생적 아동중심교육의 뿌리를 소파에서 찾는 동시에 소파를 아동교육가로 자리매김하기 위해 많은 노력을 했습니다. 안경식은 소파의 주된 관심은 '어린이의 올바른 성장'이었으며, 그의 활동의 본질은 문학이나 예술이 아닌 교육이었다고 강조합니다. 그를 아동교육가로 볼 때 그의 전체 활동이 잘 설명될 수 있다는 것입니다.[3] 안경식은 소파의 교육철학이 동학과 천도교 사상에서 연유하고 있음을 분명하게 밝힘과 동시에 그를 단순히 동심천사주의로 보는 입장에 대해서도 분명하게

---

1) 이계삼, 「희망의 배신—오늘날 학교 현장의 '교육 불가능'에 대한 사유」, 『변방의 사색』, 꾸리에, 2011, 131쪽.

2) 이상금, 「초기 어린이 운동의 성립과 교육적 의의」, 『한국문화연구원논총』, 1991.

3) 안경식, 『소파 방정환의 아동교육운동과 사상』, 학지사, 1999, 17쪽.

비판하고 그의 아동교육가로서의 참모습을 체계적으로 조명함으로써 방정환의 교육학적 연구에 그야말로 주춧돌을 놓았습니다.

이어서 나온 임재택, 조채영의 연구는 안경식의 입장을 계승하면서도 유아교육에 좀 더 초점을 맞춰서 서양의 사상과 이론에 치우쳐 있는 우리 유아교육의 현실을 성찰하는 한편, 예술교육과 더불어 조선인으로서의 민족적 자긍심 회복을 위한 도덕교육 및 일제 강압에서 조선의 독립을 위한 애국교육에 심혈을 기울였다는 점을 강조합니다.[4] 정윤경의 연구는 방정환 교육사상의 교육학적 의의를 논하면서 그의 교육사상을 '모심'의 교육사상으로 정리하고, 방정환의 교육사상은 궁극적인 존재와의 합일을 강조하며 근대 이성의 도야와 지식의 축적을 넘어 한울님의 완성과 초월을 추구한다는 점에서 탈근대교육의 가능성을 시사한다고 평가했습니다.[5]

한편 2000년대 들어 비교 연구를 통해 방정환 교육론의 의의를 논하는 연구들이 나오기 시작했습니다. 정혜정은 동학에 대한 폭넓은 이해를 바탕으로 방정환의 교육운동을 수운의 세계관과 생명원리에 기초한 한국적 근대교육의 기점으로 파악하는 한편,[6] 그의 교육사상을 자아의 문제, 심신의 성장과 자연, 종교, 예술교육, 아동의 사회화 교육과 사회창조의 측면에서 존 듀이(John Dewey)와 대화를 시도함으로써 방정환 교육사상 연구를 한 차원 끌어올렸습니다.[7] 이현철은 방정환을 페스탈로치의 아동교육사상과 비교하면서 현 교육의 문제점 해결을 위해 교사의 교육적 사랑의 회복을 강조하며 "사랑의 교사"의 전형으로 두 사람을 평가했습니다.[8] 장광식은 방정환의 교육사상을 루소의 자연주의 교육과 비교하면서 소파의 교육목적과 교육내용 그리고 교육방법에서 루소의 그것과 상통한 점을 밝히고 있습니다.[9] 또한 홀리스틱(Holistic) 교육의 관점에서 방정환의 아동교육론을 바라본 연구로는 명지원의 연구가 있습니다. 이 연구에서는 소파의 아동교육사상은 현대교육의 대안적 패러다임으로 인식되고 있는 홀리스틱 교육의 10가지 교육원리와 기본방향에서 부합하고 있다는 점을 밝히면서 소파의 교육사상은 역사사회학적인 면에서 보편성을 띠며, 아동의 전인성 등 현대 아동교육사상의 기조와 일치하는 선구적인 교육으로서 현대 아동교육에 많은 시사점을 주고 있다고 평가합니다.[10]

이러한 연구를 통해 방정환의 교육사상에 대한 개괄적인 그림은 충분히 나왔다고 생각합니다. 다만 아쉬운 점은, 방정환의 교육사상이 동학과 천도교를 뿌리로 하고 있음을 밝히면서도 동학의 어떤 사상이 방정환의 교육사상으로 이어지는지에 대한 깊이 있는 분석이 부족해 보인다는 점입니다. 특히 동학의 인간관에 바탕해서 방정환의 아동관이 분석되어야 하는데 이 부분이 부족하다 보니 아직도 방정환의 아동관을 동심천사주의니 성선설적 요소니 하는 식으로 평가하는 문제가 완전히 해소되지 못하고 있습니다. 동학의 영성이 어떻게 방정환의 교육사상에 녹아 있는지에 대한 연구도 부족해 보입니다.

따라서 이 글은 동학의 시천주의 인간관과 무위이화의 생명원리, 그리고 '모심'의 영성과 '양천(養天)', 삼경(三敬)의 실천을 바탕으로 방정환의 교육철학이 형성된 배경과 그 원리에 대해서 검토해 보고자 합니다.

---

4) 임재택, 조채영, 『소파 방정환의 유아교육사상』, 양서원, 2000.

5) 정윤경, 「방정환의 교육사상과 교육학적 의의」, 『초등교육연구』 27집. 2016.

6) 정혜정, 『동학·천도교의 교육사상과 실천』, 혜안, 2001.

7) 정혜정, 「소파 방정환의 교육사상」, 『종교교육연구』 제18권, 2004.

8) 이현철, 「방정환과 페스탈로찌의 아동교육사상 비교 연구」, 창원대 교육학과 석사논문, 2004.

9) 장광식, 「자연주의 관점에서 본 소파 방정환의 아동교육운동」, 경북대 교육학과 석사논문, 2009.

10) 명지원, 「홀리스틱교육의 관점에서 본 방정환의 아동교육론」, 『홀리스틱교육연구』 제13권 제3호., 2009.

# 동학의 시천주와 무위이화

방정환의 사상에 직접적인 영향을 끼친 이는 말할 것도 없이 소춘 김기전입니다. 김기전은 1920년 『개벽』 편집국장에 취임하고 주필을 역임했으며, 1921년 천도교소년회를 조직하여 방정환의 배후에서 어린이 운동을 지도한 인물입니다. 방정환이 어린이 운동의 실천가였다면 김기전은 숨은 이론가라고 할 수 있습니다.[11] 김기전은 1922년 5월 1일을 어린이날로 제정하고, 이듬해 3월 잡지 『어린이』 창간에 주도적 역할을 했으며, 전국 각지에서 동화구연대회, 소년문제강연회 등을 개최하기도 했습니다. 또 『개벽』에 「개벽운동과 합치되는 조선의 소년운동」이란 글을 실어 어린이를 유교의 윤리적 압박과 유·무상의 노동에서 해방시켜야 하며, 함부로 하대하지 않고 존중해야 한다고 주장하는 등, 실질적으로 어린이 운동의 이론적 기초를 마련했습니다.[12]

김기전과 방정환은 천도교 지식인으로, 동학과 천도교의 사상에 입각해서 교육철학을 전개합니다. 어린이에 대한 방정환의 관점은 잘 알려져 있듯이, 동학의 2세 교조(敎祖) 해월 최시형(海月 崔時亨, 1827~1898)의 "아이도 한울님을 모셨으니 절대로 때리지 말라"[13]는 말씀에 뿌리하고 있습니다. 여기서 '한울님을 모셨다'라는 표현은 동학의 가장 핵심적인 사상인 '시천주(侍天主)'를 의미합니다. 방정환의 교육사상은 근원적으로 동학이라는 원천에서 길어 올려진 것입니다.

동학은 19세기 중엽 황혼기에 접어든 조선말엽의 대내외적 혼란을 극복하기 위해 '보국안민(輔國安民)'의 구도 동기에 의해 창도된 현실적 종교사상입니다. 원래 '동학'이란 용어는 수운 최제우(水雲 崔濟愚, 1824~1864) 선생이 밝히고 있듯이 '동국의 학'이란 뜻입니다.[14] 그러므로 동학의 '동'은 '서'에 대한 '동'이 아니라, '동국의 동'입니다. 동학은 '서학'에 대응해서 나온 것이 아니라, 당시 서세동점의 대외적 위기와 세도정치의 부패, 삼정 문란이라는 대내적 위기, 그리고 지도적 이념으로서의 유학(儒學)이 기능을 상실하고 더이상 현실적 구제책이 되지 못한 총체적 위기 속에서 신음하던 조선 백성을 위해 새로운 삶의 길을 제시하면서 나온 '우리 학문'입니다.

이렇게 수운은 자신의 학문을 '동학'이라고 표현하면서도, 한편으론 "천도(天道, 또는 '무극대도')"[15]라고도 표현합니다. 이는 그가 깨친 도가 고대 동아시아 성인들이 밝혀 펴고자 했던 천도(天道)와 다름이 없다는 뜻입니다. 그는 "천은이 망극하여 경신 사월 초오일에 글로 어찌 기록하며 말로 어찌 성언할까. 만고없는 무극대도 여몽여각 득도로다"라고 하여 오랫동안 끊긴 천도를 다시 발견했다는 벅찬 감동을 노래합니다. 또한 곳곳에서 고대의 천도를 다시 계승한 자부심을 표현합니다. 하지만 그것을 당시 우리 백성의 입장에서 새로 밝힌 것이기에 '무극대도'라고 표현했으며, 또 한편으론 '동학'이라고 했다는 말입니다.

'천도'는 말 그대로 '하늘의 길'을 의미합니다. 요즘 말로 풀면 '우주의 운행

---

11) 정혜정, 「동학·천도교의 교육사상과 실천」, 혜안, 2001. 453쪽.

12) 김기전, 「개벽운동과 합치되는 조선의 소년운동」, 「개벽」 1923년 5월호.

13) 최시형, 『해월신사법설』, 「내수도문」.

14) 수운 선생이 1864년 경상감영에서 감사 서헌순에게 심문받을 때의 기록에 따르면, 동학의 의미에 대해 "동국의 학의 의미를 취한 것"이라고 명시적으로 답하고 있다. 표영삼, 「동학 1」, 통나무, 2004, 312쪽, '경상감사서헌순장계' 참조.

15) 최제우, 『동경대전』, 「포덕문」, "吾亦生於東, 受於東, 道雖天道, 學則東學."

원리'입니다. 그것에 의해 만물이 생성되므로 만물의 생성원리이기도 합니다. 수운은 우주적 기운이 운행하는 자연한 이치와 만물이 생성되는 생명의 이치를 밝혔다는 자부심에서 자신의 도를 천도(天道)라 했으며, '다함이 없는 큰 도'(無極大道)라고도 했습니다. 그리고 천도의 구체적 내용을 말할 때는 '무위이화'(無爲而化)라고도 했습니다.[16]

'무위이화'는 천지의 운행과 만물의 생성이 스스로 그러한 자율적 원리에 의해 이루어진다는 것을 의미합니다. 수운은 이 무위이화를 통해 천지운행과 만물의 생성이 외부의 어떤 초월적 존재에 의한 것이 아니라 자체적인 원리와 힘에 의한 것임을 밝혔습니다. 이로써 신의 존재를 상정하면서도 신 중심적인 형이상학이 아닌 자율적 창조로서의 우주 법칙과 인간 중심의 도덕 형이상학을 구축할 수 있었습니다. 그뿐만 아니라 인간이 천지와 더불어 만물을 적극적으로 활용할 수 있는 창조적 주체가 될 수 있다고 보았습니다.[17] 무위이화란 자연의 이법이자 만물 생성의 원리이기 때문에 이를 터득한 사람은 사물의 원리를 알아서 핵심적 실천을 할 수 있는 사람이 될 수 있기 때문입니다. 이는 개별 분야, 특히 생명과 관련된 분야 즉 농사와 의학과 보육, 교육에 적용될 수 있습니다. 방정환은 바로 이러한 무위이화의 생명의 원리에 입각하여 아동의 올바른 성장과 참된 교육의 근본을 세운 것입니다.

무위이화가 '우주와 신'에 대한 수운 선생의 답변이라면, 인간과 생명에 대한 답변이 선생의 핵심 깨달음으로 알려져 있는 '시천주'(侍天主)입니다. 시천주는 '모든 사람이 한울님을 모시고 있다'는 자각을 철학적 명제로 표현한 것입니다. 수운 선생은 다시 시천주의 '시(侍, 모심)'를 세 가지 의미, 즉 '내유신령(內有神靈)', '외유기화(外有氣化)', '각지불이(各知不移)'로 풀이합니다.[18] 여기서 '내유신령'은 인간의 내면에 한울의 거룩한 영(신성)이 내재해 있다는 의미이며, '외유기화'는 밖으로 기화 작용이 있다는 의미입니다. 그러므로 내유신령과 외유기화는 우주적 기운 속에 내가 살고 있고, 내 속에 우주적 영이 있다는 의미입니다. '각지불이'는 이렇게 한울이 나의 안팎에서 영과 기운으로 작용하므로 이와 분리되어 나의 생명이 유지될 수 없음에 대한 자각을 의미합니다.[19] 다른 존재로 옮길 수 없는 자기만의 독특성을 자각한다는 의미로 풀 수도 있습니다.

수운 선생은 이 시천주를 통해 인간이란 존재를 새롭게 발견했고, 또한 새롭게 규정하려고 했습니다. 인간은 누구나 내면에 무궁한 한울을 모신 거룩한 존재이며, 우주적 기운 속에 다른 모든 생명과 하나로 연결되어 있는 존재라는 것입니다. 동학은 이런 인간과 생명에 대한 존재론적 이해를 바탕으로 먼저 자기 안에 있는 한울을 발견하여 모시고 공경하는 삶을 가장 강조합니다. 또한 한울은 자기에게만 모셔져 있는 것이 아니기에 계급 귀천과 남녀노소를 막론하고 모든 존재를 한울처럼 모시고 공경하는 삶을 살아야 할 것을 강조합니다. 이는 인간의 존엄성에 대한 준엄한 선언이자 만민평등에 대한 한국적 자각이었습니다. 이 시천주가 이후 손병희에 와서 '사람이 곧 한울'이라는 '인내천'으로 정립됩니다. 모든 사람이 안에 한울님을 모시고 있고, 그 한울님이 인간 존재의 본질이라면, 인간의 본질이 곧 한울님이라고 할 수 있기 때문입니다. 그러므로 시천주가 동학의 인간관이며, 이후 손병희의 '인내천'으로 이어지고, 방정환의 인간 이해와 아동관의 근간이 되는 것입니다.

한편, 수운은 오랜 구도의 수행을 통해 몸과 마음을 깊이 이해했습니다. 그 결과 한울 마음을 회복하고 한울의 기운을 받는 방법을 터득함으로써 동학을 열었습니다. 이처럼 한울 마음을 회복하고 한울 기운과 연결되는 것

---

16) 최제우, 『동경대전』, 「논학문」, "吾道無爲而化矣, 守其心正其氣, 率其性受其教, 化出於自然之中也."

17) 김용휘, 『최제우의 철학』, 이대출판부, 2012. 63-66쪽.

18) 최제우, 『동경대전』, 「논학문」, "侍者, 內有神靈, 外有氣化, 一世之人, 各知不移者也."

19) 김용휘, 위의 책, 40쪽.

을 '수심정기(守心正氣)'라고 합니다. 수운은 "인의예지는 옛 성인의 가르친 바요, 수심정기는 오직 내가 다시 정한 도법"이라고 하면서 수심정기가 동학의 수도법임을 분명히 했습니다. 도덕 실천은 '인의예지'라는 추상적 구호를 외친다고 바로 되는 것이 아니기 때문에, 먼저 마음을 한울 마음에 합치시키고, 기운을 한울 기운과 연결함으로써 마음의 중심을 확보하고 몸의 기운을 바르게 하는 공부가 선행되어야 한다는 것입니다. 구체적 실천을 할 수 있는 몸과 마음의 바탕을 마련하는 공부가 수심정기인 것입니다.

요컨대 수운의 동학은 시천주와 무위이화 그리고 수심정기가 가장 근본적인 가르침입니다. 무위이화가 우주론이라면 시천주는 인간론이고 수심정기는 수양론이라고 할 수 있습니다. 그래서 해월은 "십삼자(시천주)로써 만물화생의 근본을 알고 무위이화로써 사람이 만물과 더불어 천리와 천도에 순응함을 안 연후에 수심정기로써 천지가 크게 화하는 원기를 회복하면 능히 도에 가까움인저."[20]라고 했던 것입니다.

여기에 하나 더 언급해야 하는 것이 '다시개벽'입니다. 다시개벽은 수운이 〈용담유사〉에서 "십이제국 괴질운수 다시 개벽 아닐런가 태평성세 다시 정해 국태민안 할 것이니"라고 하여 '개벽' 앞에 '다시'를 붙임으로써 큰 변화의 시기가 올 것을 암시한 데서 비롯되었습니다. 이때 개벽은 '우주적 순환원리에 의해 필연적으로 도래할 새로운 세상'을 의미하며, 그것에 수반하는 '물질적 정신적 대변혁'을 의미합니다. 그것은 이미 예정되어 곧 당도할 역사적 사건이자, 새로운 문명적 전환을 의미하는 것이었습니다.

그런데 수운의 개벽사상에서 중요한 점은 인간의 주체적인 변화와 자각입니다. 즉 정신개벽입니다. 수운은 새 세상을 만들어내는 주체는 인간이며, 그 변화는 자기 내면에서 시작되어야 한다고 보았습니다. 동학의 개벽 사상

---

20) 최시형, 『해월신사법설』, 「기타」.

에서 정신개벽을 강조하는 경향은 이후의 전개 과정에서 더욱 강화되는 양상을 보입니다. 반면, 그 구체적인 실현은 '제도적'이고 점진적인 방법보다는 민중운동을 통해 해결하려는 양상으로 나타났습니다. 그 예로 1894년, 민중의 가슴에 응축된 에너지가 동학을 만나 요원의 불길처럼 타오른 갑오 동학 농민혁명으로 역사의 전면에 나타났습니다. 그리고 일제강점기인 1919년에는 3·1운동으로 나타났습니다. 이때 발표한 독립선언서에서 특기할 점은 '도의적 신문명'을 구가하고 있다는 점입니다. 그런 점에서 3·1운동 역시 개벽운동이자 신문명 운동이라는 큰 틀에서 볼 필요가 있습니다.

이러한 신문명 운동은 1920년대 들어 천도교 청년들에 의해 광범위한 사회운동, 즉 개벽운동으로 나타났습니다. 그들이 펴낸 잡지명이 다름 아닌 『개벽』이었다는 점도 결코 우연이 아닙니다. 당시 그들의 고민은 우매한 민중을 깨우려는 계몽운동에 머물지 않았습니다. 이돈화와 김기전 그리고 방정환을 포함한 『개벽』의 청년들은 수운의 시천주와 해월의 사인여천, 그리고 의암의 인내천주의를 바탕으로 새로운 세상을 열망했으며, 개벽사상을 '정신개벽, 민족개벽, 사회개벽'의 3대 개벽으로 구분하기도 했습니다. 그들은 계급모순을 절감하면서 민족 해방을 위해 골몰했으며, 더 나은 신사회를 위한 제도적인 고민도 일정 부분 보여주고 있지만, 단순히 사회주의적 평등이나 자본주의적 문명개화 노선에 만족하지 않았습니다. 그들은 자기 안에 있는 한울을 발견함으로써 자아를 초월·해방시키고, 우주적 기운과의 연대감 속에서 모든 생명을 받들고, 경쟁보다는 상호부조의 원리에 의해 자본주의와 사회주의를 넘어 더 나은 사회를 꿈꾸었습니다. 그들의 눈은 보다 멀리 '도의적 신문명'의 건설이라는 거시적 시각에서, 즉 '개벽'의 관점에서 내다보고 있었습니다. 따라서 방정환을 이해함에, 이 '개벽'의 시선을 읽어내는 것이 매우 중요합니다.

한편, 해월 최시형은 스승 수운의 가르침을 계승하여 동학을 평민의 철학으로 그리고 생명철학으로 정립해 갔습니다. 해월은 '시천주'를 보다 실천적으로 해석하여 '사람을 한울님같이 섬기라'는 '사인여천(事人如天)'의 가르침으로 재해석하는 한편, 당시 핍박받던 민중, 특히 여성과 어린이까지도 한울님으로 공경하라고 가르쳤습니다. 그는 "한울을 공경함은 사람을 공경하는 행위에 의하여 사실로 그 효과가 나타난다"[21]라고 하면서 특히 가장 차별받고 억압받는 사람들에 주목했습니다. 그중에서도 며느리와 아이를 한울님으로 극진히 사랑하고, 하인을 내 자식과 같이 여기라 했고,[22] 특히 "어린아이도 한울님을 모셨으니 절대로 때리지 말라"고 했습니다.

해월은 시천주의 모심에 비해 '양천주(養天主)'를 강조했습니다. 다만 '천주'라는 용어가 오해를 낳기도 해서, 그냥 '양천'이라고도 합니다. 해월은 모든 사람 속에 한울(天)이 계시지만 완전히 발현된 모습으로 계신 것이 아니라 씨앗처럼 잠재해 있다고 이해한 것 같습니다. 그래서 그 씨앗을 잘 기르는 공부가 필요하다고 본 것이며, '양천'을 강조했습니다. 또한 해월은 '천'이 사람에게만 내재해 있는 것이 아니라 모든 존재에 내재해 있다는 것을 중시합니다. 그래서 천지도 한울님이고, 만물도 한울님이며, 핍박받던 며느리와 천덕꾸러기 아이도 모두 한울님이라고 한 것입니다. '천' 개념이 확장된 것입니다. 그래서 현실에서 구체적으로 만나는 한울님을 잘 받들고 섬기는 것이 바로 양천(養)입니다.

이러한 양천의 가장 구체적인 모습은 바로 뱃속의 태아를 기르는 것입니다. 또한 어린이를 키우는 보육이 가장 직접적인 양천입니다. 그래서 윤노빈은 양천을 설명하면서 "가장 천대받던 사람, 어린이를 한울님으로 모시라는 가르침은 태아를 한울님처럼 공경하라는 데서 더욱 철저하게 그 '혁명성'을 암시하고 있다."[23]고 했습니다.

이 '양천'의 가르침이 보다 구체적인 실천지침으로 제시된 것이 '삼경(三敬)'이라고 할 수 있습니다. 삼경은 잘 알려져 있다시피 경천(敬天), 경인(敬人), 경물(敬物)입니다. 여기서 주의할 점은, '경천'이 저 높은 곳의 하늘을 공경하라는 뜻이 아니라는 것입니다. 바로 내 마음을 공경하는 것이 경천입니다. 그리고 경인은 모든 사람을 공경하는 것입니다만, 특히 차별받고 억압당하는 사회적 약자에 대한 공경의 의미가 강합니다. 마지막으로 경물은 생명이 있는 것은 물론, 생명이 없는 물건, 무기물까지도 공경하라는 것입니다. 오늘날 자본주의적 삶의 양식은 이 삼경과 가장 멀리 떨어져 있다고 할 수 있습니다. 자본주의의 모순은 칼 폴라니의 말을 빌리자면 결코 상품화해서는 안 될 세 가지, 즉 사람과 자연과 화폐를 상품화하면서 노정된 것이기 때문입니다.[24]

해월 선생의 양천과 삼경 사상은 동학의 전개 과정에서 가장 소외받고 억압받는 사람과 생명을 살리는 해방 운동으로 나타났습니다. 그는 반상과 적서차별을 금하라고 했으며, 여성을 한 집안의 주인이라고 했고, 앞으로의 시대의 주역이라고 높임으로써 여성 해방에 앞장섰습니다. 그는 인간만이 아니라 생명까지도 존중하라고 함으로써 인간 중심에서 벗어나 생태적 해방을 추구하기도 했습니다. 이것이 오늘날 한살림을 비롯한 생명운동에 많은 영감을 주었습니다. 그리고 누구보다도 무시당하고 차별받던 아이들에게 주목하여 "아이가 바로 한울님"이라고 함으로써 어린이 해방의 선구가 되었습니다.[25]

21) 최시형, 『해월신사법설』, 「삼경」, 369쪽.

22) 최시형, 『해월신사법설』, 「내수도문」, 369쪽.

23) 윤노빈, 『신생철학』, 학민사, 2003, 341쪽.

24) 칼 폴라니 지음, 박현수 옮김, 『거대한 전환』, 민음사, 1991, 96-100쪽 참조.

25) 김용휘, 「해월 최시형의 자연관과 생명사상」, 『철학논총』 제90집, 제4권, 2017, 181쪽.

# 방정환의 아동관과 교육의 목적

## 인간이해와 아동관

최근 연구에서도 방정환의 아동관을 여전히 '동심천사주의', '천사주의 아동관'으로 보는 논문들이 있습니다. 그 근거로 제시하는 것이 다음 글입니다.

새와 같이, 꽃과 같이, 앵두같이, 어린 입술로 천진난만하게 부르는 노래, 그것은 그대로 자연의 소리이며, 그대로 하늘의 소리입니다. 비둘기와 같이, 토끼와 같이, 부드러운 머리를 바람에 날리면서 뛰노는 모양, 그대로가 자연의 자태이고, 그대로가 하늘의 그림자입니다. 거기에는 어른들과 같은 욕심도 있지 아니하고 욕심스런 계획도 있지 아니합니다. 죄 없고 허물 없는 평화롭고 자유로운 하늘나라! 그것은 우리의 어린이의 나라입니다.[26]

이 세상의 고요하다는 고요한 것은 모두 이 얼굴에서 우러나는 것 같고, 이 세상의 평화라는 평화는 모두 이 얼굴에서 우러나오는 듯싶게 어린이의 잠자는 얼굴은 고요하고 평화롭다. 고운 나비의 날개…… 비단결 같은 꽃잎, 아니 아니 이 세상에 곱고 보드랍다는 아무 것으로도

형용할 수 없이 보드랍고 고운 이 자는 얼굴을 들여다 보라!…… 우리
가 전부터 생각해 오던 하느님의 얼굴을 여기서 발견하게 된다…… 자
비와 평등과 박애와 환희와 행복과, 이 세상 모든 아름다운 것만 한없
이 많이 가지고 사는 이가 어린이다.[27]

    원래 '천사주의'라고 한 평가는 조선소년운동이 갈라지기 시작한 1927년
이래 사회주의 계열로부터 비판적으로 제기된 평가였습니다. 무산소년운동
계열에서는 소파의 운동은 어린이의 천진성에 치중하고 현실성을 무시하며
목적의식이 없고 기분적이고 비과학적이라는 비난을 서슴지 않았습니다.[28]
염희경은 이러한 인식은 1920년대 아동문학을 '민족주의'와 '천사적 동심주
의'로, 1920년대 중반 이후의 계급주의 아동문학을 '사회주의'와 '동심의 계급
성'으로 양분한 뒤 적대적 양상을 뚜렷이 하여 자기 위상을 확립하고자 했던
카프의 전략적 구도의 산물로 이해합니다.[29] 게다가 방정환 사후 1932~33년
에는 천도교와 사회주의 간의 격심한 사상논쟁이 벌어지기도 했습니다.[30] 따
라서 방정환에 대한 이러한 평가는 당시 무산소년운동의 시각에서 방정환의
소년운동을 비난한 데서 시작된 것이므로 객관적 평가라고 하기는 어렵습니
다. 이오덕이 일찍이 설파했듯이 "소파의 작품은 다른 이의 작품과 달리 덮어
놓고 동심을 예찬한 것이 아니라 어린이와 민족의 운명에 밀착된 세계에 살
면서 혼이 담긴 작품을 썼다."[31]는 평가가 온당할 것입니다.

---

26) 방정환, 「처음에」, 『어린이』 창간호.

27) 방정환, 「어린이 찬미」, 『신여성』 제2권 6호.

28) 이상금, 『소파 방정환의 생애 - 사랑의 선물』, 한림출판사, 2005, 506-507쪽.

29) 염희경, 「1920년대 아동문학연구의 현황과 과제」, 『아동청소년문학연구』 제3호, 2008, 39쪽.

30) 정용서, 「일제하 천도교청년당의 운동노선과 정치사상」, 『개벽에 비친 식민지 조선의 얼굴』, 모시는사람들, 2007.

31) 이오덕, 『시정신과 유희정신: 아동문학의 제문제』, 창비신서 17, 창작과비평사, 1977, 10쪽.

방정환의 아동관을 성선(性善)으로 보는 입장도 재고되어야 합니다. 이렇게 보면 동학의 인간관의 특징을 잘 반영하기 어렵습니다. 특히나 동학은 천(天)을 선악으로 규정하지 않는 입장입니다. 최제우는 천을 '불택선악(不擇善惡)'[32]이라고 했습니다. '아이의 마음이 곧 하늘의 마음'이라고 해서 반드시 착하다는 윤리적 규정을 해야 하는 것은 아닙니다. 그것은 어디까지나 유교적 입장입니다. 아이들의 마음이 맑고 밝고 순수한 것과 아이들을 선하다고 규정하는 것은 엄연히 철학적으로 다른 문제입니다. 도가(道家)에서도 하늘을 선이라 규정하지 않습니다(天地不仁). 위에서 말하려는 것은 아이들의 마음이 맑고 순수하다는 것 이상도 이하도 아닙니다. 방정환이 진정 말하고자 하는 것은 그러한 아이들의 마음을 존중하라는 것이지, 그 본성을 심리학적으로든 형이상학적으로든 규정짓고자 한 것은 아니었을 것입니다.

따라서 방정환의 아동관은 소박한 감상적 동심주의나 성선적 입장이 아니라 수운주의에 입각한 종교적 신념에서 나온 아동관으로 보아야 합니다.[33] 인간에 대한 수운의 이해는 앞에서 논했듯이 모든 존재가 한울님을 모시고 있다는 시천주에서 출발합니다. 방정환의 아동관 역시 이러한 동학의 인간 이해에 바탕해서 이해해야 합니다.

첫째로, 어린이는 한울님을 모신 거룩한 존재이며, 곧 한울님이기도 합니다. 그래서 해월 선생은 '어린이가 한울님'이라고 했습니다. 여기서 '어린이가 한울님'이라는 의미는 어떤 경우라도 무시하거나 업신여기지 말고 하나의 온전한 인격체로서 존중하라는 말입니다. 어린이는 백지상태에서 태어난 것도 아니며, 미숙하고 불완전하여 보호받아야 하는 존재만이 아니라, 이미 자신만의 독특성을 지니고 자신을 온전히 실현할 씨앗을 가지고 태어났을 뿐 아니라 스스로의 힘으로 그 씨앗을 발현하는 힘도 있다는 의미입니다. 그래서 방정환은 "그네는 훌륭한 한 사람으로 태어나오는 것이고 저는 저대로 독특한 한 사람이 되어갈 것입니다."[34]라고 했습니다. 아직 완성되지는 않았지만 온전한 하나의 생명체로서 저마다의 한울꽃으로 피어날 발현을 기다리는 무궁한 가능성의 존재라는 말입니다.

둘째로, 방정환은 어린이를 어른보다 더 새로운 존재라고 봅니다. 그는 "어린이는 어른보다 더 새로운 사람입니다. 내 아들놈, 내 딸년 하고 자기 물건 같이 여기지 말고, 자기보다 한결 더 새로운 시대의 새 인물인 것을 알아야 합니다."[35]라고 했습니다. 미래를 기준으로 보면 어린이가 더 새로운 사람이며 더 앞선 사람일 수 있습니다. 인간의 세포 안에 전 우주와 생명 진화의 역사가 다 들어있다는 것을 인정한다면, 늦게 태어날수록 더 많이 진화했다는 것을 인정할 수 있을 것입니다. 그러므로 과거를 표준으로 어린이를 가르치려 하지 말고 기성세대보다 앞선 존재로 인정하고 존중할 필요가 있다는 것입니다.

한편 방정환은 인간을 몸, 생각, 기운의 세 측면으로 이해합니다. 그는 "어린 사람은 기뻐할 때 제일 잘 자라고 몸이 크고 생각이 크고 기운이 크고 세 가지가 일시에 크는 것이다."라고 했습니다. 손병희는 『무체법경(無體法經)』에서 인간을 몸과 마음과 성품의 삼원적 요소로 이해하기도 합니다.[36] 그리고 이를 풀이하면서 "마음은 기운이고 성품은 이치"라고 해석하기도 합니다. 방정환은 이 성·심·신이라는 다소 어려운 존재론적 개념을 좀더 소박하게 몸과 기운과 생각의 셋으로 풀이한 것으로 이해됩니다. 여기서 기운은 정서적·의지적·심적 측면을 포괄한 개념이자 생명력이기도 합니다. 방정환은 특히 기운이 밝고 씩씩해야 함을 강조합니다. 그는 "오늘날 조선의 학생군에게 제일

---

32) 최제우, 『동경대전』, 「논학문」.

33) 정혜정, 「소파 방정환의 교육사상」, 『종교교육연구』 제18권, 2004. 35쪽.

34) 방정환, 「소년의 지도에 관하여」, 『천도교회월보』 통권 제150호(1923년 3월).

35) 「조선소년운동협회 주최 제1회 '어린이날' 선전문」, 『동아일보』, 1923. 5. 1.

36) 손병희, 『무체법경』, 「성심신 삼단」.

먼저 있어야 할 것이 오직 원기(元氣)입니다."[37]라고 강조합니다. 또한 결코 아이들을 윽박지르지 말라고 했는데, "윽박지를 때마다 뻗어 가는 어린이의 기운은 바짝바짝 줄어"들기 때문입니다.[38] 이렇게 기운을 강조하는 것은 원기가 있어야 자기 삶의 주인으로서 당당하게 설 수 있으며, 자신에게 내재된 씨앗을 어떤 외적인 곤경에서도 꿋꿋하게 꽃피워낼 수 있기 때문입니다.

또한 방정환은 사람은 몸과 기운 외에도 생각이 있어야 비로소 온전한 사람이 되는 것이기에 생각을 기르는 공부가 필요하다고 했습니다. 그리고 그 방법으로 신문과 잡지를 통한 자가 학습, 역사와 세상을 아는 공부를 중시했습니다. 특히 소년회를 통해 더 실제적인 지식을 쌓고, 토론 등을 통해 생각을 넓히는 공부를 강조했습니다.

요컨대 방정환의 아동관은 '어린이가 한울님'이라고 보는 동학·천도교의 시천주와 인내천의 인간관을 계승한 것으로, 어린이 스스로가 한울을 모신 거룩한 존재이며, 자기 안에 자기만의 독특한 개성과 재능을 가지고 그 온전한 발현을 기다리고 있는 무궁한 가능성의 존재이자 기성세대보다 더 새로운 사람이라는 것입니다. 또한 아동은 몸과 기운과 생각의 세 차원으로 이루어진 존재입니다. 이처럼 그의 인간관을 제대로 이해해야 그가 강조한 교육내용과 방법의 의미를 정확하게 이해할 수 있습니다.

## 교육의 목적

안경식은 방정환의 교육목적은 아동의 올바른 성장에 있다고 합니다. 아주 간명하고 적절한 해석이라고 봅니다. 방정환은 "저대로의 독특한 삶, 저희끼리의 새 사회 건설"이라는 표현을 썼습니다.[39] 이상적 모델을 정해놓고 '이렇게 되어야 한다'고 하지 않고, 저마다 가지고 나온 씨앗을 온전히 꽃피워내는 것이 올바른 성장이라고 보았습니다. 그것은 몸과 생각과 기운이 조화롭게 자라서 저희끼리의 새 사회를 만들 수 있는 사람으로 성장하는 것을 의미합니다. 물론 그는 "새 세상의 새 일꾼으로 지상천국의 건설에 종사할 어린 동무를 교육"[40]하고자 했습니다. 하지만 그에게는 이상적인 사회 역시 정해져 있지 않습니다. 동학적 용어로 하면 '지상천국', 3·1 독립선언서의 표현으로 하자면 '도의적 신문명'은 정해져 있지 않고, 저희들이 의논해서 미래의 표준에 의해 만들어 갈 무한한 가능성의 세계로 열려있습니다. 그는 말합니다.

> 우리는 우리 지식껏 이러한 사회를 꾸미고 이러한 도덕을 만들어 가지고 살지마는 그것은 우리의 사색하는 범위와 우리가 가진 지식 정도 이내의 것이지, 그 범위 밖을 내다볼 수 있다면 거기는 그보다 다른 방침과 도덕으로 더 잘 살 수 있는 것이 있을런지도 모를 것 아닙니까. 그러면 우리는 우리 지식껏 이렇게 꾸미고 이렇게 살고 있지만 새로운 세상에 새로 출생하는 새 사람들은 저희끼리의 사색하는 바가 있고 저희끼리의 새로운 지식으로 어떠한 새 사회를 만들고, 새 살림을 하는지 모르는 것입니다.[41]

한편, 올바른 성장을 위해서도 그렇고, 저희끼리의 새 사회 건설을 위해서도 주권 없는 식민(植民)의 삶은 용인될 수 없는 것입니다. 그래서 그의 소년운동은 필연적으로 항일의식을 고취하는 것과 분리될 수 없는 것이었습니다. 하지만 독립이 최종적 목적이 아니라는 데 여타 민족주의 독립운동가들

37) 방정환, 「조선 학생의 기질은 무엇인가」, 『학생』 1의 3(1929년 5월).

38) 「조선소년운동협회 주최 제1회 '어린이날' 선전문」, 『동아일보』, 1923. 5. 1.

39) 안경식, 『소파 방정환의 아동교육운동과 사상』, 학지사, 1999, 130쪽.

40) 방정환, 「동화를 쓰기 전에 어린애를 기르는 부형과 교사에게」, 『천도교회월보』 통권 제126호(1921년 2월).

41) 방정환, 「소년의 지도에 관하여」, 『천도교회월보』 통권 제150호(1923년 3월).

과 다른 점이 있습니다. 그에게 독립은 아동의 올바른 성장과 새 사회 건설을 위해 반드시 거쳐야 하는 과정이긴 하지만 최종 목표는 아니었던 것입니다. 그런 점에서 그는 사회주의에 공감하면서도 완전한 사회주의자가 되기는 어려웠을 것입니다. 그의 눈은 더 멀리 가 있었던 것입니다. 그의 목표는 자본주의 건설도 사회주의 건설도 아니고 그것을 넘어선 지상천국이었으며, 그 지상천국 역시 결정된 어떤 상이 있는 것이 아니라 새로운 세상을 의미하며, 그것의 모습은 미래의 아이들이 결정하고 만들어갈 문제로 남겨둔 것입니다. 이런 점에서 그는 수운의 '다시개벽'의 이상을 계승하고 있다고 하겠습니다. 그의 '어린이 운동'은 보다 근본적인 인간 삶의 기초를 다시 세우는 '개벽운동'이었던 것입니다.

# 방정환 교육의 원리와 모심의 영성

## 성장의 원리와 교육의 원리

 교육의 목적이 결국 아동의 올바른 성장에 있다면, 아이는 무엇으로 성장하는지 알아야 할 것입니다. 앞에서 살핀 것처럼 올바른 성장은 육체만의 성장이 아니라 기운과 생각이 함께 커가는 것을 의미합니다. 성장을 추동하는 요소는 몇 가지로 나눠 생각할 수 있습니다.

 앞에서 언급한 것처럼 동학은 만물의 생장을 무위이화라고 하는 자율적 창조의 원리로 설명합니다. 예를 들면, 농사에서 작물이 자라는 것은 스스로의 원리와 생명력에 의해서입니다. 물론 천지의 입장에서 보면 모든 작물은 천지자연이 자라게 해주는 것이기도 합니다. 작물은 하늘의 햇빛과 땅의 영양분으로 자라기 때문입니다. 여기서 농부의 역할은 중요하긴 하지만 제한적입니다. 이처럼 무위이화의 생명의 원리를 교육에 적용해 보면 아이들을 성장시키는 것 역시 천지의 기운이며, 아이들 또한 스스로 내적인 성장력이 있기에 자라는 것입니다. 방정환은 그래서 "그네는 훌륭한 한 사람으로 태어나오는 것이고 저는 저대로 독특한 한 사람이 되어갈 것"이라고 했습니다. 또한 "자유롭고 재미로운 중에 저희끼리 기운껏 활활 뛰면서 훨씬훨씬 자라가게 해야 합니다."[42]라고 강조하기도 했습니다. 이처럼 그는 아이들이 지닌 성장력과 자발성을 강조했습니다. 이것이 중요한 성장의 원리이자 교육의 원리가 됩니다. 정혜정 역시 "천도교 소년교육에서 전반적으로 나타나는 공통점은 아동이 지니는 생명의 힘을 중시하고 자신의 한울님 됨을 기르는 것에 있다."[43]고 했습니다. 이렇게 볼 때 방정환 교육의 제일 원리는 무위이화의 생명 원리에 입각한 '스스로 자라는 어린이'라고 할 수 있습니다.

이로써 볼 때 교육의 주체는 교사나 부모가 아니라 아이 스스로입니다. 아이 스스로가 주체가 되므로 '교육'이라는 말도 적절하지 않습니다. 그래서 방정환은 '교육'이라는 말을 많이 쓰지 않았습니다. 기성세대의 지식과 경험을 전달하는 방식의 교육을 별로 중시하지 않은 것입니다. 대신 스스로 배우고 서로 깨치는 것을 더 중시했습니다. 이러한 그의 교육을 '아동 중심'의 교육이라고 평가하는 것도 잘못된 것은 아니지만, 아동 중심이 반드시 아동 스스로가 주체가 된 교육을 의미하지는 않는다고 본다면, 그에게 더 핵심적인 것은 아동 스스로가 주체라는 점일 것입니다. 이것이 바로 동학의 무위이화의 생명 원리에 입각한 방정환 교육론의 핵심이라 할 수 있습니다.

둘째로 방정환은 아이들이 서로 배운다는 점을 중시합니다. 그는 "저희끼리의 소식, 저희끼리의 작문, 담화, 또는 동화, 동요, 소년소설 이뿐으로 훌륭합니다. 거기서 웃고 울고 뛰고 노래하고 그렇게만 커 가면 훌륭합니다."[44]라고 했습니다. 방정환은 학교교육보다는 소년회 같은 동료들 상호 간의 배움을 중요시합니다. 이는 당시 일제강점기의 특수한 사정 때문이기도 하겠지만, 기본적인 교육철학에서 머리에 주입되는 지식보다는 몸으로 부딪쳐 스스로 깨치는 공부를 중시했기 때문입니다.

셋째로 방정환의 교육 원리에서 중요한 것은, 아이들은 '기쁨'으로 자란다는 것입니다. 그는 "어린 사람이 성장에 제일 필요한 것은 '기쁨'이다. 어린 사람은 기뻐할 때 제일 잘 자라는 것이다."라고도 했습니다. 또한 어린이는 "기쁨으로 살고 기쁨으로 놀고 기쁨으로 커 간다. 뻗어나가는 힘! 뛰노는 생명의 힘! 그것이 어린이다."[45]라고 강조했습니다. 그는 아이들을 기쁘게 하는 것이 무엇일까 평생 고민했고, 그를 위해 자연 속에서 마음껏 뛰노는 것을 중시했을 뿐 아니라, 동화를 비롯한 예술교육을 강조했습니다. 그래서 외국 동화를 번안하는 데 그치지 않고 동화를 직접 쓰고, 그렇게 바쁜 와중에도 동화구연을 하러 지방을 다녔으며, 국제아동예술박람회를 개최한 것입니다.

오늘날 아이들에게 가장 큰 문제는 가슴에 이러한 기쁨을 잃어버렸다는 점입니다. 내일의 행복을 위해 오늘의 기쁨이 유보되거나 빼앗기고 있는 것이 오늘날 교육 현장의 가장 큰 문제점이라고 할 수 있습니다. 그러다 보니 머리만 크고 지식과 기능적인 측면은 더 발달했을지 모르나 기운은 바짝바짝 줄어들어 가슴이 팍팍한 아이들이 점점 많아지고 있는 것이 현실입니다. 아이들에게 기쁨을 돌려주고 기쁨으로 성장하게 하는 것, 이것이 방정환 교육의 가장 중요한 원칙일 뿐 아니라, 오늘날 기성세대들이 가장 명심해야 할 부분이라 하겠습니다.

이러한 교육의 원리에 입각할 때, 교사와 부모의 역할은 철저하게 조력자에 그쳐야 합니다. 아무리 좋은 것이라도 인위적으로 주입하려 해서는 안 됩니다. "결코 우리는 이것이 옳은 것이니 받으라고 무리로 강제로 주어서는 아니 됩니다. 저희가 요구하는 것을 주고 저희에게서 싹 돋는 것을 북돋워 줄 뿐이고 보호해 줄 뿐이어야 합니다."[46] 그렇다고 방임해서도 안 됩니다. "어린 사람이 자기 생긴 대로 커 가게 한다 하여 그의 사상이니 감정, 행동에

---

42) 방정환, 「소년의 지도에 관하여」.

43) 정혜정, 「소파 방정환의 교육사상」, 『종교교육연구』 제18권, 2004. 37쪽.

44) 방정환, 「소년의 지도에 관하여」.

45) 방정환, 「어린이 찬미」.

46) 같은 글.

무관심한 태도를 취해서는 안 된다."[47] 이렇게 인위와 방임의 사이에서 아이들의 필요를 정확하게 알아차리려면 더 세심한 주의와 관찰이 필요합니다. 그리고 무엇보다 교육의 핵심이 무엇인지 정확하게 알아서, 안 해도 되는 부차적인 것, 불필요한 것이 무엇인지 분명히 알고 과감히 안 하는 것(無爲)이 필요합니다. 하지만 지금 교육은 부모와 교사가 교육의 핵심과 본질을 놓치고, 불안과 두려움으로 아이들을 질식시키고 있습니다.

방정환의 교육철학이 학교나 교사가 불필요하다는 것으로 이해되어서는 안 됩니다. 오히려 이러한 생명의 원리를 온전히 이해하고 개입해야 할 때와 개입하지 않아야 할 때를 정확하게 판단할 수 있는 교사와 그러한 교육환경이 중요합니다. 오히려 교사에겐 더 세심하고 전문적인 훈련이 요구됩니다. 교사와 부모가 철저하게 산파와 조력자에 그치고 아이들 스스로가 배움의 주체가 되게 하는 것, '기쁨'을 강조하고 생명의 힘을 중시하는 것, 이것이 동학·천도교의 영향을 받은 방정환 교육철학의 특징이라 할 수 있습니다.

### 교육내용과 방법

위와 같이 방정환은 아이 스스로 교육의 주체가 되어 스스로 성장하고, 서로 배우며, 기쁨을 통해 성장한다는 교육의 세 원리와, 몸·기운·생각의 세 요소가 고르게 성장할 수 있게 하는 교육을 위해 여러 교육 내용과 방법론을 고민했습니다. 먼저 몸의 건강한 성장을 위해 제시된 내용은 다음과 같습니다.

- 어린이 그들이 고요히 배우고 즐거이 놀기에 족한 각양의 가정 또는 사회적 시설을 행하게 하라.
- 이발이나 목욕, 의복 같은 것을 때맞춰 하도록 하여 주시오.

－ 잠자는 것과 운동하는 것을 충분히 하게 하여 주시오.

－ 산보와 원족(遠足) 같은 것을 가끔가끔 시켜 주시오.[48]


몸의 건강과 올바른 성장을 위해 의식주는 물론 이발과 목욕 등 위생에 신경을 쓰고, 잠과 운동을 충분하게 해주고, 가끔 산책과 나들이도 할 수 있게 해야 합니다. 또한 고요히 배우고 즐거이 놀기에 족한 각양의 가정 또는 사회적 시설을 마련해야 합니다.

정서를 함양하고 기운을 북돋우기 위해 자연에서 마음껏 뛰노는 것도 중요합니다. 아이들은 대자연과 풀, 나무, 동물에게 배웁니다. 방정환은 "들로 나가자, 꽃놀이를 가자. 풀밭에 눕고 꽃가지에 앉아서 소리 높여 외치자, 생명을 외치자."[49]라고 했습니다. 또 "돋는 해와 지는 해를 반드시 보기로 합시다."라고 했습니다. 자연 속에서 아이들의 생명력이 마음껏 발동되며, 자연스런 성장이 일어납니다. 어떤 면에서 보면 대자연이 아이들을 성장시킨다고도 할 수 있습니다.

방정환은 여기에 예술교육을 매우 중시합니다. 그는 동화와 동요와 그림을 통해 정신을 자라게 하고 스스로 기쁨이 샘솟게 해야 한다고 강조합니다. 특히 동화는 "아동의 정신생활의 중요한 일부(一部) 면이고 최긴(最緊)한 식물"[50]이라고 했습니다. 또 "동화는 결코 나이를 기준으로 소년소녀에게만 읽힐 것이 아니고, 넓고 넓은 인류가 다 같이 읽을 것이며, 작가도 또 항상 대인이 소아에게 주는 동화를 쓰는 것이 아니고, 인류가 가지고 있는 '영원한 아

47) 방정환, 「어린이날에 하고 싶혼 말」, 『개벽』 69, 1926.

48) 「제1회 '어린이날' 선전문」, 『동아일보』 1923년 5월 1일자. 맨 위 문장은 "소년운동의 기초 조건 중에서"의 글이고 아래 세 문장은 "어른들에게"에 해당하는 글이어서 종지형이 다르다.

49) 방정환, 「봄이다」, 『학생』 1권 2호, 1929. 4.

50) 방정환, 「새로 개척되는 '동화'에 관하여」, 『개벽』 제4권 제1호, 1923. 1.

동성'을 위하는 '동화'로 쓰는 것이다."[51]라고 했습니다. 그는 이 동화의 세상에서만 아동과 어른이 하나로 엉킬 수 있다고 했습니다. 그가 동화를 번안하고, 옛이야기를 정리하고, 때로 직접 창작하기도 한 이유는 동화가 아이의 성장에 필수불가결한 요소라고 보았기 때문입니다. 동요를 중시한 이유도 마찬가지입니다. 그는 고운 노래를 기꺼운 마음으로 소리 높여 부를 때 고운 넋이 아름답게 우쭐우쭐 자란다고 했습니다.[52] 이것이 그가 동화를 비롯한 동요, 그림 등 예술교육을 중시한 이유입니다.

여기에 더해 방정환은 생각을 키우는 방법으로 신문과 잡지를 통한 '자가교습법(自家敎習法)'을 중시했습니다. 특히 그는 어린이에게 잡지를 자주 읽히라고 강조했습니다. "그래야 생각이 넓고 커짐은 물론, 부드럽고도 고상한 인격을 갖추게 됩니다."[53] 원래 교과서는 몇십 년 전에 정립된 학설을 배우는 경우가 많습니다. 그것도 대부분 외국의 사례인 경우가 많습니다. 반면, 신문과 잡지는 가장 최근의 시사적인 내용을 반영할 뿐만 아니라 지금 여기서 일어난 일에 대한 분석과 나름의 대안을 제시함으로써 현재적 문제의식을 갖게 합니다. 그래서 신문과 잡지를 통한 교육이 교과서 교육보다 더 산교육이라고 본 것입니다.

이렇게 산교육을 강조한 그는 역시 견학과 실습을 중시합니다. 견학과 실습을 통해 실생활에 필요한 산지식을 익힐 수 있기 때문입니다. 그리고 역사와 지리, 조선혼의 교육을 통해 우리 것을 알고 세계 일가적(一家的) 전망 아래서 역사의식을 고취할 필요가 있다고 했습니다. 또한 그날 배운 것에 대해 '소감 쓰기'를 통해 자기 것으로 소화하는 것을 중시했습니다. 글쓰기야말로 배움을 자기 것으로 하는 동시에 그걸 바탕으로 생각의 힘을 키우는 가장 좋은 방법이기 때문입니다.

무엇보다도 방정환이 중시한 것은 소년회 활동입니다. 그는 "그들의 자유로운 심신의 활동을 도모하는 외에 더 근본적이요, 더 실제적인 생각과 지식과 또 훈련까지 주는 것이 소년회"[54]라고 강조했습니다. 저희끼리 토론하고 연극도 만들고 신문도 만들면서 스스로 배우고 터득하는 공부를 중시한 것입니다. 그는 이 소년회 활동을 통해 학교에서 배우는 산술이나 글씨 쓰는 것 외에 더 근본적으로 사람 노릇하는 바탕을 지을 수 있다고 했습니다. 그는 '사람 노릇하는 바탕'이 교육에서 가장 중요하다고 생각했고, 그것은 선생으로부터 전달받는 지식으로 되는 것이 아니라 소년회 활동을 통한 서로 배움으로 가능하다고 본 것입니다. 이처럼 방정환이 어린이 잡지를 중시한 것도, 소년회 활동을 중시한 것도 그가 어린이 스스로를 배움의 주체라고 보았기 때문이고, 서로 배우는 공동체 활동을 통해 참된 배움이 일어날 수 있다고 보았기 때문입니다.

한편, 성장에서 고려해야 할 것 중 하나는 성장을 방해하는 요인을 제거하는 것입니다.[55] 농사로 비유하면 풀과 해충을 막는 것입니다. 이러한 방해 요인이 내적으로는 당시 봉건적 윤리의 억압과 경제적 압박, 유·무상의 노동이었으며, 외적으로는 일제의 강압이었습니다. 때문에 이러한 억압적 요소로부터 아동을 해방시키는 것 또한 중요한 조건이었습니다. 그러므로 방정환의 교육운동은 필연적으로 유교적 억압으로부터의 해방과 일제 강점으로부터의 해방과 궤를 같이할 수밖에 없었습니다. 이것이 그가 어린이 운동을 하게 된 이유이며, 그의 어린이 운동은 곧 해방 운동이자, 인간 삶의 기초를 짓는

51) 위의 글.

52) 방정환, 「어린이 찬미」.

53) 방정환, 「제1회 어린이날 선전문」.

54) 방정환, 「아동문제 강연자료」, 『학생』 제2권 제7호, 1930년 7월.

55) 안경식, 앞의 책, 132쪽.

개벽운동이었던 것입니다.

## 동심의 회복과 모심의 영성

한편 방정환의 교육내용과 방법에서 잘 언급되지 못하고 있는 것이 바로 '영성' 교육이라고 생각됩니다. 이는 그의 교육운동에서 종교적 색채를 가급적 배제하려 했기 때문일 것입니다. 그리고 그는 영성이란 표현을 쓰지도 않았습니다. 그런데 영성이라 해서 꼭 종교적이거나 신비적이어야 하는 것은 아닙니다. 명지원은 "영성이라고 하는 것은 나와 다른 존재가 연결되어 있다고 하는 의식과 연계되어 있으며, 영적 존재로서의 인간은 더 나은 삶을 추구하고자 하며 인간 생명의 보다 높은 차원에서의 존재성을 느끼는 것이며, 어떤 사람에게는 인간의 가장 깊은 차원의 진정성이기도 하고, 어떤 사람에게는 고도의 직관의 경지이기도 한데, 요는 인간에게 매우 깊은 차원의 존재 차원이 있다는 것"[56]이라고 하면서 소파의 인내천 아동관에서는 이전의 천-지-인의 수직적 영성과 다른 천=지=인의 수평적 영성을 볼 수 있으며, 이는 현대의 홀리스틱 교육사상과 상통한다고 논했습니다.

방정환에게는 분명히 이러한 영성적인 차원이 있습니다. 하지만 종교적 언어가 아닌 매우 평범한 말로 이 차원을 언급하고 있습니다. 그것이 다름 아닌 '동심'입니다. 동심은 곧 천심이며, 모든 사람 안에 있는 '본래의 마음'이기도 합니다. 그냥 습관된 마음이 아니라 깊은 차원의 마음입니다.

따라서 방정환 교육철학에서 가장 중요한 부분이 바로 '동심의 회복'이라 할 수 있습니다. 그의 대부분의 교육방법론, 특히 동화와 동요을 중시하는 방법론은 바로 이 동심 회복과 관련이 있다고 볼 수 있습니다. 그는 "우리는 자주 그 깨끗하고 그 곱고 맑은 고향-아동의 마음에 돌아가기에 힘쓰지 아니하면 아니 된다." 또 "아동의 세계는 전혀 어떻게 형용할 수 없는 아름다운 시의 낙원이며 동시에 어떻게 엿볼 수 없는 숭엄한 비밀의 왕국과 같다."[57]고 했습니다.

이러한 동심 회복을 강조하는 것은 '동심천사주의' 같은 소박한 감상주의에서 나온 것이 아닙니다. 이는 앞에서 논한 바와 같이 동학의 시천주 '모심' 사상에서 나온 것입니다.[58] 동학의 모심은 내가 전체 우주와 연결되어 있다는 느낌이며, 내 안에서 나의 일상적 마음과는 다른 보다 심층적이고 초월적인 차원이 있다는 것입니다. 내 안에 있는 본래의 순수하고 청정한 마음이 곧 동심이며, 이는 곧 천심이기도 합니다. 그래서 '어린이가 곧 한울이며', '어린이의 마음이 곧 한울 마음'인 것입니다. 그러므로 동심의 회복은 내 안에 모신 '한울 마음'의 회복과 같습니다.

이는 실천적 의미에서는 내 몸과 마음을 소중히 대하는 데서 출발하여 주변 사람들, 나아가 만나는 모든 자연은 물론 동식물과 작은 물건 하나까지도 소중히 대하는 것으로 구체화됩니다. 모심의 영성은 공경의 실천으로 구체화됩니다. 방정환이 어린이에게 높임말을 쓰라고 한 것 역시 공경의 실천입니다. 이것은 마음을 공경하고, 이웃을 공경하고, 작은 물건까지 공경하는 해월의 삼경 사상을 이어받은 것입니다.

요컨대 '모심'은 다름 아닌 동심의 회복입니다. 이는 특정한 종교적 수행이나 명상 기법을 통해서만 가능한 것이 아닙니다. 방정환은 자연과 함께하는 가운데서 또는 동화와 동요, 그림을 통해 내 안의 어떤 차원을 건드림으로써 본래의 순수하고 숭엄한 비밀의 왕국을 열어낼 수 있다고 보았습니다. 이런 감각과 감정 속에서 우리 모두 하나의 동무라는 일체감, 연대감, 공감을 느

---

56) 명지원, 앞의 논문, 194-195쪽.

57) 방정환, 「새로 개척되는 동화에 관하여─특히 소년 이외의 일반 큰이에게」, 『개벽』 1923년 1월호.

58) 방정환 교육을 '모심'의 교육이라는 점에서 파악한 연구로는 정윤경, 「방정환의 교육사상과 교육학적 의의」, 『초등교육연구』 27집, 2016.

끼게 되기도 합니다. 여기서 중요한 것은 나의 내면에 아직은 어리고 여린 한울의 싹을 발견하여 그것을 소중하게 가꿔내면서 자기만의 독특하고 개성 있는 꽃으로 활짝 피워내는 것입니다. 좀더 소박하게 표현하면 아이가 스스로 자신의 마음을 소중히 대하는 것, 이것이 모심과 공경의 영성이며, 방정환 교육철학의 가장 중요한 기반이라고 볼 수 있습니다.

# 동심이 회복된 어린이 세상을 꿈꾸며

방정환의 교육철학이 동학, 천도교에서 연유했다는 것은 모두가 인정하는 바입니다. 하지만 그의 아동관을 단순히 동심천사주의나 성선적 요소로 보는 것은 동학적 인간관과 맞지 않습니다. 그렇다고 그가 아이들을 천진난만한 천사와 같은 존재로 보지 않았다든지 아이들을 선하게 보지 않았다는 말이 아닙니다. 그것이 방정환 아동관의 본질이나 핵심이 아니라는 말입니다. 특히나 아동천사주의 같은 평가에는 1930년대 계급문학가들의 감정적 편견이 묻어 있기에 객관적인 평가라고 보기 어렵습니다.

방정환의 아동관은 '어린이가 한울님'이라고 보는 동학·천도교의 시천주와 인내천의 인간관을 계승한 것으로 봐야 합니다. 따라서 어린이 스스로가 한울을 모신 거룩한 존재이며, 자기 안에 이미 자기만의 독특한 개성과 재능을 가지고 그 온전한 발현을 기다리고 있는 무궁한 가능성의 존재이자 기성세대보다 더 새로운 존재인 것입니다. 또한 아동은 '몸과 기운과 생각'의 세 차원으로 이루어진 존재입니다.

한편, 방정환은 아이의 성장에서 가장 중요한 요소는 무위이화의 자율적 생명 원리에 따른 아이의 내적 성장력이라고 보았습니다. 그러므로 '아이는 스스로 자란다'는 것이 동학의 무위이화의 생명원리이자 방정환 교육철학의 첫째 원리가 됩니다. 방정환의 교육론에서 두 번째로 중요한 것은 서로 배운다는 점입니다. 그래서 무엇보다도 소년회 활동을 가장 중시했던 것입니다. 세 번째는 아이들은 기쁨으로 자라야 한다는 것입니다. 또한 아동의 성장은 '몸과 기운과 생각'의 세 차원으로 이루어져야 한다고 보았습니다. 따라서 방정환은 아이 스스로 교육의 주체가 되어 스스로 성장하며, 서로 배우고, 기쁨을 통해 성장한다는 교육의 세 원리와, 몸·기운·생각의 세 요소가 고르게 성장할 수 있게 하는 교육을 위해 여러 교육 내용과 방법론들을 내놓았던 것입니다. 동화를 비롯한 아동문학과 예술교육을 강조한 것도 그런 차원에서 이해할 수 있습니다.

방정환 교육철학에서 가장 핵심적인 요소는 역시 '동심의 회복'이라 할 수 있습니다. 이는 동심에 대한 낭만적 예찬이 아니라 동학의 시천주, 즉 '모심'의 영성에서 나온 개념이라고 봐야 할 것입니다. 이는 내 몸과 마음, 그리고 영혼을 소중하게 가꾸고 모시는 데서 출발하여 주변 사람들, 나아가 자연은 물론 작은 물건 하나도 소중하게 대하는 마음입니다. 이는 두 차원에서 가능한데, 하나는 자연 속의 신비와 아름다움 속에서 또는 동화 같은 예술 경험에서 가능하고, 다른 하나는 아이 스스로가 자기 마음을 존중하고, 자기 내면에 있는 여린 한울의 씨앗을 소중하게 가꿔냄으로써 가능합니다. 이것이 아동의 올바른 성장이며, 자아실현이며, 그 결과가 인내천(人乃天)이라 할 수 있습니다.

지금 대한민국 교육은 총체적인 위기에 빠져 있습니다. 교육의 가장 큰 문제는 삶의 자기결정권을 아이들 스스로가 갖고 있지 못하다는 점입니다. 게다가 내일의 성공과 출세를 위해 오늘의 행복이 유보되고 저당잡히고 있습니다. 방정환은 '아이들은 스스로 자라고, 기쁨으로 자란다'고 했습니다. 이제 기성세대들은 아이들에게 삶의 자기결정권을 돌려주고 기쁨을 돌려줘야 합니다. 그것이 방정환이 꿈꾼 교육이며, 동학이 추구한 새로운 삶의 원리입니다. 자기 몸과 마음을 소중하게 대할 줄 알며, 주변의 동무들, 자연 그리고 작은 물건까지도 소중하게 여기는 따뜻한 가슴을 가지고 스스로의 재능과 소질이 온전히 싹을 틔움으로써 조화로운 인격 형성은 물론 그 재능이 우리 사회를 보다 아름답게 하는 데 활용되는 나라, 어릴 때부터 '생명을 모시고 살리는 신생(新生)의 원리를 체득한 아이들이 펼치는 나라', 그것이 방정환이 꾼 꿈이며, 오늘날 되살려야 할 소중한 우리의 교육적 자산입니다.

* 이 글은 『한국사상사학』 57권(2017. 12.)에 투고한 내용을 대폭 수정 보완한 것입니다.

# 방정환의 교육사상과
# 생명교육

정혜정

# '사람성 자연'의 정신과 '조선혼'의 윤리

　방정환은 어린이들이 "새 세상의 새 일꾼으로 지상천국을 건설하는 데 이바지할 수 있기를 바라는 마음"[1]에서 그리고 '진리인 인내천주의 하에 절대평등으로 모두가 평화한 날을 맞기' 위해[2] 어린이 운동을 시작한다고 했습니다. 어린이 운동에서 윤리적 압박으로부터의 해방을 외친 것 역시 사회통념에 방해받지 않고, 우주생명의 정신성을 기초 지어 가기 위해서였습니다.

　일제에 의해 압수된 『신인간』(1927년 4월호)에는 '소년 지도자에 대한 일언(一言)'이 기술된 바 있습니다. 내용의 요지는 소년교육의 "지도방법은 자연적·조선적이 되지 않으면 안 된다"는 것이었습니다. '사람성의 자연'이라 할 정신과 '조선혼'의 윤리를 기초로 소년소녀들을 교육하는 것이 급선무라는 것입니다.[3] 모든 교육은 의도성을 띱니다. 그것이 비록 어린이 중심일지라도 이 역시 교육자의 의도를 수반합니다. 방정환이 의도하는 교육은 '사람성 자연'의 정신, 즉 우주생명의 정신성이라는 인내천의 보편성과 조선혼이라는 저항적(민족적) 성격을 지향한 것으로 볼 수 있습니다.

　첫째로, '사람성 자연'의 정신이란 이돈화가 쓴 용어로, 개성과 자연과 사회적 작용의 총화를 말합니다. 만유의 근저(根底)에는 '대우주 대생명'이 있어, 무궁의 활력을 가지고 부단히 약동하는 자율적 창조로서 우주 진화를 이끌어 왔으며, 인간에 이르러 의식의 능동적 정신을 창조함에 이르렀다는 것입니다.[4] 방정환은 어린이 각자의 개성을 토대로 한 인간 사회와 우주 전체의 성장을 주목했습니다. 어린이들의 자유화(自由畵)를 모집했을 때도 "무엇보다도 남의 것을 보고 그린 것은 아니 됩니다. 아무것을 그리더라도 자기의 마음대로 자기가 본대로 그린 것이라야 됩니다."[5]라고 한 것은 어린이 각자가 제 생각대로 개성 있게 창조적 정신을 발휘해 가야 함을 강조한 것입니다. 그리고 여기에는 어린이 각자를 한울님의 다양한 표현으로 보는 존중과 신뢰가 깃들어 있습니다.

방정환은 모든 생명은 "본의대로 자연대로 뜻껏, 마음껏 팔다리를 펴는 곳에 생의 존귀한 가치가 있는 것"이라 역설하기도 했습니다.

> 왼갓 생물(生物)은 본의(本意)대로 자연(自然)대로 뜻껏 맘껏 팔다리를 펴는 곳에 생(生)의 존귀(尊貴)한 갑이 잇는 것이라네! 잠시(暫時) 입이 달고 배가 부르다고 거긔에 자족(自足)하야 자기(自己) 본연(本然)의 생활(生活)을 아주 버려서는 차라리 죽는 것만 갓지 못한 것일세.[6]

현 자본사회는 각자가 인간성 자연의 본성을 유지하거나 발휘하도록 하기보다는 스스로의 생명을 물화시켜 노예화합니다. 이런 현실일수록 어린이뿐만 아니라 어른들도 "누구나 가지고 있는 영원한 아동성을 아동의 세계에서 보존해 가지 않으면 안 될 것"이었고, "그 깨끗한 그 곱고 맑은 고향—아동의

1) 목성, 「동화를 쓰기 전에 어린애 기르는 부형과 교사에게」, 『천도교회월보』 126, 1921. 2.

2) 소파, 「교우, 또 한사람을 맛고」, 『천도교회월보』 126, 1921. 2.

3) 「불온 소년소녀 독물역문」, 1927. 4. 22.

4) 이돈화, 「생명의 의식화와 의식의 인본화」, 『개벽』 69, 1926. 5.

5) 「자유화모집」, 『어린이』, 1924. 1.

6) ㅁㅅ생, 「狼犬으로부터 家犬에게」, 『개벽』 20, 1922. 2.

마음에 돌아가기에 힘쓰지 아니하면 아니된다."[7]고 했습니다.

둘째로, '조선혼의 윤리'에 기초한다는 것은 조선을 잘 알아 조선의 역사를 책임지는 일꾼으로 성장시킨다는 것을 말합니다. 방정환은 기울어진 조선, 굶주리고 헐벗은 조선을 깊이깊이 생각하자 했고,[8] 조선 말, 조선 글, 조선 역사, 조선 생각에 능하도록 하여 조선혼을 육성하자고 했습니다.

> 조선사람은 남에게 뒤떨어진 것이 많고 없는 것이 너무 많아서 제일 고생을 하고 있으니까 누구든지 조선사람이라 하면 아무 하잘 것 없는 아무 값없는 몸뚱이로 여기고 있는 사람이 많이 있습니다. 이처럼 섭섭하고 이처럼 손해 되는 일은 또 없습니다. 조선사람이라고 결코 못생긴 사람뿐만이 아니요 조선사람이라고 남에게 뒤떨어지기만 할 법이 없는 것입니다. (…) 그러니까 우리는 우리의 잘못도 잘 알고 있어야 하지마는 그와 꼭같이 우리들의 자랑, 우리 조선의 자랑을 알고 있어야 합니다.[9]

방정환이 소년운동에 착수한 것은 새 세상의 새 일꾼으로 지상천국의 건설에 종사할 어린 동무를 교육하고자 함이었고, 제국주의의 침략과 무산자 연대라는 정세 인식과 아울러 식민지 조선의 현실이라는 전체적 조망 속에서 전개된 것이었습니다. 그는 대다수 민중 모두가 모순과 불합리, 생존경쟁이란 진흙 속에서 철벅거리고 있다는 현실 인식 아래, 민중 스스로 해방의 날개를 펴도록 민중과 함께 걸어가고자 했던 것입니다.[10]

방정환이 어린이들에게 조선을 잘 알도록 힘쓰고 세계를 잘 알도록 힘쓰라 한 것은 조선과 세계를 위해 어린이 스스로 자신의 일을 찾아가게 하기 위함이었습니다. 잡지 『어린이』의 주된 내용도 조선의 문화를 속속들이 소개하는 것이었습니다. 동요와 전설에서부터 지리와 역사, 언어, 자랑거리, 발명

품 등 전체를 망라하여 조선을 알려주고 조선을 깨닫게 하여 그들이 조선인을 위해 살아갈 수 있도록 돕고자 했습니다. 어린이에게 조선공부란 조선을 공부하여 조선을 발전적으로 변화시키는 것인데, 이는 곧 자신의 삶을 보다 크게 만들고 자신을 참된 인물로 만드는 것이 됩니다. 개인과 사회는 분리될 수 없고, 개성을 토대로 사회가 발전되는 것인 동시에 온전한 사회를 만드는 것에 의하여 개인도 완성되기 때문입니다.

방정환에게 조선공부는 마치 한 개인이 자신의 시시비비를 반성하여 옳은 것은 장려하고 그른 것은 제거하여 큰 인물을 이루어가듯이 조선의 과거와 장단점을 알아 과거의 적폐를 해소하고 새로운 창조로 조선을 이루는 것이었습니다. 그는 조선공부를 '밥'과 같은 것이라 했습니다. 조선의 동요를 노래하고 조선의 자랑과 조선의 역사, 조선의 인물을 소개하며 조선 땅의 향취를 뿜어내는 것은 조선아동으로 하여금 조선혼을 먹고 자라게 하는 것이었습니다. 조선인이 조선어로 하나를 배우면 열을 알게 되는데, 그 말에는 '쏴 하는 바람소리'와 '끼룩하는 학의 울음' 같은 조선의 정서와 사유가 녹아들어 있습니다. 그리고 조선민족으로 산다는 것은 조선사회의 연대책임을 진다는 것입니다. 여기에는 전통의 억압적 윤리교육과 일제의 식민교육 양자를 모두 부인하고 어린이를 조선독립의 일꾼으로 키워야 한다는 교육적 전망이 들어있습니다. 그리고 이는 조선만을 관계 짓는 것이 아니라 세계일가적 전망 아래서 어린이의 역사의식을 고취하는 것이었습니다.

외국 사람의 불행이 곧 우리에게도 영향되고 우리의 기쁨이 외국 사람

---

7) 소파, 「새로 개척되는 동화에 관하야, 특히 소년 이외의 일반 큰 이에게」, 『개벽』 31, 1923. 1, 21쪽.

8) 「작문」, 『어린이』 5-5, 1927. 5. 1.

9) 방정환, 「편집을 마치고」, 『어린이』, 1929. 3.

10) 방정환, 「작가로서의 포부, 필연의 요구와 절대의 진실로」, 『동아일보』, 1922. 1. 6.

에게도 곧 관계가 되는 것입니다. (…) 우리는 조선 사람이니 조선 일을
잘 알기에 힘쓰는 동시에 세계 일을 잘 알아야만 하겠습니다.[11]

조선공부는 곧 자기 자신의 정신적 성장이자 궁극적으로 민족의 이상과
맞닿는 것이 되고, 인류로 나아가는 동귀일체의 공동체로 포착되게 됩니다.
이는 어린이의 삶을 형성하는 데 준거가 되고 힘이 됩니다. 그리고 그 신념은
인내천으로 모아집니다. 조기간도 어린이들에게 "여러분이 만일에 생명이 있
고 보람이 있는 길을 끝까지 잘 가려거든 제각기 제 스스로 속에서 전 인류
의 위대와 전 우주의 힘을 찾아내는 그러한 주의요 그러한 사상인 '사람이 곧
한울'이라는 그 줄을 붙잡기를 무엇보다도 더 간절히 빈다."[12]고 했습니다.

11) 『어린이독본』, 제9과 세계일가.

12) 조기간, 「엇져면 조흘가」, 『어린이』, 1928. 1.

# 아동의 정신성장과 예술교육

　방정환은 어린이 교육에서 윤리의 억압으로부터의 해방뿐만 아니라 제도적 식민교육을 반대했고, 유교 윤리와 수신과목을 모두 지양하여 동화·동요·그림·동극을 통한 아동예술교육을 주창했습니다. 지금의 '학교교육은 기성사회에 필요한 인간을 찍어내는 것 외에 어떠한 이상도 계획도 없다'고 그는 비판했고, 덮어놓고 아동들에게 헌 사회 사람들의 생각과 제도 일반을 억지로 씌우려는 것은 잘못된 일이라 했습니다. 그리고 자신은 인내천주의에 입각한 예술을 만들고, 예술에 입각한 교육을 하겠다고 선언했습니다.[13] 기존 제도교육과 같이 수신(修身)과 산술(算術)에 주력해서는 안 되고 예술교육이 행해져야 완전한 사람, 좋은 사람, 전적 생활을 잘 파지(把持)해 갈 수 있는 인물이 된다고 보았습니다.[14] 따라서 『어린이』에는 수신(修身)을 강화하는 교훈담이나 수양담은 넣지 말고 어린이 저희끼리의 소식, 저희끼리의 작문과 담화 또는 동화·동요·소년소설만으로도 훌륭하며, 거기서 어린이는 웃고, 울고, 뛰고, 노래하고 그렇게 커 가면 또한 훌륭할 것이라고 그는 말했습니다.[15]

---

13) 방정환, 「동화를 쓰기 전에 어린애를 기르는 부형과 교사에게」, 『천도교회월보』 126, 1921. 2.

14) 방정환, 「세계아동예술전람회를 열면서」, 『어린이』, 1928. 10.

15) 방정환, 「소년의 지도에 관하여」, 『천도교회월보』, 1923. 3.

자연과 일체되는 경험으로부터 어린이의 심신을 내적으로 성장시켜 간다면 예술교육은 한울 생명의 경험을 직관적으로 이해하고 표현하게 합니다. 아동예술 가운데 〈동화〉는 아동 정신생활의 중요한 일부이고 최긴(最緊)한 식물입니다. 어린이에게 동화는 정의, 이지, 도덕, 의기, 초월성 등의 기초를 심어주는 정신적 영양으로서 매우 중요한 교육입니다.

> 동화에 의하여 정의의 계발을 속히 하고, 이지의 판단을 명민히 할 뿐
> 아니라 허다한 도덕적 요소에 의하여 덕성을 길러 다른 사람에 대한
> 동정심, 의협심을 풍부케 한다. 또한 각종 초자연·초인류적 요소를 포
> 함한 동화는 종교적 신앙의 기초까지 심어주는 등 실로 그 효력이 위
> 대한 것이다.[16]

동화는 결코 교훈만이 목적은 아닙니다. 아동 자신이 동화를 요구하는 것은 지식을 얻거나 수양을 구하기 위함이 아니라 본능적인 자연의 욕구입니다. 영아가 모유를 원하는 것과 같이 아동은 동화를 원합니다. 모유가 영아의 생명을 기르는 유일한 먹이인 것과 똑같이 동화는 아동에게 가장 귀중한 정신적인 먹이인 것이지요. 인간은 누구나 한울님과 같은 영원한 아동성을 아동의 세계에서 보전해 가고 또 이를 세련시켜 가지 않으면 안 됩니다. 또한 동화란 '아동성을 잃지 않은 예술가'가 다시 아동의 마음으로 돌아와서 감격과 이상을 동화의 독특한 표현 방식을 빌어 독자에게 호소하는 것이어야 합니다.

> 우리는 자주 그 깨끗한 그 곱고 맑은 고향—아동의 마음으로 돌아가
> 기에 힘쓰지 않으면 안 된다. 아동의 마음! 참으로 우리가 사는 세상
> 에서 아동 시대의 마음처럼 자유로 날개를 펴는 것도 없고, 또 순진한

것도 없다. 그러나 우리는 연령이 늘어갈수록 그것을 차츰차츰 잃어버리기 시작하고, 그 대신 여러 가지 경험을 갖게 되고, 따라서 여러 가지 복잡한 지식을 갖게 된다. 그러나 그 경험과 지식만을 갖는다 하면 그 것으로 무엇을 하랴. 경험과 그것이 무익한 것이 아니요, 지식이 무익한 것도 아니다. 그러나 그것만이 늘어간다는 것은 결코 아름다운 인생으로서 자랑할 만한 것은 못 되는 것이다. (…) 아아, 우리는 때때로 천진난만하던 옛 고향, 아동의 세계로 돌아가 마음의 순결을 빌지 않으면 안 된다. "아름다운 꽃을 보고 '아아 곱다!' 하고 이유 없이 달려드는 어린이가 나는 귀여울 뿐 아니라 거기에 깊은 의미가 있는 듯이 생각됩니다."라고 일본의 동화 작가 고카와 씨는 말했다. 과연 그렇다. 아동의 세계는 어떻게 해도 형용할 수 없는 아름다운 시의 낙원이며, 동시에 그곳은 엿볼 수 없는 숭엄한 비밀의 왕국과 같다.[17]

인간은 아동의 세계와 그 아름다운 낙원, 숭엄한 왕국을 누구나 지나옵니다. 사람들은 어린 날의 낙원을 잊지 못하고 그리워합니다. 이를 그리워하는 마음은 곧 더럽혀지지 않은 순결과 무한한 자유의 세상을 동경하는 마음입니다. 유년 시절의 통합된 세계가 성인들의 마음에 살아남는 것입니다. 한울님의 모습, 한울님 마음으로. 현실 생활의 반성도 이상의 추구도 이 마음에서 나오고, 젊은 벗의 장래와 미래에 대한, 인생에 대한 사랑과 희망도 이마음에서 나옵니다. 그러므로 동화는 결코 소년소녀에게만 읽힐 것이 아니고, 넓고 넓은 인류가 다 같이 읽을 것이며, 작가도 항상 대인이 소아에게 주

16) 방정환, 「새로 개척되는 동화에 관하여: 특히 소년 이외의 일반 큰 이에게」, 『개벽』, 1923. 1.
17) 위의 글.

방정환의 교육사상과 생명교육 133

는 동화를 쓰는 것이 아니고 인류가 지닌 한울님 즉 '영원한 아동성'을 위하여 '동화'를 쓰는 것입니다.[18] 또한 동화는 무엇보다 아동에게 유열(愉悅)을 주는 조건을 갖추어야 합니다. 어린이의 특성은 어린들의 놀이에서 찾을 수 있듯이 그 자체가 즐거움과 기쁨을 욕구합니다. 그러기에 아동의 마음에 기쁨과 유쾌한 흥을 주는 것이 동화의 생명이라 할 수 있습니다.[19]

한편 방정환은 〈동요〉를 통해 아동의 세계를 키워나가고자 했습니다. 어린이는 모두 시인입니다. 시와 음악이 담긴 동요에는 진실과 세계가 담겨 있습니다.

새야 새야 파랑새야
녹두남게에 앉지 마라
녹두꽃이 떨어지면
청포 장수 울고 간다.

아이들은 이러한 고운 노래를 기꺼운 마음으로 소리 높여 부를 때 그들의 고운 넋이 아름답게 우쭐우쭐 자라갑니다. 다시 말해서 아동은 자신의 세계를 형성하고 질서 지우며 옳음을 선택하고 스스로 확신해 갑니다. 위의 노래는 어른들이 지은 것일 수도 있지만 몇 해, 몇십 년 동안 어린들의 나라에서 불러 내려서 어린이 것이 되어 내려온 것이기에 그 노래에 스민 어린이의 생각, 어린이의 살림, 어린이의 넋을 볼 수 있습니다.

또한 어린이는 〈그림〉을 좋아합니다. 그리고 그리기를 좋아합니다. 아이들은 그림을 통해 조금의 기교가 없는 순진한 예술을 낳습니다.

어른의 상투를 재미있게 보았을 때 어린이는 몸뚱이보다 큰 상투를 그려 놓는다. 순경의 칼을 이상하게 보았을 때, 어린이는 순경보다 더 큰 칼을 그려 놓는다. 얼마나 솔직한 표현이냐! 얼마나 순진한 예술이냐! 지나간 해 여름이다. 서울 천도교당에서 여섯 살 된 어린이에게 이 집 교당을 그려 보라 한 일이 있었다. 어린이는 서슴지 않고 종이와 붓을 받아들더니 거침없이 네모 번듯한 사각 하나를 큼직하게 그려서 나에게 내밀었다. 얼마나 놀라운 일이냐. 그 어린이는 그 큰 집에 들어앉아서 그 집을 보기를 크고 네모 번듯한 넓은 집이라 밖에 더 달리 복잡하게 보지 아니한 것이었다. 얼마나 순진스럽고 솔직한 표현이냐!

아이들이 한 포기 풀을 그릴 때, 어린 예술가는 연필을 잡고 거리낌 없이 쭉쭉 풀포기를 그립니다. 그러나 한 번에 쭉 내리그은 그 줄이 얼마나 복잡하고 묘하게 자상한 설명을 주는지 모릅니다. 여기에는 한울님을 표현하고 진리를 경험하게 하는 내면의 힘이 숨겨져 있습니다.

위대한 예술을 품고 있는 어린이여! 어떻게도 이렇게 자유로운 행복만을 갖추어 가졌느냐. 어린이는 복되다. 어린이는 복되다. 한이 없는 복을 가진 어린이를 찬미하는 동시에 나는 어린이 나라에 가깝게 있을 수 있는 것을 얼마든지 감사한다.

예술은 오늘날 탈근대적 교육에서도 강조되고 있습니다. 예술경험은 감추어진 진리가 일어나는 장소이기 때문입니다. 또한 진리는 객관적 지식이 아니라 삶의 흔적 속에서 직관으로 우리에게 경험됩니다. 특히 언어는 이러한 경험을 매개하는 장소가 됩니다. 언어는 사회적 삶의 공적 장소가 되면서 진

---

18) 위의 글.

19) 방정환, 「동화작법」, 『동아일보』, 1925. 1. 1.

리의 경험을 제공합니다. 진리는 시적(詩的)으로 떠오르는 것이고, 과학적으로 증명되는 논리가 아닙니다.[20] 시적인 언어가 진리의 장소가 되고, 그러한 예술은 어린이의 지평과 배경 속에서 경험하는 하나의 길이 됩니다. 방정환이 강조한 동화·동요·그림·동극과 같은 아동예술은 자연이 그러하듯이 아이들의 내면을 형성하고 동시에 감정이입력을 확대시켜 줌으로써 우주만물과 나의 동일감을 확대시키고 진리를 이해하는 통로를 마련해 줍니다.

20) 잔니 마티모, 박상진 역, 『근대성의 종말』, 서울: 경성대학교출판부, 2003, 33, 36쪽.

# 생명의 원기

방정환이 심혈을 기울인 잡지 『어린이』에는 생명교육의 콘텐츠가 가득합니다. 이는 근대문명의 문제점을 극복하면서 동학의 생명사상을 계승한 것이라 할 수 있습니다. 일찍이 해월은 동학의 가르침을 대우주, 대정신, 대생명으로 규정했습니다. 또한 이돈화는 수운이 영부(靈符)로서 체험했던 한울을 "천지만물의 생명", "사람의 생혼", "한울의 대혼백(大魂魄)"이라 묘사했습니다.[21] 이돈화가 묘사한 수운의 영부 체험은 '하나 된 천지만물의 생명을 자각'한 것이고, '사람에 이르러 한울의 대혼백'이 나타나 천지만물 우주 일통(一通)의 우주 일심(一心)이 되었습니다. 따라서 수운의 한울 체험은 천지 기운과 하나 된 '우주생명'의 체험이었습니다. 이는 한울을 "우주 한 기운의 생명체"로 보는 생명사상이라 할 수 있습니다.

모든 생명은 개개의 낱생명만이 아니라 우주전체의 생명과 통일되어 있는 전일적(全一的) 생명입니다. 우주만물은 "모두 한 기운, 한 마음으로 꿰뚫어져 있고", "마음은 인간에게 있는 본연의 한울"이며 "천지만물이 본래 한 마음"입니다. "천지의 마음은 신령하고 천지의 기운은 호창(浩蒼)하여 천지에 가득 차고 우주에 뻗쳐"있습니다. "인간과 만물은 한울님의 신령한 기운을 모시

---

21) 이돈화, 『천도교창건사』, 경성: 천도교중앙종리원, 1933, 14쪽.

고 태어남이요 천지만물이 시천주 아님이 없"습니다.[22] 그래서 해월은 "만물이 시천주 아님이 없으므로 이 이치를 알면 살생을 금치 않아도 자연히 금해질 것"이라 했고, "진실(眞實)은 천지생명체"에 있다 했습니다. 그런데 사람들은 "천지생명이 부모"임을 모르고, "생명을 훼손하고 배척하고 상하게 하니", 이것이 바로 "불효"라고 그는 말했던 것입니다.[23]

일제하 어린이 운동에서 방정환이 동학의 한울, 우주 생명을 원기(元氣)로 표현하고, 원기의 육성으로 조선을 치유하고 생명교육을 펼쳐가고자 했던 것은 우연이 아닙니다. 원기란 해월의 말처럼 "천지에 가득 차고 우주에 뻗쳐 있는" 천지생명체의 지극한 기운[至氣]이라 할 것입니다. 방정환에게 생명은 원기(元氣)였고, 그는 원기의 생명력을 통해 조선의 비참한 현실을 타개하며 사회적 해방을 이루고자 했습니다. 이는 조선 학생의 원기를 육성하여 새 사람, 새 일꾼, 새 인물, 새 일의 시작으로 얻어지는 새 세상의 건설이었습니다. 현재의 조선 사회는 광명이 없고, 이 땅을 사는 조선 학생들은 가장 불쌍한 처지에 있는 사람들이라는 것을 알지만, 그런 처지에 있을수록 남보다 더 큰 원기를 기르고 갖추자고 그는 말했습니다.

조선의 사회는 자리잡히지 못했습니다. 옛날의 세력을 가지고 지탱하여 온 사회는 모조리 허물어져 버렸고 새로이 지여진 것은 아직 완전히 선 것이 없는 세상입니다. 옛날 지식, 옛날 생각밖에 가지지 못한 인물들은 백천 가지 일에 실패하여 패망했으니 그들은 재기할 기운도 재주도 없어져 버렸고 오직 새사람이다, 새일꾼이다 하고 새 인물이 나와서 새 일을 시작하기를 기다리고 있는 것이 지금 우리 사회가 아닙닛가. … 우리 조선 학생기질은 먼저 '내어뻗치는 원기가 있어 씩씩하다'는 점에 있어야겠습니다. 모든 것은 씩씩한 원기에서 나옵니다. 초간삼간 이 마저 쓰러진다하여도 그집 젊은이에게 남달리 뛰는 원기만이 있다면 이보다 몇배 더한 것이 있다 하더라도 새로 일어나는 학생군에게 씩씩한 원기가 넘쳐 뻗치는 바 있다면 무엇이 슬픈 일이겠습니까 원기외다! 원기외다! 당신은 조선의 학생이외다. 조선의 아들이외다. 조선의 학생들에게는 앞에 보이는 광명이 없습니다. 불쌍한 사람 중에도 더욱 불쌍한 사람이 조선의 학생들이라고 합니다. 그러나 어찌하겠습니까. 불쌍한 처지에 있으니까 그것이 싫어서 자살해버린다면 이(ㄹ)커니와[24] 불쌍하면 불쌍한 처지에 있을수록 남보다 더한 원기를 길러갖추어야 아니함닛가. 처지와 환경이 험난하면 할수록 그 험난을 능히 이기고 뚫고 나가서 새 세상을 가져올 기운을 길러가져야 아니함닛가. 지금 우리에게는 이 기운이 필요하다는 말입니다.[25]

방정환은 조선 학생의 기질을 "내어 뻗치는 원기가 있어 씩씩해야 할 것"에 두고 '원기!'와 더불어 '씩씩할 것'을 외쳤습니다. 이는 바로 "험난한 처지와 환경을 능히 이기고, 뚫고 나가서 새 세상을 가져올" 희망이 되었기 때문입니다. "새로운 원기와 패기가 전체로 넘쳐흐르면 교원이 또한 이에 자극되고 부형이 자극되고 또 일반사회가 자극되어 신흥하는 패기는 이윽고 삼천리 전체에 차고 넘쳐"[26] 조선이 새롭게 될 것이었습니다.

'씩씩한 소년이 되십시오.' 이 씩씩하다는 말은 결코 활발한 것만이 아니라 여러 가지를 포함한 말입니다. 씩씩한 소년은 항상 활발하고 용기

--------------------------------

22) 『해월신사법설』, 「靈符呪文」.

23) 『해월신사법설』, 「待人接物」.

24) 이커니와: 그만일 따름이지만

25) 방정환, 「조선의 학생기질은 무엇인가」, 『학생』 1-3, 1929. 5.

26) 같은 글.

있으며 매사에 경첩하고 민활하고 또 남을 사랑하고 도와줄 줄 압니다.[27]

원기의 씩씩함으로 사회를 변화시키고자 함은 동학적 세계관을 계승한 것으로, 이는 곧 한울 생명력의 기름이자 회복이었다고 할 수 있습니다. 방정환은 한울의 원기를 살리는 맥락에서 어린이 운동 표어 역시 "씩씩하고 참된 소년이 됩시다. 그리고 늘 서로 사랑하며 도와 갑시다."[28]를 전면에 내걸었습니다. 그리고 그러한 어린이는 '한울의 소리', '한울의 그림자'요, 조선이 넓혀 나가야 할 '한울 나라'이자 신조선의 미래 그 자체였습니다.

새와 같이 꽃과 같이 앵도같은 어린 입술로 천진난만하게 부르는 노래, 그것은 그대로 자연의 소리이며 그대로 한울의 소리입니다. 비둘기와 같이 토끼와 같이 부드러운 머리를 바람에 날리면서 뛰노는 모양 그대로가 자연의 자태이고 그대로가 한울의 그림자입니다. (…) 평화롭고 자유로운 나라! 그것은 우리의 어린이의 나라입니다. 우리는 어느 때까지든지 이 한울 나라를 더럽히지 말아야 할 것이며 이 세상에 사는 사람 사람이 모두 이 깨끗한 나라에서 살게 되도록 우리의 나라를 넓혀가야 할 것입니다. 이 두 가지 일을 위하는 생각에서 넘쳐나오는 모든 깨끗한 것을 거두어 모아 내는 것이 이 『어린이』입니다. 우리의 뜨거운 정성으로 된 『어린이』가 여러분의 따뜻한 품에 안길 때 거기에 깨끗한 영(靈)의 싹이 새로 돋을 것을 우리는 믿습니다.[29]

동학의 어린이 운동은 "깨끗한 영(靈)의 싹을 돋아", "한울 나라"를 더럽히지 않고, 빈사 상태의 조선 사회를 살리며, 인류 모두를 깨끗한 세상에서 살리고자 했던 생명교육운동이었습니다. 어린이는 장래 조선뿐만 아니라 인류를 해방하는 세계 개조의 힘이었고, 그 새 일꾼에 의해 세상이 바로 잡히고 다시 살아날 수 있는 희망이었습니다.

> 여러분은 장래 우리 인류의 모든 괴로움 많고 험절 많은 생활을 다시 깨끗하고 평화롭고 즐거움만으로 살게 되도록 개조할 희망과 힘을 갖으신 새 인물들이십니다. 그러므로 나는 여러분을 지극히 공경합니다. 아아! 여러분이여. 지금 이 세상이 아무리 썩고 망한대도 새 일군들인 여러분이 있으므로 세상은 다시 바로 잡힐 수도 있고 다시 살아날 수도 있는 것입니다.[30]

　방정환은 10년 후를 기약하고 "어린이들이 새 세상의 새 일꾼으로 지상천국을 건설하는 데 이바지할 수 있기를 바라는 마음"[31]에서 잡지 『어린이』를 통한 생명교육을 시작했습니다. 생명교육은 '생명사랑', '자연과의 교감', '생명에 대한 연민과 연대', '생명에의 용기'가 핵심이 되었는데, '생명사랑'과 '자연과의 교감'을 통해서는 어린이의 생명력인 원기(元氣: 한울님)를 기르고, 생명과의 일체감을 중시했습니다. 그리고 이를 동요, 동화 등 자유로운 예술적 표현에 담아 우주적 생명으로서의 인간 형성을 도모했습니다. 또한 '생명에 대한 연민'을 통해서는 타자의 고통을 인식하고 이에 대한 생명의 연대의식을 형성하고자 했습니다. 당시 조선의 절대다수는 농민이었고, 농촌 어린이들의 참혹한 생활 그대로가 한울생명의 고통이었습니다. 그는 『어린이』에 불쌍한

27) 이용순, 「씩씩한 소년이 되십시오」, 『어린이』 1-8, 1923. 9. 15.

28) 「『어린이』를 발행하는 오늘까지」, 『어린이』 1-1, 1923. 3. 20.

29) 「처음에」, 『어린이』 1-1, 1923. 3. 20.

30) 이용순, 「씩씩한 소년이 되십시오」, 『어린이』 1-8, 1923. 9. 15.

31) 목성, 「동화를 쓰기 전에 어린애 기르는 부형과 교사에게」, 『천도교회월보』, 1921. 2.

생명들의 이야기[32]를 동화로 담아 같은 생명으로서의 고통과 감수성을 자아
내고, 서로 돕는 생명의 연대의식을 길러내고자 했습니다.[33] 그 연대의식의
마음은 눈물에서 머물지 않고 '생명에의 용기'로 나아가 장차 조선의 현실을
바꾸고 조선 스스로의 힘으로 현실을 타개할 것이었습니다.[34]

<hr />

32) 예를 들면 날개 힘이 약하여 어른 기러기 떼에서 뒤처진 어린 외기러기가 결국 사람 손에 죽어 가는 슬픈 이야기
(이성환, 「달밤에 울고 있는 외로운 드리박」, 『어린이』 3-10, 1925. 10. 1.) 등이 있다.

33) 어린이 운동에서 지향했던 '새 일군'의 인간상은 조선 현실에서 고통받는 생명들의 연대감과 그 현실을 타개하는
씩씩함이었다고 할 수 있다. 잡지 『어린이』를 보면 이를 잘 나타내는데, '다리를 못 쓰는 친구를 위해 위험을 무릅
쓰고 곡마단을 탈출해 좋은 의사를 데려오는 소녀 이야기(「雪中美話─불쌍한 두 소녀」, 『어린이』 2-12, 1924. 12. 11.)', '병
든 어머니 때문에 구걸하는 소년을 위해 스스로도 나쁜 사람에게 잡혀있는 상황임에도 불구하고 자신이 동냥한
돈을 모두 털어내어 주는 소녀(「애련미화─눈물의 노래」, 『어린이』 3-10, 1925. 10. 1.)', '도난이 발생하여 범인을 색출하기
전까지 집에 못 가는 친구들을 위해 기꺼이 누명을 쓰는 학생 이야기(「어린이독본: 제2장 적은 용사」, 『어린이』 5-2, 1927.
2. 1.)', '동냥하는 어린 거지에게 눈물 흘리며 입 맞추고 돈을 주는 여자보통학교생 이야기(「어린이독본: 제4과 참된 동
정」, 『어린이』 5-4, 1927. 5. 1.)', '기러기 떼를 놓쳐 부모와 동무를 잃은 어린 외기러기가 결국 죽임을 당하는 이야기(이
성환, 「달밤에 울고 있는 외로운 드리박」, 『어린이』 3-10, 1925. 10. 1.)' 등 많은 이야기가 이와 관련되어 있다.

34) 방정환은 탐정소설이나 구연동화 혹은 세계 각국의 어린이 모험담을 통해 어떠한 역경 속에서도 씩씩함을 잃지
않는 용기와 사람들과의 연대를 통해 현실을 타개하는 개벽정신을 불어넣고자 했다. 그의 작품 가운데 '동생을
차즈려(『어린이』, 1925. 1.), '칠칠단의 비밀(『어린이』, 1926. 4.), 少年三台星(『어린이』, 1929. 1.), 少年四天王(『어린이』, 1929.
9.) 등은 천대받는 조선의 현실을 묘사했고, 검열에서 삭제되거나 연재가 중단되는 경우가 많았다. '동생을 차즈
려'에서는 주인공 창호가 청국 사람에게 잡혀 실종된 여동생을 찾고자 경찰에 갔으나 일본 경찰은 귀찮은 듯
들은 체도 하지 않아 결국 주인공을 도와주는 선생님과 친구들, 그리고 타 지역 소년회와의 연대를 통해 해결된
다는 이야기를 담았다. '칠칠단의 비밀'은 일본인이 운영하는 곡마단에 끌려간 조선의 두 어린 남매가 피가 나게
두들겨 맞는 등 온갖 학대와 돈벌이의 도구로 비참하게 살아가는 이야기를 다루었다. 이 두 남매는 조선에서의
곡마단 공연을 계기로 외삼촌을 만나고 조선 학생, 소년회 회원들과 중국 봉천(오늘날의 심양)의 한인협회의 도움
으로 탈출한다.(염희경, 『소파 방정환 연구』, 인하대학교 대학원 박사학위 논문, 2007, 223쪽 참고.)

# 『어린이』에 나타난 생명교육

어린이의 생명력은 자연과의 교감에서 커갑니다. 자연과의 교감은 화응(和應)하는 생명의 기쁨을 어린이에게 가져다줍니다. 어린이 눈에 보이고 어린이 귀에 들리는 모든 자연의 모습은 어린이와 일체가 되어 깊은 마음속으로부터 온몸 머리끝까지 환희와 흥미가 새어 나와 생기가 가득 차는 것입니다.

솟는 때 뻗는 때 크고 자라는 때! 새세상 새사월이 우리를 찾아왔습니다. 훗훗한 솜옷을 벗어버리고 산에 가십시오 들에 가십시오. 적은 새 우는 소리에도 새생명은 차 있고 한 잎의 풀끝에도 새생명은 솟고 있습니다. 새같이 꽃같이 어여쁘게 갈 씩씩하게 커갈 어린 동모들이여 산에고 들에 가십시오. 그 귀엽고 힘있는 새생명이 당신들의 머리와 가슴에 스며들어서 당신들도 생기있게 뻗어가야 할 것입니다. 새생명에 뛰놀아야 할 것입니다. 산으로! 들로! 다 같이 가십시다. 날마다 가십시다.[35]

'작은 새소리에도 가득 차 있고', '한 잎의 풀 끝에도 솟아 있는' 새 생명의

---

35) 「4월」, 『어린이』 2-4, 1924. 4. 19.

힘은 산과 들에서 뛰노는 어린이들의 머리와 가슴에 스며들어 우주생명으로 생기있기 자라게 합니다. 시간 가는 줄 모르고 자연생명과 함께 노래하고 춤추는 맑고 고운 심신은 자연생명과 일체가 되어 우쭐우쭐 자라나는 것입니다. 어린이에게 가장 큰 학교는 '대자연의 학교'이고, 대자연은 곧 '산 곱고 물 맑은 우리의 금수강산'입니다.[36]

어린이 운동에서 '동요 부르기'도 자연 생명과의 교감을 이끌어 내는 교육이었습니다. 동요란 '어여쁜 새라든지 고운 꽃이라든지 조그만 시내라든지 큰 바다라든지 달이라든지 별이라든지 그 무엇이든 어린이 눈에 보이고, 귀에 들릴 때, 그 어린이가 즐거워서든 슬퍼서든 입에서 저절로 노래가 우러나온 것을 글자로 기록해서 세상 사람들에게 부르게 한 노래'입니다.[37]

나비야 나비야 너 어데 즐거웁게 춤을 추며 뛰어가느냐 네 모양 볼 때에 내마음 기쁘다.[38]

동요는 우연히 저절로 지어지는 것이 아니라 아동의 마음과 기운이 스스로 낳아 놓은 것입니다. 그러므로 교육자는 아동을 자연으로 이끌고, 자연과의 교감이 스스로 우러나올 기회를 만들어 주어야 합니다. 가령 "따뜻한 봄날, 움도 다 난 꽃나무 가지에 어여쁜 새가 앉아서 미친 듯이 지저귀고 있는 것을 볼 때에 지저귀는 새의 기쁨은 어떠하며 꽃의 마음은 어떠할까? 늦은 가을 서리 내린 아침에 울고 가는 기러기는 무슨 설움이 있을까? 고운 꽃이 되어 사람의 감정을 즐겁게 할 때, 그 꽃 속에는 무슨 신비가 들어있을까?"[39] 하는 것들을 생각하여 자연과 대화하도록 하는 것입니다.[40]

자연과의 교감은 화응(和應)하는 즐거움뿐만 아니라 교훈적 가르침도 줍니다. 이병두는 자연의 대학교를 말하면서 "푸르른 잔디, 붉고 노란 꽃, 고운 노래를 부르는 새는 아름다운 느낌과 고운 마음을 길러주고, 길게 흐르는 맑은 물은 앞으로 나아가는 용기와 꾸준한 부지런을 가르쳐 준다"고 했습니다. 또한 "높고 높은 산은 독립자존의 기상을 일러주고, 푹푹 내리쬐는 태양은 몸을 튼튼하게 단련해" 줍니다. "개미는 부지런한 지혜를 알려주고, 솔개는 좋은 운동법을 가르쳐" 줍니다.[41]

자연은 스승입니다. 산으로, 들로, 바다로 가서 '자연을 보라'는 것은 단순한 놀이만이 아니라 자연으로부터 배우라는 의미입니다. 달을 배우고 바람을 배우는 것은 시인이 될 밑바탕이 되고, 바다를 배우고 대공(大空)을 배우는 것은 장차 도량(度量)이 넓어질 바탕이 되며, 창공을 향해 날아가는 두루미는 새 세상을 동경하게 합니다. 또한 들에 나가 쌀과 목화, 콩, 팥, 조, 피, 기장, 수수, 깨, 콩 등 모든 곡식을 구경하며 배워두는 것은 농부들의 고마움을 배우게 하는 것이었습니다.[42]

> 곡식 한알에 품이 열벳자루가 들고 시간이 5000시간이 넘어 들었구나! 하고 따져볼 때에 곡식이 어떻게 거룩하고 또한 농부님들이 어떻게 고마운지! 스스로 착한 눈물을 흘리고야 말 것이외다. 이것을 배워두십시오.[43]

36) 이병두, 「自然의 大學校: 나의 사랑하는 우리少年동모들에게」, 『어린이』 1-8, 1923. 9. 15.

37) 「동요짓는 법, 동요는 글이 아니요 노래입니다」, 『어린이』 2-4, 1924. 4. 19.

38) 「동요」, 『어린이』 1-8, 1923. 9. 15.

39) 같은 글.

40) 윤석중, 윤극영, 방정환 등 이들이 만든 어린이 동요는 자연과 계절, 생명 사랑, 그리고 어린이 생활과 마음을 노래한 것이 다수를 차지한다.

41) 이병두, 「自然의 大學校: 나의 사랑하는 우리少年동모들에게」, 『어린이』 1-8, 1923. 9. 15.

42) 박달성, 「가을에 무엇을 배울까」, 『어린이』 7-7, 1929. 9.

43) 같은 글.

어린이는 자연의 대학교에서 교육을 받고 커간 사람이라야 심신이 완전합니다. 빈부귀천으로 사람을 차별하지 않고, 다 같이 존경하며 서로 사랑하고, 새, 짐승, 풀, 나무들도 다 같이 사랑할 수 있습니다.[44] 새 세상의 건설은 새 세상 속에서 자란 이들, 심신이 완전한 이들에 의해 건설됩니다. 그리하여 "같은 세상에서 즐겁고 기쁘게 함께 잘 살아가도록 할 것"[45]입니다.

> 자연의 대학교에서 교육을 받고 큰 사람이라야 심신이 완전한 사람일 것이요 그 사람이라야 빈한한 사람, 부한 사람, 귀한 사람, 천한 사람을 차별하지 않고 사람이면 다 같은 사람으로 존경하고 사랑하며 새 짐승 풀 나무들이라도 다 같이 사랑하여 같은 한 세상에서 즐겁게 기쁘게 함께 잘 살아 가도록 할 것이다. (…) 대자연의 학교에 가서 노래 부르며 춤을 추라![46]

특히, 잡지 『어린이』는 생명사랑을 중시했습니다. 자연생명은 인간과 더불어 하나의 생명으로서 친애하고 화응할 대상이지 놀이 삼아 꺾거나 죽이는 도구가 아닙니다. 잘 알려진 해월 최시형의 '나막신 이야기'는 그의 삼경(三敬)[47] 사상과 더불어 어린이 생명교육의 근간이 된다고 볼 수 있습니다. 어린이에게는 스승이 셋 있습니다. 자연, 사람 그리고 자신의 내면에 있는 한울입니다. 세 가지 공경(三敬: 敬心, 敬人, 敬物)은 곧 세 가지 배움(三學)이라 하겠습니다. 어린이가 자기 안의 한울마음과 사람, 자연만물에서 우주생명을 깨닫고 배워 갈 때, 사람과 만물에 대한 존중과 사랑으로 이어질 수 있습니다.

해월 최시형은 한 어린아이가 나막신을 신고 빠르게 지나는 소리에 땅이 울리자 놀란 가슴을 어루만지면서 "그 어린이의 나막신 소리에 내 가슴이 아프더라.", "땅을 소중히 여기기를 어머님의 살같이 하라."[48]고 말했습니다. 땅의 울림을 가슴의 아픔으로 느끼는 해월의 마음은 우주가 하나 된 한울의

마음입니다. '땅을 어머님 살같이 하라'는 해월의 가르침은 그대로 '흙 사랑'
과 '생명연대', 그리고 더 나아가 '자기가 사는 조선 땅에 대한 사랑'으로 나타
납니다.

> 사람은 흙을 사랑하여야 쓰겠다고. 사람은 살아도 흙 위에 발을 딛고
> 살고 죽어도 역시 흙 속으로 몸이 들어갑니다. 흙 위에 강이 있고 산이
> 있으며 풀이 나고 나무가 크며 꽃이 피고 물이 흐르고 새가 노래하고
> 눈이 쌓이고 돌이 둥글지 않습니까. 우리가 먹는 것도 마시는 것도 여
> 기서 나고 입는 것도 쓰는 것도 결국은 여기서 나는 것입니다. 그러니
> 우리가 흙을 사랑치 아니하고 되겠습니까. 우리가 이 세상 사람을 굽
> 어보면 모두 흙을 친하여 가며 살고 있습니다. 아무 철모르는 어린아
> 기도 놀려면 만드시 손발에 흙투성이를 하여가지고는 희득거리고 네
> 댓 살 된 어린이도 흙으로 그릇이나 음식을 만들어가지고 작난을 하
> 며 농부가 밤낮으로 일을 하기도 구스름한 흙냄새를 맡아가며 논밭에
> 서 일을 하고 제 아무리 신사양반이라도 흙을 밟지 않고는 누을 수도
> 앉을 수도 없으며 설 수도 걸을 수도 없을 것입니다. 여러분! 이 세상
> 사람은 응당 친하여야 할 이 흙을 멀리하는 이도 많고 또는 응당 사랑
> 하여야 할 자기 사는 땅을 아는 척 모르는 척하여 버리는 이도 많습니
> 다.[49]

---

44) 이병두, 앞의 글.

45) 같은 글.

46) 같은 글.

47) "사람마다 마음을 공경하면 기혈이 크게 화하고 사람마다 사람을 공경하면 많은 사람이 와서 모이고 사람마다
만물을 공경하면 만상이 거동하여 온다."(『海月神師法說』, 「誠敬信」)

48) 『海月神師法說』, 「誠敬信」.

49) 신영철, 「흙과 사람」, 『어린이』 4-2, 1926. 2. 1.

잡지 『어린이』는 생명사랑에 관한 많은 이야기를 담아내어 어린이들에게 들려주었습니다. 예컨대, 「귀여운 피」[50]에서는 생명을 도구로 삼는 근대문명교육의 폐해를 표현했고, 「나무가 돌아다니는 이야기」에서는 식물도 마음이 있음을 일깨웠습니다.[51]

여러분 공연히 나뭇가지에 매여달리거나 나무껍질을 벗겨내거나 하지 마십시오. 나무가 심사가 틀리면 그 나무는 말르게 해 놓고 다른 곳으로 이사를 해 가버립니다.[52]

「제비는 당신을 압니다」라는 이야기에서도 생명에 대한 교감과 사랑을 불러일으키고자 했습니다. 가을이 되면 제비는 새로 낳아 기른 아들딸을 데리고 남쪽으로 여행 갈 준비를 하고 그 넓은 바다를 한숨에 건너가는데, 그 "제비가 귀엽고 사랑스럽지 않습니까?"라고 물어 그 물음에 많은 것을 담아내고자 했습니다.[53] 특히 『어린이』에는 제비 사랑에 대한 이야기가 많이 나오는데, 이는 동학에서 "제비의 알을 깨뜨리지 아니한 뒤에라야 봉황이 와서 거동하고, 초목의 싹을 꺾지 아니한 뒤에라야 산림이 무성할 것"이라고 말한 가르침과도 통한다고 볼 수 있습니다. "조류 3천도 각각 그 종류가 있고 털벌레 3천도 각각 그 목숨이 있으니, 경물(敬物)하면 덕이 만방에 미칠 것"[54]이라 했습니다.

제비를 잡아볼가 집을 허물가
아니면 두었다가 새끼를 잡을가
아니아니 그것은 불상하지요
우리집에 깃드린 고운 제비는
여름동안 새끼를 길러놓고요

가을되면 강남으로 건너간대요

다시금 봄이 되면 새끼다리고

고향의 우리집을 찾아온대니

고히고히 길러서 두고봅시다.[55]


    생명교육은 모든 생명이 하나로 연결되어 있고, 살아 움직이며 외부와 순환하면서 서로 변화한다는 생명관에 입각해 있습니다. 이는 살아 움직이고 변화하는 생명 자체에 대한 본체론적 사유로, 환경에 관심을 갖는 생태운동뿐만 아니라 생명체의 전일적 자각과 창조를 내포합니다. 그러므로 생명교육은 근대적 세계관에 바탕한 기존 인식 틀을 '전일적 우주생명체'의 세계관으

---

50) 내용을 요약하면 다음과 같다. 동생 창수가 나비를 잡아 해부하려 하자 누나는 "나비가 측은하고 불쌍하지도 않느냐?" 하면서 나비를 놓아주라고 한다. 그러나 창수는 해충이 무엇이 불쌍하냐고 대꾸하면서, 학교 도화 선생님은 나비를 일일이 쪼개 가며 설명해 주셨고 "너희들도 될 수 있는 대로 나비를 많이 잡아서 실제 연구를 많이 하라" 했다고 소리를 지른다. 이에 누나는 "현대문명의 교육이 천사같이 곱고 맑은 어린이의 가슴에 얼마나 물질적 무자비한 죄악의 병근을 모르는 동안에 감염시키는가"를 생각하면서 사랑스러운 신성한 가슴에 적지 않은 아픔을 느끼고, 동생이 해부하는 칼을 막다가 찔려 피를 흘린다.(雲庭, 「귀여운 피」, 『어린이』 1-3, 1923. 4. 23.)

51) 식물도 자기 마음에 맞지 않거나 나쁜 것들이 많은 곳에는 있기 싫어하고 다른 좋은 곳을 찾아 돌아다닌다는 이야기다. 별도 잘 안 들고 춥기만 한 곳, 또는 땅속에 바위가 많아 뿌리로 빨아먹을 것이 없는 곳, 다른 큰 나무들이 많아서 햇볕과 땅속에 먹을 것을 모두 빼앗기고 얻어먹지 못할 곳에 갔다가 놓아두면 그만 낙심 절망한다. 그래서 나무는 뿌리로 땅속에 있는 물과 여러 가지 양식을 빨아서 가지와 싹으로 올려보내던 것을 딱 끊고 뿌리로만 영양분을 보내 다른 곳으로 뻗어가 다시 땅 위로 싹을 내보낸다는 것이다.

52) 「나무가 돌아단기는 이약이」, 『어린이』 2-6, 1924. 6. 1.

53) 원문을 소개하면 다음과 같다. "제비는 보시는 바와 같이 날개가 훌륭하게 길고 몸이 날세서 날으기를 잘 날으는데 어느 유명한 학자가 그 속력을 계산하여 보니까 한 시간에 400리나 날른다고 합니다. 그리고 제비는 생김생김이와 같이 무섭게 약고 영리하여서 그 전해 살든 집을 잊지 아니하고 그 이듬해에 반드시 그 집을 찾아옵니다. 당신은 몰라도 당신과 당신의 집을 알고 있답니다. 되도록 당신의 댁 처마 끝에 제비의 집을 제비가 간 후에라도 헐지 말고 그대로 두십시오. 내년 봄에는 반듯이 그 제비가 또 찾아옵니다. … 가을이 되면 제비는 새로 낳아 기른 아들딸을 데리고 남쪽으로 여행갈 준비를 합니다. 자기와 아들딸이 모두 먹을 것을 든든히 먹고 그리고 동리집 제비들과 의논하야 약속하고 모두 한 곳으로 모입니다. 다 모여서는 빠진 동무가 없는가 살펴본 후에 높은 나무 위에나 또는 전기선 줄 위에 모여서 방향을 정하고 일제히 날아갑니다. 그 넓은 바다를 한숨에 건너간답니다. 귀엽고 사랑스럽지 않습니까?"(「제비는 당신을 압니다」, 『어린이』 1-3, 1923. 4. 23.)

54) 『海月神師法說』, 「其他」.

55) 「동요 제비」, 『어린이』 4-5, 1926. 5. 1.

로 전환시키는 것이고, 지구의 모든 생명과 연결된 공동 운명체임을 깨달아 그에 필요한 사회문화를 만드는 것입니다.

또한 『어린이』는 어린이 생활의 본질이 원기에 바탕 한 즐거움과 기쁨의 정서에 있음을 중시하여 '깔깔 소(笑)학교'란을 만들고, 어린이로 하여금 우울한 기분을 털어내고자 했습니다.[56]

> 마음을 고요히 하여 깊이깊이 생각해봅시다. … 설운 눈물을 남모르게 흘리는 우리는 항상 웃기를 잊지 맙시다. … 항상 싱글싱글 웃는 사람만이 늘 커가는 사람이요 그날그날을 재미있게 지내는 사람입니다.[57]

'우스개 방귀 이야기'나 '어리석은 주인공'을 설정하여 참지 못하는 웃음을 자아냈던 것은 "사람들의 빡빡하고 팽팽한 생활을 늦추어 주고, 또 축여 주는 힘"을 가졌기 때문입니다.[58] 웃음은 사회·환경적으로 짓눌려 있는 어린이에게 심신의 이완과 마음에 활력을 불러일으킵니다. 그러나 방정환이 더욱 중시했던 웃음은 이러한 외면적 웃음보다 내면에서 솟는 기쁨에 있었습니다.[59] 어린이의 기쁨은 어린이의 뻗어 나가는 힘에 있고, 그 힘은 생명의 힘이요, 한울님의 힘으로서 그 한울님이 커나갈 때, 비로소 인류의 진보도 인류의 고양도 있습니다.

> 어린이는 기쁨으로 살고 기쁨으로 놀고, 기쁨으로 커 간다. 뻗어 나가는 힘! 뛰노는 생명의 힘! 그것이 어린이다. 또한 한울님이다. 온 인류의 나아짐과 높아짐도 여기 있는 것이다.[60]

방정환의 생명교육에는 조선과 인류의 참혹한 현실을 타개하고자 하는 사회운동이 중첩되어 있습니다. 자연과의 교감, 내면에서 솟는 기쁨, 생명에 대한 연민과 연대, 원기의 충만함과 씩씩함은 장차 조선의 어두운 현실을 타개한다는 점에서 어린이 운동은 개벽운동이었습니다. 일찍이 수운 최제우는 "사람의 병을 건지고 사람의 죽은 혼(魂)을 구하여 산 혼(魂)으로 돌이키며 인간사회의 모든 죄악과 폐단을 다스리는 불사약(不死藥)"[61]을 가르치고자 했습니다. 방정환 역시 "한 기운과 한 마음으로 꿰뚫어져 있는 우주생명체", 즉 원기를 기르고 교육하여 인간과 사회를 개벽하고자 했습니다. 내면의 기쁨으로 커나가는 한울님의 힘, 그 원기를 씩씩하게 길러감에서 어린이의 창조적 힘은 형성되고, 그 생명력에 의해 조선이 해방되며, 세계가 개조될 것이었기 때문입니다.

* 이 글은 두 편의 논문, 「소파 방정환의 종교교육사상」(2004)과 「동학의 치유와 생명교육」(2014)을 수정 보완한 것입니다.

56) 깔깔소학교에 실린 작품의 예로는 양초귀신, 설떡술떡, 옹긔ㅅ세음, 방긔출신쌀덜렁, 꼬부랑 할머니, 허풍선 이야기, 노래주머니, 톡기의 재판 등을 들 수 있다.

57) 조재호, 「우서라!」, 「어린이」 4-10, 1926. 11. 1.

58) 講師 깔깔博士, 「우슴의 哲學」, 「별건곤」, 1927. 8.

59) 방정환, 「어린이 찬미」, 「신여성」 2-6, 1924. 6.

60) 위의 글.

61) 이돈화, 「천도교창건사」, 경성: 천도교중앙종리원, 1933, 13쪽.

# 방정환의 교육과
# 아동문학

장정희

# 들어가며

## : 방정환의 교육과 소년 지도론

### 어린이를 대하는 태도의 문제

'새 시대를 이끌어 갈 어린이를 어떤 관점으로 바라보고 그들이 어떻게 성장하도록 도울 것인가'는 교육의 영원한 주제일 것입니다. 이에 대해 우리나라 어린이 운동의 선구자 '방정환'은 어떻게 생각했을지 살펴보고자 합니다.

먼저 교육에서 어린이를 대하는 태도의 문제, 즉 관계성의 탐구는 중요한 주제입니다. 교육 공간에서 어린이를 대하는 관계성의 문제는 그 사회의 가치 지향과 이념을 그대로 드러낸다고 해도 과언이 아닙니다.

가령, 구한말의 경우를 봅시다. 당시 재래적 학습 공간이 되어 온 서당에서 '훈장'은 학습 진행의 중심 위치에서 절대적 권위를 가진 교육자였습니다. 교수 방법이란 것은 대개 암송으로 구성되었습니다. 교육이 제대로 이행되지 못했을 때 학습자는 훈장의 훈시와 회초리를 받아야 했습니다. 이와 같은 교육 방법이 가능했던 것은 유학이라는 이념이 그 시대의 사회를 지배하고 있었기 때문입니다. 또, 일제 식민 치하를 볼까요? 일제는 교육 주체 노릇을 하며 조선인을 순종하는 황국신민으로 길러내는 데 교육의 목표를 두었습니다. 그러면서 교실에는 연단을 설치하여 학습자 교수자의 관계를 상하의 위치로 배치시켰습니다. 교수자는 황국신민의 교양 교재를 학생에게 주입하는 역할의 대리자로 기능해야 했습니다.

이렇게 교육은 그 주체와 대상 간의 관계 정립에서 출발하게 된다고 봅니다. 방정환은 이 출발선의 개념부터 달랐다고 할 수 있습니다. 그는 과거 봉건적 이념이나 식민 치하의 수직 종속적 교육 관계성을 비판했습니다.

방정환이 지향한 교육 가치는 자율과 평등, 애(愛)와 정(情)의 교육이었습니다.

## 독특한 한 사람으로 기르는 애와 정의 지도

먼저, 방정환은 소년운동의 관점에서 '지도'라는 용어를 사용했습니다. 그는 부모와 학교로부터 강제 주입되는 타율, 종속적 태도를 단호하게 거부합니다. 어린이 스스로가 감화받을 수 있게 하는 '애와 정의 지도'를 강조했습니다. 현대 교육에 이르러 일반적 인식으로 정착된 이 같은 가치 지향을 방정환은 지금부터 1백여 년 전에 이미 주창했습니다. 참으로 선진적 교육사상가가 아닐 수 없습니다.

『천도교회월보』에 발표한 「소년의 지도에 관하야」는 방정환이 간직해온 소년 지도의 방향을 대표적으로 보여 줍니다. 다음은 '경성 조정호 형께'라는 부제를 붙여 쓴 편지 형식의 글입니다.

> 지금의 그네의 부모 그 대개는 무지한 사랑을 가졌을 뿐이며 친권만 휘두르는 일권위(一權威)일 뿐입니다. 화초 기르듯 물건 취급하듯 자기 의사에 꼭 맞는 인물(人物)을 만들려는 욕심(慾心)밖에 있지 아니합니다. 지금의 학교 그는 기성된 사회의 일정한 약속하에서 그의 필요한 인물을 조출하는밖에 더 이상도 계획도 없습니다. 그때 그 사회 어느 구석에 필요한 어떤 인물(소위 입신출세자겠지요)의 주문을 받고 그대로 자꾸 판에 찍어내어 놓는 교육이 아니고 무엇이겠습니까.

그러나 어린이는 결코 부모의 물건(物件)이 되려고 생겨나온 것도 아니고 어느 기성사회(既成社會)의 주문품(注文品)이 되라고 낳는 것도 아닙니다. 그네는 훌륭한 한 사람으로 태어나오는 것이고 저는 그대로 독특한 한 사람이 되어 갈 것입니다. (…)

모든 선진 이 소년들에게 대하는 태도를 대별하야 두 가지로 말하면 한 가지는 이제 말한 바와 같이 지금의 이 사회 이 제도 밑으로 끌어넣으려는 것과, 한 가지는 아아 지금의 이 사회 이 제도는 불합리 불공평한 것인즉 새로 장성하는 사람들은 이러한 불합리 불공평한 제도에서 고생하지 않도록 하여 주어야 하겠다는 것입니다.

전자에서는 필연으로 강제와 위압적 교육이 생기는 것이오, 후자에서는 애와 정의 지도가 생기는 것입니다.[1]

어린이는 기성인이 필요로 하는 '주문품'이 되기 위해 태어나는 것이 아니라 '훌륭한 한 사람'으로 태어나 '독특한 한 사람'이 되어 갈 뿐이라고 쓰고 있습니다. 타율적 성장이 아닌 자율적 성장을 강조한 대목입니다. 또 방정환은 당대의 부모 교육과 학교 교육을 정면으로 비판합니다. 친권을 무기 삼아 자녀에게 휘두르는 부모의 사랑은 오히려 '무지한 사랑'이며, 사회의 필요에 따라 주문품을 찍어내는 학교의 교육은 '기계식 교육'이라고 합니다.

어린이의 존재를 부모의 친권이나 사회 제도 아래 놓인 종속적 위치로서가 아닌 독립된 자율적 평등적 위치에서 보는 것이야말로 방정환의 핵심적 어린이관입니다. 바로 이 같은 어린이관의 확고한 정립에서 비로소 방정환 교육 정신은 출발한다고 할 수 있습니다.

## 자율과 평등 철학의 지도: 천도교 인내천주의 신념의 실천

　방정환의 소년운동은 불합리하고 불공평한 사회적 제도에서 소년들을 끌어내어 그들을 새로운 방향으로 잘 지도해 가자는 것입니다.

> 　그래서 자유롭고 재미로운 중에 저희끼리 기운껏 활활 뛰면서 훨신훨신 자라가게 해야 합니다. 이윽고는 저희끼리의 새 사회가 설 것입니다. 새 질서가 잡힐 것입니다.
> 　결코 우리는 이것이 옳은 것이니 받으라고 무리로 강제로 주어는 아니 됩니다. 저희가 요구하는 것을 주고 저희에게서 싹돋는 것을 북돋아 줄 뿐이고 보호해 줄 뿐이어야 합니다. 우리가 그네에 대한 태도는 이러하여야 할 것입니다. 거기에 항상 새 세상의 창조가 있을 것입니다.
> 　이러한 태도로 하지 아니한다 하면 나는 소년운동의 진의를 의심합니다.[2]

　'자유롭고 재미로운 중'에 어린이들이 '기운껏' 자라갈 때 거기서 '새 사회' '새 질서'가 잡힐 것이라고 했습니다. 어린이들이 잘 자라갈 수 있도록 소년운동가는 그들을 '지도'해 갈 위치에 있습니다. 즉, 기성인으로서 어린이들에게 판단을 강제하거나 전할 것이 아니라, 그들이 요구하는 것을 주고 싹이 잘 돋아나도록 보호해 주는 위치가 바로 '소년운동가'라는 것입니다. 과연 소년 지도자는 어린 세대의 자율성, 창조적 힘을 이끌어 낼 수 있어야 합니다. 이러한 변별적 이유가 있었기 때문에 방정환은 '교육'이라는 개념에 앞서 '지

---

1) 「소년의 지도에 관하야-잡지 『어린이』 창간에 제하야」, 『천도교회월보』 150호, 1923. 3.
2) 「소년의 지도에 관하야-잡지 『어린이』 창간에 제하야」, 『천도교회월보』 150호, 1923. 3.

도'라는 표현을 강조하여 사용했다고 할 수 있습니다.

소년 '지도'에 관한 이 같은 방정환의 철학은 근본적으로 '사람은 모두 평등하다'는 천도교 인내천주의 사상의 신념 아래 자율적 창조적 존재로서 어린이를 파악한 자연스러운 결과라고 할 수 있습니다.

## 『어린이』 창간: 새 소년운동, 본격 교육운동

어린이를 바라보는 근본적이고도 새로운 변화를 위해 방정환의 소년운동은 출발합니다. 그리고 내놓은 그의 역사적 기획이 바로 『어린이』 였습니다.

> 소년운동에 힘쓰는 출발을 여기에 둔 나는 이제 소년 잡지 『어린이』에 대하는 태도도 이러할 것이라 합니다. 모르는 교육자의 항의도 있겠지요. 무지한 부모의 비방도 있겠지요. 그러나 어떻게 우리가 거기에 귀를 기울일 수 있겠습니까. 우리는 소신대로 돌진맹진할 뿐일 것입니다. 『어린이』에는 수신강화 같은 교훈담이나 수양담은(특별한 경우에 어느 특수한 것이면 모르나) 일체 넣지 말아야 할 것이라 합니다.
> 저희끼리의 소식 저희끼리의 작문 담화(談話) 또는 동화 동요 소년소설 이뿐으로 훌륭합니다. 거기서 웃고 울고 뛰고 노래하고 그렇게만 커가면 훌륭합니다.[3]

방정환은 『어린이』를 창간하며 수신강화, 교훈담, 수양담은 일체 넣지 말아야 할 것이라고 했을 뿐만 아니라 "저희끼리의 작문 담화 또는 동화 동요 소년소설" 그뿐이면 훌륭하다고 합니다. 어린이들이 "웃고 울고 뛰고 노래하

---

3) 「소년의 지도에 관하야-잡지 『어린이』 창간에 제하야」, 『천도교회월보』 150호, 1923. 3.

고" 그렇게 커가면 훌륭할 뿐이라고 합니다. 여기서 주목을 끄는 대목은 어린이가 자유로운 존재로서 '기운껏' 자라갈 수 있게 하자며 곧 열거하는 것이 바로 '아동문학'이라는 점입니다.

　방정환의 아동문학에는 그의 어린이에 대한 이해와 지도 방법, 교육사상이 잘 드러나 있습니다.

# 번역동화집 세계동화집 『사랑의 선물』
## : 감성 해방 교육

### 동화는 어린이를 키우는 가장 귀중한 정신적 음식

방정환 하면 대표적인 동화집이 바로 『사랑의 선물』입니다. 일본 도요대학에 유학 중이던 학생 방정환은 1921년 연말, 세계의 유명 동화 10편을 번역,[4] 조선으로 보내 개벽사의 첫 기획 출판을 하도록 합니다.

『사랑의 선물』은 당시 출판계의 경이적 기록을 이어 가며 일약 베스트셀러가 됩니다. 이 동화집은 단순한 번안 작품집은 아니었습니다. 10편에 이르는 세계동화를 방정환은 대부분 '한국적 스타일로 소화'[5]했으며, '언어의 장벽을 뛰어넘은 훌륭한 모범'[6]을 보여 주었습니다. "조선사람치고 안 읽는 사람이 없다 할 만치"[7] 무섭도록 팔려 나간 '공전의 히트작'. 이렇게 팔려 나가면서 '동화'라는 낯선 장르는 단박에 조선이라는 사회에 정착되고야 말았습니다.

동화와 어린이를 필수적 관계로 파악한 방정환은 『개벽』에 발표한 「새로 개척되는 동화에 관하여」(1923. 1.)라는 글에서, "아동 자신이 동화를 구하는 것은 결코 지식을 구하기 위함도 아니요 수양을 구하기 위함도 아니고 거의 본능적인 자연의 욕구", "모유가 유아의 생명을 기르는 유일한 식물(食物)인 것과 꼭 같이 동화는 아동에게 가장 귀중한 정신적 식물"이라고 갈파했습니다.

## 『사랑의 선물』, 한 권의 동화집: 유교사회 권위에 눌린 어린이의 감성 해방

좀 더 주목해 보아야 지점은 이 동화집이 당시 어린이와 조선 사회에 불러 일으킨 감성 해방의 문제입니다.

> 이때까지의 우리 생활이 너무 의무와 권리뿐에 기울어서 몹시 조악(粗惡)하고 몰취미하고 몰인정하게 지내 왔음은 실로 인생으로서의 대손실이고 또 크게 한심한 일이라 이제 사람마다의 가슴에 숨겨 있는 애(愛)와 정(情)과 열(熱)에 물주기 위하여 본사에서 처음 출판한 세계 동화 『사랑의 선물』은 생활의 순결화(純潔化)를 바라는 젊은 형제에게 드리는 꽃묶음이라.[8]

> 첫장부터 글자 한 자 한 자에 정이 들기 시작하여 점심도 안 먹고 내리 읽었습니다. 방 선생님! 어떡하면 그렇게 곱고 아름답고도 그렇게 불쌍합니까… 아버지는 "수신책보다도 유익한 책이다" 하시고 어머니는 "소설책보다도 더 재미있다" 하셨습니다. 우리 어린이를 위하여 이렇게 재미있고 유익한 책을 만들어 주신 것을 선생님께 어떻게 감사하는지 모르겠습니다.[9]

--------

4) 『사랑의 선물』에는 안데르센의 〈꽃속의 작은 이(장미속의 요정)〉, 그림 형제의 〈잠자는 왕녀〉, 페로의 〈산드룡의 유리 구두〉, 오스카 와일드의 〈왕자와 제비(행복한 왕자)〉, 데 아미치스의 〈난파선〉, 하우프트만의 〈한네레의 죽음(한네레 의 승천)〉 등 10편의 세계 명작동화를 실었다.

5) 이상현, 『한국아동문학론』, 동화출판공사, 1976, 105쪽.

6) 이재철, 「아동문화의 개화와 아동문학의 씨를 뿌린 선구자」, 『어린이찬미』, 범우사, 2006, 600-601쪽.

7) 『사랑의 선물』 9판 광고, 『개벽』 68호, 1926.

8) 『개벽』 24호, 1922. 6.

9) 김인득, 『어린이』 3권 3호, 1925. 3.

방정환의 『사랑의 선물』(개벽사, 1922)

이 글은 『사랑의 선물』이 출간되기 직전 『개벽』에서 낸 광고라는 점에서 이 동화집의 출간 의도를 잘 보여 줍니다. 여기서 안타깝게 지적하고 있는 것은 당시까지 조선이 "너무 의무와 권리뿐"으로 "몹시 조악하고 몰취미하고 몰인정하게" 살아왔다는 것이며, 이것은 한 사람의 인생에서도 "대손실"이라는 것입니다. 그래서 이제 출간될 『사랑의 선물』이 조선 사람의 가슴에 "숨겨 있는 애(愛)와 정(情)과 열(熱)"에 물 부어 줄 것이라고 예고합니다. 이는 다시 방정환이 「소년의 지도에 관하여」라는 글에서 썼던 바로 그 대목, '애(愛)'와 정(情)의 지도'와 연결되고 있습니다.

또 개성군의 한 어린이 김인득은 "점심도 안 먹고" 『사랑의 선물』을 내리읽고는 '방 선생님!' 하고 방정환에게 편지를 씁니다. "어떡하면 그렇게 곱고 아름답고 그렇게 불쌍합니까" 하는 본인의 의사와 함께 "수신책보다도 유익한 책이다", "소설책보다도 더 재미있다"라는 부모의 의견까지 더해서 전해주고 있습니다.

방정환의 동화집 『사랑의 선물』은 책무에 억눌려 있던 조선 어린이의 감성을 마음껏 해방시켜 주었다고 할 수 있습니다. 『사랑의 선물』은 곧 감정의 자연스러운 흐름을 따라 어린이의 눈물과 웃음을 자유롭게 표출하도록 이끈 감성 해방 교육의 훌륭한 교재였습니다.

# 『어린이』

## : 새 소년운동과 본격 아동문학 개척의 선봉

### 어린이를 '민족의 큰 일꾼'으로 길러낸 민족 학교

『어린이』는 창간 당시 고작 18명 정도의 독자에서 시작하여 몇 년 만에 10만 독자를 자랑하는 세계적인 어린이 잡지가 되었습니다. 조선 내에서도 가장 인기가 높았고, 해외에서도 점차 알려져 『어린이』의 명성은 날로 더해 갔습니다. 1923년 3월 창간된 『어린이』는 1935년 3월 '속간기념호'를 끝으로 일제강점기에 122호, 해방 후 복간 15호, 모두 합하여 통권 137호[10]가 발행된 자랑스러운 우리의 어린이 잡지입니다.

『어린이』는 당시 일제강점기의 식민지 교육에서는 도무지 배울 수 없는 민족정신을 일깨워 주는 귀한 초등 교육 기관이라 해도 무방합니다. 강제로 지식만 주입하는 학교, 주문 제작품 찍어내는 기계적 학교가 아닌, 스스로 해

---

10) 『어린이』의 발행소는 창간호부터 종간까지 변함없이 '개벽사'로 되어 있으며, 주소는 '경성부 경운동 88번지'(해방 후에는 '종로구 경운동 88번지')였다. 창간 당시 『어린이』는 월 2회(1일, 15일) 발행을 목표로 했다. 그러나 월 2회 발행은 의욕만큼 쉽지 않았던 듯하다. 15일 간격으로 발행된 것은 2호 정도일 뿐이다. 3호부터 20일 이상 발행일이 늦어지더니, 8·9·10·11호는 모두 월 1회 발행이었다. 2권 1호(통권 12호, 1924. 1.)부터 "(한 달에 두 번씩 내든 것을 한데 합처서) 한 달에 한 번씩 내기로 하고 책갑도 (합처서) 한 번씩 내기로" 결정되어 『어린이』는 월 1회 발행 잡지로 체제를 굳게게 되었다.

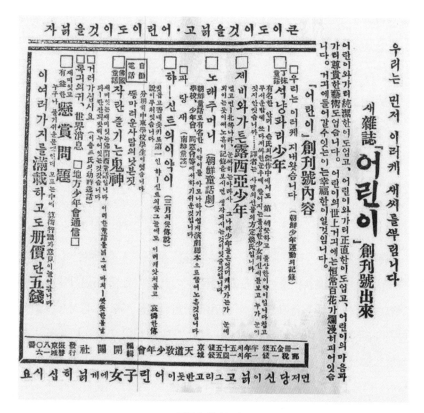

『어린이』 창간호 광고

내고 스스로 기쁨을 찾는 자율적인 학교, '애와 정'이 넘치는 학교, 어린이를 억압하지 않고 '보드랍게' 대해 주며 경어를 써주는 학교, 재미있는 이야기를 들려주고 깔깔 웃음 터지게 해주는 학교!

실로 방정환의 『어린이』는 '어린이의 세상' 만들기, '어린이의 나라' 만들기였습니다.

어린이와 같이 순결한 이도 없고, 어린이와 같이 정직한 이도 없고, 어린이의 마음과 같이 존귀한 예술도 없습니다. 어린이의 세상 거기에는

항상 백화(百花)가 난만히 피어 있습니다. 거기에 들어갈 수 있는 이는 행복한 이일 것입니다. [11]

죄 없고 허물없는 평화롭고 자유로운 한울나라! 그것은 우리의 어린이의 나라입니다.
우리는 어느 때까지든지 이 한울나라를 더럽히지 말아야 할 것이며 이 세상에 사는 사람사람이 모두 이 깨끗한 나라에서 살게 되도록 우리의 나라를 넓혀가야 할 것입니다. [12]

인용한 내용은 각각 『개벽』의 『어린이』 창간 예고(1923. 3.), 『어린이』의 창간사 서두의 내용입니다. 흥미롭게도 두 글은 '어린이의 세상' '어린이의 나라'를 말합니다. 사실 방정환이 묘사한 어린이는 현실적인 개구쟁이 '악동(惡童)'보다는 지극히 순결한 이상향의 '천사(天使)'에 가까운 이미지입니다. 순결한 이상향으로서, 인류의 고향으로서 어린이의 존재는 아직 '발견'되지 못한 세계였습니다. 그런 점에서 방정환이 갈파한 '어린이의 세상', '어린이나라'는 새롭게 파악될 지점이 있습니다. 『어린이』 창간과 함께 건설된 '어린이의 나라'는 새 교육 "새 씨"를 뿌리는 공간이 되었습니다.

말하자면, 『어린이』는 방정환의 소년 지도론이 구체적으로 실현될 장소였습니다. 즐겁게 재미있게 읽고 자라는 중에 저절로 '참된 어린이'가 되도록 하자는 방정환의 소년운동 취지와 『어린이』의 내용과 방향은 긴밀하게 결부되었습니다. 『어린이』는 창간호부터 〈소년회〉 소식을 싣기 시작하여 어린이 문예운동과 더불어 조선 소년운동의 기치가 되고자 했습니다. 『어린이』에 실

---

11) 『어린이』 창간호 광고, 『개벽』 1923. 3.
12) 「처음에」, 『어린이』 창간호, 1923. 3.

린 동요, 동화, 소년소설, 담화 등을 읽으며 어린이들은 '저절로' 재미를 느끼며 조선에 대한 자긍심을 갖게 되었으며 '기운껏' 자랄 수 있었습니다.

당시 학교 일선 교사들은 『어린이』를 교과서로 사용하기도 했습니다. 「어린이독본」이나 「동요」, 「역사인물」, 「조선의 자랑거리」, 「꽃전설」, 「세계의 소년」 등 일제 식민지 교육에서는 존재하지 않는, 조선 어린이들의 기운과 의기, 용기를 북돋아 주며 민족의식을 일깨워 주는 이야기가 많았습니다. 일제의 검열로 인해 쓰고 싶은 이야기를 자유롭게 쓰지는 못했지만, 그 행간에는 '조선의 어린이'들이 꼭 알아야 할 '조선의 자랑'이 넘쳤습니다.

『어린이』 4호에는 민족의 시조 '단군 할아버지' 이야기가 '역사동화' 손진태의 이름으로 실렸습니다. 어린이 잡지에서는 최초의 기사입니다. 조선의 큰 승전을 집중적으로 소개하고, 이순신·을지문덕·양만춘 등과 같은 조선의 명장을 알게 했습니다. 조선 13도 명승고적을 놀이 말판으로 만들어 부록으로 선물하는 한편, 세계일주 사진첩을 매호 부록으로 보내기도 했습니다. 이러한 잡지 기획을 통해 『어린이』는 어린이들이 '자신들의 나라' 조선뿐만 아니라 조선 바깥의 세계를 이해하고 국제적인 안목을 키울 수 있도록 힘썼습니다.

갖은 검열과 압수, 발매 금지를 당하면서도 이러한 역할을 꿋꿋하게 담당했던 『어린이』!

『어린이』는 그 정신마저 일제에 수탈당해야 했던 일제 식민 치하에 조선의 어린이를 민족의 큰 일꾼으로 길러낸 민족 학교에 다름아니었습니다.

## 동요, 동화, 동화극 본격적인 초창기 아동문학 형성

『어린이』는 한국 아동문학 초창기 장르가 본격적으로 형성·분화해 나간 공간이었습니다. 창간호부터 『어린이』는 동요, 동화, 동화극이라는 분화된 아동문학 장르를 명시하여 신선한 장르의식을 선보였습니다.

동요는 2편이 소개되었는데, 우리나라 전통 민요조의 4·4조 동요입니다. 우촌 강영호가 소개한 「파랑새」와 버들쇠 유지영의 「봄이 오면」입니다. 이때는 아직 우리 손으로 창작된 곡보가 없었기 때문에, 유지영이 쓴 동요 상단에 전래동요 「파랑새」를 함께 실어 같은 가락으로 응용해 부를 수 있게 했습니다.

동화에는 프랑스 동화 「장난꾼의 귀신」, 덴마크 동화 안데르센의 「성냥팔이 소녀」, 전설 이야기로 「햐-신트 이야기」를 실었습니다. 창작이 부족했던 초창기에는 주로 외국의 유명 동화와 일화를 번역해서 소개했습니다.

동요, 동화, 동화극 가운데 동력적으로 출범한 것은 '동화극' 분야였습니다. 방정환은 소년 시절 이미 환등기로 자작극을 연출하며 자란 경험이 있으며, 경성청년구락부 시절에는 〈○○령(동원령)〉이라는 자작 연출극을 상연한 적이 있습니다. 연극에 조예가 있는 그였기에, 자연스럽게 어린이 잡지의 동극 분야 개척은 이루어질 수 있었습니다. 『조선일보』 1921년 11월 21일자에 보면, 천도교소년회에서 동화극을 열어 〈언니를 차즈려〉(1921. 11. 19.)라는 소녀비극을 공연한 사실이 확인됩니다. 방정환의 유명한 「형제별」이라는 동요가 처음 불린 바로 그 공연입니다.[13] 방정환은 천도교소년회 회원들을 위해 유학 중 귀국했을 때 틈틈이 연극을 지도하기도 했습니다. 『어린이』 창간을 축하하기 위해 1923년 3월 23일, 천도교당에서 동화극과 무도회를 열기도 했습니다.[14]

『어린이』 창간호에 당당하게 서막을 연 방정환의 동화극 〈노래주머니〉는 우리나라 최초의 근대 동화극으로 평가되고 있습니다. 〈노래주머니〉는 1막 3장으로 된 본격 아동극입니다. "학교 소년회 아무나 하기 쉬운 동화극"이라고 타이틀을 걸고, 방정환은 각 학교와 소년회에 동화극이 상연될 수 있도록 무대 배치와 인물 설정, 의상 연출에 관한 '상연 방법'을 덧붙이기도 했습니다.

**[상연할 때에]**

혹쟁이 金과 朴의 의복은 얼른 보아도 다르게 깃 다른 옷을 입히고 하나는 감투를 쓰고 하나는 갓을 쓰든지 하여 서로 다르게 해야 합니다. 혹은 마분지나 유지(油紙)를 몇 겹 배접하여 둥글게 만들어 얼굴같이 칠을 하고 가는 실 누런 실로 고리를 맨들어 귀에 걸고 또 뺨에 닿는 데는 풀칠을 하게 하십시오.

도깨비는 누런 빛이나 푸른 빛 상하 내의를 입고 그 위에 그냥 허리에 검은 띠를 띠고 팔뚝과 다리도 검은 끈이나 헝겊으로 질끈질끈 동여매면 그만이요 괴수는 그 위에 흑색 커다란 조끼를 하나 더 입으면 좋습니다. [15]

여럿이 등장하는 인물의 의상 구분, 구하기 쉬운 마분지를 활용한 소품 만들기, 여러 도깨비를 쉽게 등장시키는 방법 등을 어린이 독자를 위해 쉽게 풀어 설명해 주고 있습니다. 이렇게 방정환의 『어린이』를 무대로 초창기 한국 아동문학은 점차 꽃피워 갔습니다. 『어린이』 창간 2개월 뒤 방정환은 일본 도쿄에서 유학생을 중심으로 한 어린이 연구 단체 〈색동회〉를 창립합니다. 당시 회의록에 남아 있는 설립 취지를 보면 '동화 및 동요를 중심'으로 하여 일반 아동 문제로 한다는 내용이 있습니다. 〈색동회〉의 주요 회원 중에 윤극영·정순철은 동요를, 방정환·마해송·진장섭은 동화를, 손진태는 역사, 조재호는 훈화, 정인섭·고한승은 동화극을 주로 맡았으니, 결국 우리나라 어린이 예

---

13) 방정환은 『부인』 4호(1922. 9.) '신동요' 코너에 '소파'라는 필명으로 「형제별」을 발표하면서, "천도교소년회 회원들이 부르기 시작하여 '언니를 차즈려'라는 어린이연극을 상연할 때 유행한 것이라고 설명한다. 아울러 그 곡조는 일본의 나리타 타메쇼(成田爲三)가 지은 것이라고 밝혔다. 가사는 방정환의 창작인지 원곡 번안인지 뚜렷하지 않으나, 대체로 창작적 요소가 가미된 '번안 동요'로 평가된다.

14) 『어린이』 창간호, 12면.

15) 소파, 「노래주머니」, 『어린이』 2호. 1923. 4.

술 운동사에서 '아동문학'은 핵심적 기능을 했다고 할 수 있습니다.

'세계적 잡지'로 우뚝 선 『어린이』는 '동요'는 노래 부를 수 있는 재료로, '동화'는 동화구연과 이야기 들려주는 재료로, '동화극'은 학교나 소년회에서 상연할 수 있는 연극 재료로 사용하도록 했습니다. 어린이 문예지 『어린이』는 발행 그 자체, 또는 상업적 이익에 목적이 있지는 않았습니다. 방정환은 이 잡지를 매개로 소년회를 조직하여 소년운동을 일으키고 발전시켰습니다. 그리고 각종 동요, 동화 등 아동문학 작품과 어린이 예술을 통해 어린이 독자들이 훌륭한 사람으로 커갈 수 있도록 뒷받침했습니다.

## 아동문학 기반으로 어린이 예술 세계 성장 발전

우리나라 최초의 창작동요가 발표된 지면도 바로 『어린이』입니다. 윤극영의 창작동요 「설날」(1924. 1.)과 「반달」(1924. 11)은 일본 노래와 창가 일색이던 당시 조선 어린이 예술계를 일시에 동요 황금기로 변화시켰습니다.

『어린이』를 무대로 창작 동요 작곡보를 발표하기 시작한 윤극영은 1926년 우리나라 최초의 동요작곡집 『반달』을 출간하게 됩니다. 이에 자극받은 정순철은 3년 뒤인 1929년 동요곡집 『갈닙피리』를 출간합니다. 방정환의 세계번역동화집 『사랑의 선물』에 이어, 〈색동회〉 동인이었던 고한승은 『무지개』라는 동화 동화극집을 냅니다. 어린이 편집자였던 이정호는 세계 33편의 동화를 엮어 『세계일주동화집』, 이탈리아 아미치스 원작 '쿠오레'를 번역한 『사랑의 학교』를 냅니다.

이들의 후속 세대인 윤석중은 1924~25년 『신소년』·『어린이』를 통해 이름을 알리기 시작하여 1932년 동요시집 『석중동요집』, 1933년 최초의 동시집 『잃어버린 댕기』를 연이어 출간할 뿐만 아니라, 방정환·이정호·신영철·최영주에 이어 『어린이』의 편집을 담당하게 됩니다.

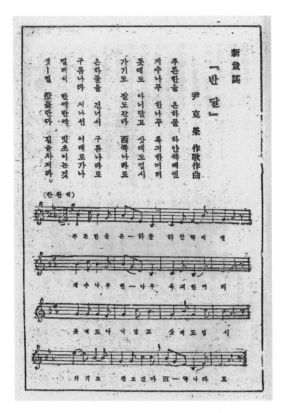

『어린이』 2권 11호(1924. 11.)에 발표된 윤극영의 「반달」 곡보

동요, 동화, 동화극은 어린이 예술 세계의 중요한 기둥으로, 100여 년에 걸친 현대 아동문학과 아동 예술계의 전통 있는 역사를 만들게 됩니다. 울산의 서덕출의 동요 「봄편지」(1925. 4.), 마산 이원수의 「고향의 봄」(1926. 4.) 등은 대표적으로 『어린이』에 발표한 어린이의 동요로, 우리 민족 동요로 널리 널리 불리게 되었습니다.

아동의 생활은 그것 그대로 문학이요 또 예술이다. 그러므로 아동의
생활을 여실히 표현하는 것이 곧 아동의 생활이요 또 아동의 예술이

다. 그러나 아동의 생활을 표현하는 것으로만 아동문학 내지 아동예술의 사명이 끝나지 아니하고 아동의 생활을 고상한 곳으로 지도하는 임무를 행하는 때라야 비로소 아동문학 내지 아동예술이 그 가치를 발휘하는 자가 될 것이다. 그러므로 동화는 아동생활에 있어서 밥과 같이 필요하고 동요는 물과 같이 불가결한 자이며 그림과 완구도 다 그들의 친절한 생활 동반자인 것이다.[16)]

아동문학은 어린이 세계와 현장에서 융화될 때 보다 입체적인 감동을 줄 수 있습니다. 동요는 불리어짐으로써, 동화는 읽힘으로써, 아동극은 상연됨으로써, 아동문학과 어린이 예술의 진가와 가치는 함께 발휘되는 것입니다. 방정환의 시대는 그러했습니다. 방정환은 각종 회합과 소년회 때 각종 가극, 독창, 합창, 풍금 독주 등을 마련하여 어린이들이 마음껏 웃고 노래하고 즐겁게 뛰놀게 했습니다. 그렇게 자라가는 중에 조선 어린이들이 장차 민족의 큰 일꾼으로 성장하여 장차 무슨 일을 해야 할지 은연중에 깨달을 수 있게 했습니다.

만일 그 시대에 '방정환'이 없었다면, 그 시대에 『어린이』라는 잡지가 없었다면 우리나라 아동문학과 어린이 예술 분야의 발전은 어떻게 되었을까요? 방정환 이전에도 몇 종류의 어린이 잡지가 선을 보이곤 했지만, 동요-동화-동화극에 걸친 아동문학의 창조와 어린이 예술의 발전이라는 것은 방정환 시대에 이르러 부흥했다고 할 수 있습니다.

16) 이일래, 「서문」, 『조선동요작곡집』, 조선기독교서회, 1938.

# 교육적 관점에서 본 방정환의 아동문학

## 교육성과 예술성을 충족시켜야 하는 아동문학

아동문학은 성장하는 어린이를 위한 문학이라는 전제로 인해, 교육적 기능과 예술적 기능이 상황에 따라 충돌하기도 합니다. 그러나 교육만을 위한 아동문학은 예술로서 자격을 잃는 것이요, 예술로서만 인정되는 아동문학은 교육적 기능에서 한계를 지닐 수 있습니다. 예술성이 높은 아동문학은 그 자체로 뛰어난 교육적 효과를 얻는 것이며, 교육적 아동문학이라 해서 그 작품이 예술성이 낮은 것으로 폄훼되어서도 곤란합니다. 교육과 예술이라는 줄다리기를 경주하며 긴장의 끈을 붙들고 갈 수밖에 없는 것은 아동문학의 태생적 고민이 아닐 수 없습니다. 그러나 그와 같은 이중적 특수성이야말로 아동문학을 어린이를 위한 문학 예술로 존재케 하는 본질적인 요소라는 점도 인정될 필요가 있습니다.

방정환의 경우도 마찬가지였습니다. 방정환은 동화를 '동화 예술'이라 칭했고, 스스로 새 문화 건설을 위해 '조그만 예술' 동화 예술에 '붓을 댄다'고 선언할 정도였습니다. 그는 동화가 아동만이 아닌 영원한 고향을 그리는 인류의 문학이라고 표현하면서 동화의 범위와 독자층을 확대시켰습니다. 방정환에게 동화는 늘 '어린이를 위해' 애쓰는 문학이었습니다. 어떤 방법으로 관계

지어지든 아동문학에서 '어린이'는 가장 중요한 주체라고 할 수 있습니다.

방정환의 아동문학에는 다양한 어린이가 등장합니다. 그 어린이들은 동정과 사랑, 연민, 친절, 용기, 협동, 화해, 의기로 충만합니다. 그의 동화에 등장하는 인물은 주로 조선 어린이들이 지향해 갈 모방 모델로서 창조된 것으로 보아 무방합니다. 가난한 동무를 돕고, 어려움이 있을 때 서로 돕는 어린이, 곤란한 사건이 있을 때는 소년회를 중심으로 지혜와 힘을 모으는 어린이, 의롭고 씩씩한 어린이상이 많습니다.

## 인정 많고 의롭고 씩씩한 어린이상

방정환 아동문학에 나타나는 교육적 메시지는 바로 그의 소년운동 구호에도 잘 나타나 있습니다.

'씩씩하고 참된 소년이 됩시다. 그리고 늘 서로 사랑하며 도와 갑시다.'

『어린이』를 펼칠 때마다 인상적으로 만나게 되는 이 한 구절의 외침은 당시 어린이 독자들에게 스며들었을 것입니다. 이는 〈천도교소년회〉의 제창 구호이자 현대까지 계승되고 있는 〈색동회〉의 구호와도 일치합니다. 사실 『어린이』, 〈천도교소년회〉, 〈색동회〉, 이들 세 조직의 활동은 방정환을 중심으로 움직인 삼위일체의 유기적 운동 모체였다고 할 수 있습니다. 당시 방정환은 「조선 사람의 새로운 공부」에서 다음과 같이 쓰고 있습니다.

남이 높이 올라가는 것을 기뻐하자. 그리고 그보다도 나는 더 높이 나아갈 수 있게 하자. 그 다음에 남이 더 나아가기를 바라고 나는 또 그보다 더 나아가기를 힘쓰자! 이것이 조선을 구하는 것이요, 또 정말 나아가는 길이지 나는 올라가지 못하고 앉아서 나보다 올라간 사람을 나의 밑으로 끌어내리려는 것은 적게는 내 몸을 망치는 것이요, 크게

는 온 조선 전체를 망치고 세상을 망치는 것입니다.[17]

나라를 일본에 빼앗긴 처지에 있던 조선 사람들이 서로 비난을 일삼고 끌어내리려는 행위는 자기 한 사람은 물론이요 조선 전체를 망하게 하는 일이라고 쓰고 있습니다. 그래서 방정환이 제시한 '조선 사람의 새로운 공부'는 '남이 더 나아가기를 바라는 공부', '남이 올라가는 것을 기뻐하는 공부'라고 했습니다.

'씩씩하고 참된 소년이 됩시다. 그리고 늘 서로 사랑하며 도와 갑시다.'

이 간명하면서도 힘이 넘치는 한 마디 속에 방정환은 식민 치하 조선 어린이들에게 전하는 간절한 당부를 담았습니다. 이렇게 자라 나가는 '참된 소년'이라야 자기 한 몸도 살리고, 나아가 조선 전체를 살려 나갈 거라고 방정환은 믿었을 것입니다.

방정환의 이 같은 소망과 의식은 그의 동화와 소년소설에도 그대로 스며들어갔습니다.

### 대표 작품 1. 동화 「사월 그믐날밤」 이야기

방정환의 「사월 그믐날밤」은 오월 초하루 어린이날을 준비해 가는 과정을 담은 의인동화입니다. 귀엽고 앙증맞은 각종 동식물들이 서로 협력하며 어려움을 극복하고 다 같이 어린이날 초하루를 맞이한다는 내용이 골자입니다.

사람들이 모두 잠자는 깊은 밤중에 한 사람이 마당에 가만히 앉아 있습니다. '나'로 등장하는 이 글 전체의 화자이자 관찰자입니다. 화자는 어디선가 속살거리는 소리를 듣습니다. 그 소리는 앉은뱅이꽃과 진달래꽃이 주고받는

---

17) 「조선일보」, 1931. 2. 14.

이야기입니다. 이들은 바로 이튿날이 되면 좋은 세상이 온다며 그 잔치 준비에 여념이 없습니다. 할미꽃은 이슬로 술을 담고, 개나리는 무도장 둘레에 황금색 휘장을 칩니다. 그러나 개구리 인력거와 참새는 '꾀꼬리'가 병이 나서 독창을 못하게 될 수 있다는 소식을 전합니다. 숲속 꽃혼들은 꾀꼬리를 위해 좋은 꿀을 마련해서 전해 줍니다. 마침내 5월 초하루 새 세상이 열리는 날, 목을 앓던 꾀꼬리는 노란 옷을 입고 나타나 어린이날 잔치를 함께 열게 됩니다. 자연 속에 합일된 동식물의 바쁜 움직임은 아름다운 합주로 묘사됩니다.

> 주섬 주섬 모두 모여들어서 다각각 자리를 잡았습니다. 이층 아래층에서 꽃들이 손님을 맞아들이기에 바빴습니다. 아침 해 돋을 때가 되어 무도복을 가뜬[18] 입은 나비들이 떼를 지어 왔습니다. 그러니까 갑자기 다 판이 어우러졌습니다.
>
> 목을 앓는다던 꾀꼬리도 노란 새옷을 화려하게 입고 인력거를 타고 당도했습니다. 꾀꼬리가 온 것을 보고 모두들 어떻게 기뻐하는지 몰랐습니다. 일년 중에도 제일 선명한 햇볕이 이 즐거운 잔치터를 비추기 시작했습니다. 버들잎 잔디풀은 물에 갓 씻어낸 것처럼 새파랬습니다.
>
> 오월 초하루! 거룩한 햇볕이 비치기 시작하는 것을 보고 복사나무 가지 위 꽃그늘에서 온갖 새들이 일제히 오월 노래를 부르기 시작했습니다.[19]

## 대표 작품 2. 소년소설 「만년샤쓰」 이야기

18) 가뜬히. 원문에는 '갓든'.
19) 소파, 「사월 그믐날밤」, 『어린이』, 1924. 5.

방정환의 대표작으로 평가되는 작품은 소년소설 「만년샤쓰」입니다. 창남이는 과묵하고 동정심 많으며 쾌활한 소년입니다. 그의 집은 학교에서 20리나 떨어져 있는데, 얼마나 가난한지 그 학교 학생들은 아무도 모릅니다. 창남이의 양복바지는 늘 해져 있고, 그는 헝겊과 새끼로 감아 맨 구두를 신고 학교에 지각하기도 합니다. 그러던 어느 날 체조 시간입니다. 무서운 체조 선생의 호령으로 창남이는 적삼도 안 입은 자신의 벌거숭이 맨몸을 들키고 맙니다. 이때부터 그의 이름은 예전 부르던 '비행가'에서 '만년샤쓰'가 됩니다. 창남이네 마을에 큰 불이 난 뒤 창남이네 식구는 옷 한 벌만 남기고 모두 떨고 있는 동네 사람들에게 나눠 준 것이었습니다. 체조 선생도 창남이를 세워 두고 눈물을 글썽거립니다. 그리고 전체 학생을 향해 말합니다.

> 제군은 다 한창남 군같이 용감한 사람이 되란 말이다. 누구든지 샤쓰가 없으면 추운 것은 둘째요, 첫째 부끄러워서라도 결석이 되더라도 학교에 오지 못할 것이다. 그런데 오늘같이 제일 추운 날 한창남 군은 샤쓰없이 맨몸 으으응, 즉 그 만년샤쓰로 학교에 왔단 말이다. (…) 물론 맨몸으로 나오는 것이 예의는 아니야. 그러나 그 용기와 의기가 좋단 말이다. 한창남 군의 의기는 일등이다. 제군은 다 그 의기를 배우란 말이다.

이 작품은 가난한 속에서도 더 가난한 이를 도울 줄 아는 갸륵한 창남이의 선행을 그립니다. 당시 조선의 형편이 그러했습니다. 의지할 정부조차 갖지 못했던 조선 민족은 서로 도와 가며 희망을 지키며 내일을 향해 싸워 나가야 했습니다. 체조 선생은 속옷도 입지 않은 창남이가 당당하게 학교에 온 '용기와 의기'를 높이 평가합니다. 아무리 가난한 형편이더라도 이렇게 '씩씩하게 참되게' 자라야 한다는 당부를 「만년샤쓰」는 담고 있습니다.

방정환이 표현한 대로 동화는 어린이에게 '가장 귀중한 정신적 음식'입니다. 음식을 정갈하고 영양가 높게 요리해야 하는 것과 마찬가지로, 어린이를 위한 아동문학은 어린이 독자들에게 특별한 정신적 자양분이 됩니다. 어린이는 아동문학을 읽고 자랍니다. 아동문학을 통해 어린이는 풍부한 감성을 기르고, 동정하는 마음, 사랑하는 마음, 서로 돕는 마음, 불의 앞에서는 맞서 싸우는 마음을 기릅니다.

### 대표 작품 3. 소년탐정소설 「칠칠단의 비밀」 이야기

아동문학의 교육적 기능에 대해 방정환이 특별히 고심한 분야는 탐정소설입니다. '재미'만 있어서 될 것이 아니라 '유익'이 있어야 한다는 점에서, 탐정소설은 자칫 어린이에게 해학을 끼칠 수 있다고 본 것입니다. 방정환은 독자들의 성화에 응답하며 「동생을 찾으러」, 「칠칠단의 비밀」, 「소년 삼태성」(검열 삭제), 「소년 사천왕」(미완)을 연재했습니다. 이 가운데 완성을 본 작품은 「동생을 찾으러」, 「칠칠단의 비밀」 2편입니다.

방정환은 탐정소설을 연재하기에 앞서 다음과 같은 글을 씁니다.

> 탐정소설은 퍽 재미있고 좋은 것입니다. 그러나 어른들과 달라서 어린 사람들에게는 자칫하면 해롭기 쉬운 위험이 있는 것입니다. 그것은 마치 나쁜 활동사진을 보고 나쁜 버릇이 생겨져서 위험하다는 것과 꼭 같이 자칫하면 탐정소설이 잘못되어 그것을 읽는 어린 사람의 머리가 거칠고 나빠지기 쉬운 까닭입니다.
>
> 그런대 우리 『어린이』에 탐정소설을 내여서 대단한 호평을 받기 시작한 후부터 다른 잡지에도 여러 가지의 탐정소설이 생기게 된 것은 퍽 기쁜 일이나 가만히 보면 억지로 탐정소설을 맨드느라고 나쁜 활동사진보

다도 더 나쁜 탐정소설을 내는고로 그런 것을 읽혀서는 큰일나겠다고 염려하게 되는 때가 많았습니다. (…)

'탐정소설의 아슬아슬하고 재미있는 그것을 이용하여 어린 사람들에게 주는 유익을 더 힘있게 주어야 한다' 이런 생각으로 주의하여 쓴 것이라야만 된다고 나는 언제든지 생각하고 있습니다.[20]

방정환은 탐정소설이 자칫 '소년'들에게 해악을 미칠 수 있다는 중요한 경고를 합니다. 탐정소설은 "퍽 재미있고 좋은 것"이지만 잘못 읽을 경우에는 오히려 "어린 사람의 머리가 거칠고 나빠지기" 쉽다고 말입니다. 그렇기 때문에 "주의하여 쓴 것"이지 않으면 안 된다고 강조합니다. 이로 보면, 방정환이 아동문학이 담당할 교육적 역할을 분명히 인식한 것을 엿볼 수 있습니다.

방정환의 소년 탐정소설 창작론이라면, 범박하게 '탐정소설의 아슬아슬하고 재미있는 그것을 이용하여 어린 사람들에게 더 힘 있게 유익을 주어야 하는 것'입니다. 그 구성 원리는 "아슬아슬+재미+유익"이라는 3대 요소입니다. 이러한 3대 요소는 방정환의 소년 탐정소설의 서사 구성에 핵심적인 영향을 주게 됩니다.

우리 『어린이』에 맨처음 발표하여 십만 독자의 끊는 듯한 환영을 받은 「동생을 차즈려」는 어린 누이동생을 잃어버리고 그 오빠가 고생하면서 찾으러 다니는 것이라 아슬아슬하고 재미있는 중에도 한 줄기 눈물나게 따뜻한 인정이 엉키어 움직여서 읽는 사람의 가슴을 더욱 더 곱게 하는 것이었으며 더욱 그 남매가 다니는 학교 교사가 교수하다 말고 튀어 나가는 데라든지 인천 소년회에서 동화회(童話会)를 하다말고 응

---

20) 북극성(방정환), 「소년사천왕」, 『어린이』 7권 7호, 1929. 9. 34-35면.

원하러 몰려 나가는 데 같은 것은 보통 수신 교과서로도 가르치지 못할 좋은 것을 길러 주는 것이었습니다.

그 다음에 또 1년간 계속하여 독자들의 피를 끓인 『七七단의 비밀』도 역시 돈을 도적질하거나 보물을 훔쳐가고 찾아내고 하는 것이 아니라 어려서 곡마단에 붙들려 간 남매가 자기 부모를 찾느라고 고생고생하여 아슬 아슬한 경우를 수없이 치러 넘어가면서도 한기호라는 학생이 따라나서는 데라든지 봉천 조선인 단체에서 나팔을 불어 회원을 모아 가지고 몰려 나서는 데라든지 모두 더할 수 없이 곱고도 굳센 힘을 길러 준 것입니다. [21]

방정환은 '어린 사람'을 위한 탐정소설에서는 "돈을 도적질하거나 보물을 훔쳐가고 차저내고 하는 것"이 되어선 안 된다고 하며, 역시 일반 탐정소설과 달리 소재와 주제의 제한이 있을 수 있음을 말합니다. 속임수를 사용해서 물건을 도적질한다든지 하는 내용은 소년 탐정소설로서 교육상 적절하지 않다고 본 것입니다. 곧, 탐정소설의 '재미'를 넘어 소년 독자들에게 '유익'을 주기 어렵다는 것이지요.

무엇보다 교육적 기능으로서 "유익"이 되어야 한다는 것은, 어린 독자들이 소년 탐정소설을 읽고 그 내용으로 인해 따뜻한 심성을 기르고 씩씩하고 굳센 사람으로 성장할 수 있도록 해주어야 한다는 뜻입니다. 그러한 이야기의 예로 방정환은 "그 남매가 다니는 학교 교사가 교수하다 말고 튀여 나가는 데라든지 인천 소년회에서 동화회(童話會)를 하다말고 응원하러 몰려 나가는 데 같은 것"(「동생을 차즈려」), "곡마단에 붙들려 간 남매가 자기 부모를 찾느라고 고생고생하여 아슬 아슬한 경우를 수없이 치러 넘어가면서도 한기호라는 학생이 따라나서는 데라든지 봉천 조선인 단체에서 나팔을 불어 회원을 모아 가지고 몰려 나서는 데"(「칠칠단의 비밀」) 등으로 설명해 주고 있습니다.

다음은 「동생을 차즈려」의 한 장면입니다.

> 사실 이대로 있다가는 그들을 만난다 하여도 도리어 그냥 뻔히 보면서 놓쳐 버릴 염려밖에 다른 수가 없을 것 같았습니다.
>
> "오냐 학교로 전화를 하자!"
>
> 창호는 소리치면서 정거장 밖으로 뛰어나가 자동전화를 차저가서 학교로 전화를 걸었습니다.
>
> 사랑하시는 선생님과 걱정해 주는 동모들을 만나지 못한 지도 벌써 여러 날.. 이제 전화로라도 학교에 소식을 전하게 되니 갑자기 먼 시골 가 있던 어린 새악시가 본가에 돌아온 것 같은 기쁨이 가슴을 뻐근하게 했습니다. "아아 최선생님 좀 여쭈어 주세요. 급한 일입니다... 네 네? 최선생님이십니까? 저는 창호이올시다. 네- 창호올시다." (…)
>
> 그 때 언뜻 창호의 눈에 비친 것! 창호는 "오-" 소리를 치면서 그 많은 사람의 사이를 헤치고 제비같이 뛰어 나갓습니다.
>
> 아아 반가워라! 감사해라! 뜻도 하지 아니한 최선생님이 머리 굵은 학생 10여 명을 데리고 경관이나 군대의 일대(一隊)처럼 급한 걸음으로 정거장 안을 향하여 들어오지 않습니까?[22]

누이동생 순희를 찾으러 나섰다가 위급한 상황에 놓인 창호가 학교에 있는 '최선생님'에게 전화를 걸어 도움을 청하는 내용, 얼마 후 과연 '최선생님'이 본인은 물론 힘쓰는 학생 일대를 이끌고 나와 감격스럽게 맞이하는 내용을 묘사하고 있습니다.

........................

21) 북극성, 「소년사천왕」, 『어린이』 7권 7호, 1929. 9. 34-35면.

22) 북극성, 「동생을 찾으려」, 『어린이』, 1925. 7.

방정환은 『어린이』 독자들에게 당부하며 "아슬아슬하면서도 어린이들께 유익한 것을 쓰자니 쓰기가 퍽 곤란한 것"[23]이라며 창작의 어려움을 토로하기도 했습니다. 그럼에도 방정환이 어려운 '소년용' 탐정소설을 연재해 간 이유는, "여러분도 이 탐정소설 속에 나오는 소년들과 같이 씩씩하고도 날쌔고 믿을 만한 일꾼이 되어야 아니합니까"[24] 하는 간절한 바람 때문이었습니다.

이러했던 만큼, 방정환의 소년탐정소설은 일제 식민지 교육에서는 가르치지 않는 '중요한' 교육을 했습니다. 그것은 불의한 일 앞에서는 '용사'가 되어 싸워야 하고, 힘이 약할 때는 서로 힘을 합쳐서 '원수'를 물리쳐야 한다는 무언의 가르침인 것입니다.

23) 북극성, 위의 책, 35면.
24) 북극성, 「소년 사천왕」, 『어린이』 7권 7호, 1929. 9. 35면.

# 나오며

## : 방정환의 교육 방법과 현대 교육

현대 교육 현장에서 방정환의 소년 지도와 교육 방법론은 훌륭한 거울이 될 것입니다. 방정환의 소년 지도론과 교육 방법은 근본적으로 어린이를 하늘로 모시는 인내천주의와 모든 인간은 평등하다는 본질적인 철학에서 출발합니다. 이러한 철학적 지평은 이미 종교적 문제를 초월해 있습니다.

첫째, 교실 수업에서 '존대어 쓰기'를 권장해 봅시다. 어린이들에게도 경어를 쓰며 존대하던 1920년대의 소년 지도법을 어색하다고, 낡았다고, 그 외 여러 어떤 이유로 외면해선 안 되겠습니다. 교실에서 어린이들에게 존대 어법을 하라고 강제하진 않더라도 교육부에서부터 먼저 '교실 수업에서 존대어 쓰기'를 권장해 봅시다.

둘째, 어린이들의 예술을 키워 줄 크고 작은 무대를 상설로 가꾸어 줍시다. 학교 안에서 동요를 발표할 기회, 시를 쓰거나 작품을 발표해 볼 기회, 이야기를 해볼 기회, 주제를 걸어 토론할 기회, 연극을 해볼 기회, 그림 전시회를 해볼 기회, 합창단을 꾸려 어울려 볼 기회를 자주자주 만들어 줍시다.

셋째, 각 지자체에서는 어린이회관을 만들어 어린이회가 만들어지도록 합시다. 학교 안에서, 마을 안에서, 도서관 안에서 어린이회를 만들어 자율로 운영해 보게 해봅시다. 수업의 한 방식이 아니라 그 학교 교사나 부모 대표, 마을 청년 한 사람을 지도자로 하여 보호하도록 하고, 즐거움을 찾고 우리

마을 일도 한 가지씩 정해 실천해 가도록 해봅시다.

요즘같이 좋은 세상에 어린이들 주머니 속에는 저마다 요술쟁이 스마트폰이 들어 있습니다. 동요와 동화, 또 재미있는 소설이 스마트폰 창고에 쌓여 있습니다. 어린이들이 그 보물을 하나씩 꺼내 즐길 수 있게 해봅시다. 아이들의 심성을 맑게 하고, 어린 시절을 곱게 보낼 수 있게 하는 지도자의 역할을 찾아봅시다. 방정환이 우리 시대에 살고 있다면 스마트폰을 재미있게 활용하여 소년회 활동을 전개해 갔을 것 같기도 합니다.

우리 주위에는 어린이를 위한 여러 좋은 방법이 숨어 있을 것입니다. 거창한 계획이나 설계가 아니라도, 방정환의 소년 지도와 교육 방법의 기본을 지키면서 아동문학을 활용한 방정환 교육 프로그램을 학교와 어린이집, 유치원 현장에서 하나씩 재미있게 실현해 봅시다.

## 제 2 부

# 실제편

# 방정환한울어린이집

임우남

# 새로운 어린이집의 탄생

'방정환한울어린이집'은 경주시 현곡면 용담로 705에 있습니다. 동학의 창시자 수운 최제우 선생님의 탄생지이기도 하고, 득도지인 용담정(龍潭亭)도 바로 인근에 있습니다. 우리 어린이집은 '한울연대'라는 환경단체에서 시작되었습니다. 2014년 신년 수련회에서 방정환 배움터에 대한 필요성이 제기되어 그때부터 바로 준비에 들어갔습니다. 그리고 그해 9월에 개원했으니, 반년 만에 뚝딱 만든 셈입니다.

그 과정에서 우리는 기존 학교 교육과 어린이집의 보육 현실에 대해 공부했습니다. 다 그런 건 아니지만 많은 어린이집이 아이들을 실내에 가둬놓고 사고 안 나게 보호만 하고 있다는 것을 알게 되었습니다. 또한 건강한 먹을거리에 대한 고민 없이 오히려 식재료에서 예산을 절감하는 어린이집이 적지 않다는 것을 알게 되었습니다. 가끔 뉴스에 나오는 구타나 아동학대는 극소수의 사례이긴 해도 말입니다.

반면 기존 어린이집의 문제점을 깨닫고 대안을 모색하는 어린이집도 있다는 것을 알고 반가웠습니다. 대표적으로 '생태유아공동체'와 '공동육아와 공동체교육' 그리고 '발도르프 어린이집'이 있습니다. 이미 그들은 자연에서 뛰어노는 것과 건강한 먹을거리의 중요성, 우리나라 세시풍속의 중요성을 잘 알고 생태적인 실천을 하고 있었습니다. 또한 단순히 아이를 맡기고 보호하는 개념을 넘어서 아이들을 함께 키우며 공동체적 삶의 중요성을 일깨우기 위해 노력하고 있었습니다. 이를 통해 획일화된 교육, 머리만 좋아지게 하는 교육, 순위를 매기는 교육, 자연과 멀어진 교육의 문제점을 바로잡으면서, 아이들이 자기 안의 무한한 가능성을 스스로 찾고 더불어 사는 힘을 기르며, 특히 자연과 조화롭게 공존하면서 마음껏 뛰노는 자유교육을 한발 앞서 실천하고 있었습니다. 우리는 그들의 방향성에 깊이 공감하는 한편, 그동안의 지난한 노력과 정성, 그 여정에 감동했습니다.

그러면서 "이 시대에 왜 다시 방정환인가?", "방정환을 다시 불러냄으로써 어떤 새로운 시도를 하려는가"라는 질문을 던지며 답을 찾으려고 했습니다. 방정환 선생님이 어린이 운동을 시작한 지 벌써 100년이나 되었지만, 우리 아이들이 정말 행복해졌나 생각해 보면 자신 있게 '그렇다'라고 할 수 없는 현실을 깨닫습니다. 여전히 아이들은 온전히 한 인격체로 존중받지 못하고 단순히 보호해야 할 존재로만 여겨지고 있습니다. 요즘엔 '노키드존'이 갈수록 많이 생기면서 아이들을 성가신 존재로 여기기까지 합니다. 주변 사람들에게 폐를 끼치는 엄마를 '맘충'이라며 눈총하기도 합니다. 예전엔 마을 전체가 아이를 키운다는 생각이 있었지만, 지금은 마을 공동체가 무너진 상황에서 육아는 오로지 부모, 그것도 엄마의 몫이 되어버렸습니다.

그런데 우리의 공교육은 아이를 어떻게 낳고 키워야 하는지를 가르치지 않습니다. 그래서 부모가 되었지만 아이를 어떻게 양육해야 하는지 모르고, 그 속에서 아이는 부모의 소유물로 전락하는 경우가 많은 것이 현실입니다. 게다가 엄마가 육아에 지치거나, 심리적으로 문제가 생기거나, 부부 간에 문제가 생기면 그 피해는 고스란히 아이에게 전달됩니다.

저출산은 오늘날 대한민국의 당연한 현실입니다. 누구나 저출산이 대한민국의 발전에 엄청난 저해요인이 될 거라고 우려하면서도 정작 그 원인이 우리 사회가 아이들을 귀하게 여기지 않고 있다는 것, 아이와 부모가 행복하기 힘든 여건이라는 사실을 놓치고 있습니다. 여기엔 비정규직이 대거 양산되면서 젊은 세대들의 경제적 불안정성과 불평등이 심화된 것도 한몫하고 있습니다. 때문에 아이를 바라보는 시선과 젊은 세대들을 대하는 시선이 달라지지 않고는 저출산 문제는 해결되기 어렵고, 행복한 대한민국도 불가능합니다.

방정환 선생님은 1923년 5월 1일 어린이날 선포된 「어린이선언문」에서 첫 번째 기초조건으로 "어린이를 재래의 윤리적 압박으로부터 해방하여 그들에 대한 완전한 인격적 예우를 허하게 하라"고 했습니다. 또한 어른에게 드리는 글 첫 번째에서 "어린이를 내려다보지 마시고 치어다보아 주시오"라고 했습니다. 또 "어린이는 어른보다 더 새로운 사람입니다… 자기의 물건같이 여기지도 말고 자기보다 한결 새로운 시대의 새 인물인 것을 알아야 합니다"라고 했습니다.

그런데 그 선언이 나온 지 거의 100년이 지난 지금까지도 아이들은 여전히 가부장제와 유교적 장유유서의 윤리에서 자유롭지 못하고, 온전한 인격체로 대접받지 못하고 있습니다. 여전히 아이들을 자기보다 미숙한 존재로, 보호받아야 할 존재로만 생각합니다. 좋은 옷과 맛있는 음식으로 귀여워할 줄은 알지만 아이들의 감정과 생각까지 존중하지는 못합니다. 사실 방정환에 앞서 이론적 기초를 정립한 소춘 김기전 선생님은 아이들을 공경해야 한다고 가르쳤어요. 그냥 존중이 아니라 공경해야 할 대상이라는 겁니다. 그것이 '어린이도 한울님'이라고 했던 해월 최시형 선생님의 가르침입니다. "어린이를 내려다보지 마시고 치어다보아 주시오"라고 한 것은 바로 공경하라는 뜻입니다. 그래서 김기전, 방정환 선생님은 어린이에게도 경어를 사용할 것을 강조하셨습니다.

여기서 "어린이가 더 새로운 사람입니다"라고 하신 말씀이 중요하다고 봅니다. 이 말은 어린이가 어른들보다 더 앞선 존재라는 의미입니다. 더 진화된 존재라는 의미이지요. 그래서 방정환 선생님은 "대우주의 뇌신경의 맨 끄트

머리가 어린이에게 있다"고 했습니다. 아직 지적으로 깨어나지 않았을지 모르지만 영적으로는 어른들보다 더 진화되어 태어났다는 것입니다. 이것을 인정한다면 모든 표준을 어린이에게 맞추는 것이 당연합니다. 선거권도 14세 정도로 대폭 낮춰야 합니다.

당시 이런 요구와 선언은 어린이라는 존재에 대한 새로운 인식의 대전환을 선언하고 실행을 요구한 것이었습니다. 아이들이 여전히 부모의 소유물로 취급되는 사회, 스스로 삶의 선택권을 갖지 못한 사회에서 미래의 행복을 위해 오늘의 행복이 저당 잡히고 있는 아이들이기에 방정환은 여전히 이 시대에 유효합니다. 유효할 뿐 아니라 지금 한국의 교육을 다시 세우기 위해 꼭 필요한 인물입니다. 이것이 우리가 방정환을 다시 호명하여 그의 이름으로 교육운동을 시작한 이유이며, 방정환한울어린이집을 열게 된 이유입니다.

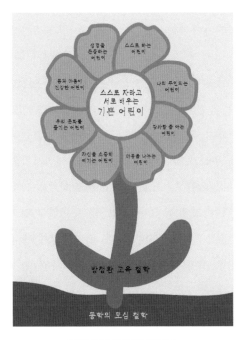

방정환한울어린이집의 어린이 상

# 보육이념

어린이집을 열면서 처음에는 임재택 교수님의 '생태어린이집'을 많이 참고했습니다. 교수님은 '방정환한울학교'(현 방정환배움공동체) 초대 이사장님이기도 하고요. 하지만 생태어린이집과 차별화되는 방정환어린이집으로서의 특색을 갖춰야 했습니다. 우리는 처음부터 "어린이는 한울입니다"라는 모토로 시작했지만 그것을 실현하기 위해서는 좀 더 구체적인 교육이념과 보육의 방향이 필요했습니다. 그래서 '잔물결공부모임'을 시작했습니다. '잔물결'은 방정환 선생님의 호인 '소파(小波)'를 푼 것입니다. 우리는 무엇보다도 방정환 선생님의 '어린이선언문'을 깊이 읽고 그 의미를 새겼습니다. 그리고 방정환 선생님의 동화를 비롯하여, 잡지에 투고한 글들을 매주 읽었습니다.

이 과정을 통해 우리가 찾아낸 방정환 교육의 핵심가치를 세 가지로 정리할 수 있었습니다. 그것은 "스스로 자라고 서로 배우는 기쁜 어린이"였습니다. 스스로 자란다는 것은 아이가 자기만의 독특한 씨앗과 성장에 필요한 생명력을 이미 갖추고 있다는 의미입니다. 백지상태가 아니라는 겁니다. 부모와 교사의 역할은 저마다 다른 그 씨앗을 발견하고 그 생명력을 믿고 좋은 환경을 만들어 주는 것입니다. 그래서 방정환 선생님은 모든 것을 스스로 하고자 하는 자립적 주체를 가장 중시했습니다. 두 번째는 서로 배운다는 것인데, 아이들은 교사로부터만 배우는 것이 아니라 자기들끼리의 배움이 훨씬 중요하다는 것입니다. 방정환 선생님은 "저희끼리의 작문 담화 또는 동화 동요 소년소설 그뿐이면 훌륭하다"라고 했습니다. 이를 위해 선생님은 소년회를 만들고 『어린이』 잡지를 만든 것입니다. 세 번째는 '기쁨'이라는 개념입니다. 방정환 선생님은 '기쁨'이라는 단어를 유독 많이 썼어요. "항상 즐겁고 기쁘게 해주어야 그 마음과 몸이 활짝 커가는 것입니다."라고 하면서 식민지배하에서도 아이들의 기쁨을 중시했습니다. 또한 기운이 씩씩한 어린이를 중시했습니다. 우리말 '기쁨'이라는 말 자체가 '기가 뻗는다'는 의미입니다. 반대로 억박지를 때마다 뻗어가는 어린이의 기운은 바짝바짝 줄어든다고도 했습니다. 이렇게 해서 "스스로 자라고 서로 배우는 기쁜 어린이"가 방정환한울어린이집의 표어이자 교육이념이 되었습니다.

그리고 보육의 방향에서는 동학의 시천주(侍天主), '모심'의 정신을 가장 중심에 놓았습니다. 모심은 내 안의 '한울님', 즉 '우주생명'을 모신다는 의미이지만, 그 의미를 확장하면 모든 사람, 모든 만물 안에 우주생명, 한울님이 모셔져 있다는 것입니다. 여기서 '모심'은 '내재해 있음'과 '섬김'의 이중적 의미가 있습니다. 그래서 '모심'의 정신은 모든 사람, 모든 만물 안에 한울님이 내재해 있음을 발견하고, 그 모든 존재를 한울님으로 섬기고 공경해야 한다는 뜻을 담고 있습니다. '방정환한울어린이집'에서 '한울'은 바로 우주생명을 의미합니다. 그 우주생명이 나의 존재의 본질로서 내 안에, 그리고 사람 안에 내재해 있음을 발견한 것이 수운 선생님의 가르침이며, 그것을 확장해서 모든 사람과 모든 만물이 바로 한울님이라고 선포하면서, 특히 '아이도 한울님'으로 공경하라고 한 것이 해월 선생님의 가르침입니다.

여기에 동학의 '성경신(誠敬信)', 즉 정성·공경·믿음을 우리 모두가 지녀야 할 마음가짐으로 정했습니다. 이는 '어린이들이 스스로 성장하는 힘과 무한한 가능성을 믿고(믿음), 동등하고 고귀한 존재로서 서로를 공경하며(공경), 생명살림에 정성을 다해야 한다(정성)'는 것입니다. 또한 아이들 스스로가 정성과 공경과 믿음이 가득한 사람으로 성장할 수 있도록 하자는 의미이기도 합니다. 사람이 정성과 공경과 믿음이 있으면 그 자체로 이미 훌륭한 사람이 된 것 아니겠습니까. 이렇게 해서 '모심'의 정신과 '성경신'에 바탕하되, 이를 좀 더 쉽게 풀어서 다음과 같이 5가지 보육의 방향을 정했습니다.

**첫째, 모심입니다.** 교사와 아이들을 한울로 존중하는 '모심'의 정신에 입각하여, 아이들이 스스로의 몸과 마음을 소중히 대하고, 주변 사람과 모든 생명을 아끼고 존중하는 마음을 갖게 합니다.

**둘째, 스스로 자람을 돕습니다.** 어린이가 어른의 일방적인 가르침에 따라 만들어지는 존재가 아니라, 자기 삶의 주인으로서 자율적으로 살아가는 존재임을 깨닫게 합니다.

**셋째, 생태 중심입니다.** 텃밭에서 식물과 교감을 느끼며, 안전하고 건강한 먹을거리를 재배하면서 인간과 자연이 공존 상생하는 생태중심 교육을 지향합니다.

**넷째, 공동체를 지향합니다.** 사람과 사람이 더불어 살아가는 사람공동체, 지역 사회와 함께하는 지역공동체, 자연과 함께하는 생명공동체, 서로 배우는 배움공동체를 지향합니다. 이를 통해 경쟁보다 '협동'이, 서로를 소중하게 받드는 '공경'이 삶의 핵심적 가치임을 일깨워 갑니다.

**다섯째, 몸·생각·기운의 조화를 지향합니다.** 이성과 감성, 정신과 육체, 지성과 영성이 조화롭게 발달하여 건강한 사회구성원으로 성장할 수 있도록 돕습니다.

# 프로그램

방정환한울어린이집의 프로그램은 크게 셋으로 구분됩니다. 생태프로그램, 공동체프로그램, 영성프로그램입니다. 그중에서 먼저 생태프로그램을 살펴보겠습니다.

## 생태프로그램

생태프로그램은 다시 '날마다 나들이'와 '마당놀이', '생태먹거리'로 나뉩니다. 먼저 '날마다 나들이'부터 살펴보겠습니다.

### 날마다 나들이

'날마다 나들이'는 우리 방정환한울어린이집(이하 한울어린이집)의 활동 중 가장 많은 시간을 할애하는 프로그램입니다. '생태어린이집'에서 가장 강조하는 것이기도 하고, 다른 어린이집에서도 '숲체험'이라고 해서 갈수록 중시하고 있습니다. 하지만 우리 어린이집에서는 단순히 '체험'이나 산책 정도가 아니고 산과 들, 숲에 들어가서 말 그대로 마음껏 기를 발산하며 뛰어놉니다. 사실 '나들이'라는 말로는 부족합니다. 산과 들에 깊숙이 들어가 사계절의 변화를 느끼며, 그 속에서 뛰놀고 뒹굴며 온전히 자신을 내던지게 합니다.

그래야 오감도 살아나고 근육도 단련되고, 무엇보다 기운이 뻗치고 생명력이 발현되어 자유로운 심성을 갖추게 됩니다. 이렇게 생명력이 발현되어 자유로운 심성을 갖추게 되면 어떤 일을 하더라도 두려움이 없게 됩니다. 도전했던 일이 실패하더라도 쉽사리 좌절하지 않게 됩니다.

아이들은 날마다 나들이를 하면서 풀, 나무, 꽃, 곤충, 동물들을 만나고 친해지며 그들을 친구처럼 대하게 됩니다. 아이들은 산과 들에서 만난 갖가지 자연물을 가까이 관찰하면서 기발한 창의력으로 놀이와 놀잇감을 스스로 만듭니다. 따로 프로그램 없이도 몇 시간이고 놉니다. 동료 아이들 손을 잡아주기도 하면서 서로 협동하는 방법도 익히게 됩니다. 때로는 모험과 탐험의 세계로 들어가기도 합니다. 이처럼 자연의 숨결을 호흡하고 그 기운을 감지하면서 일체감을 느끼고, 그 속에서 신비와 숭고함의 감각을 키워가기도 합니다. 그리고 그들이 표출하는 모든 요소에서 수많은 이야기와 상상력이 만들어집니다.

자연 속에서 아이들의 성장은 저절로 이루어지는 것입니다. 이렇게 자연 속에서 잘 놀고 잘 즐기는 인간의 신명과 예술적 감각의 창의력은 어떤 인공지능도 흉내 내지 못합니다. 무슨 일이라도 자신이 좋아하는 일에는 기쁨이 일어나니까요. 생명력이 넘치고 가슴에 늘 기쁨이 넘치며, 주변의 작은 물건이라도 소중히 여길 줄 아는 아이로 큰다면 우리 어린이들이 만들어갈 세상이 그리 어둡지는 않을 것입니다. 그래서 자연 속에서 힘을 얻는 것이 참으로 중요합니다.

마침 어린이집 인근에는 동학의 발상지인 용담정이 있습니다. 거기서 멀지 않은 곳에 수운 최제우 선생님의 생가터도 있고, 선생님의 묘소가 있는 솔방울산도 있어 천혜의 생태놀이터를 지닌 셈입니다. 특히 용담정은 수운 선생님이 1860년 4월에 도를 얻으신 곳으로, 입구에는 수운 선생님의 동상이 있습니다. 아이들은 그 동상으로 달려가 거리낌 없이 인사를 나누고 그 주변

몸으로 바람을 즐기는 풍욕

을 놀이터 삼아 놉니다. 여기서 조금만 들어가면 큰 나무들이 나타나는데, 깊은 숲속에 들어온 듯 솔 향기가 코끝을 자극하면서 계곡의 맑은 물소리가 들려옵니다. 다양한 생태가 어우러진 이곳은 아이들에게 최고의 나들이 장소입니다. 계곡을 따라 용담정까지 이어진 나지막한 오르막은 아이들이 가장 좋아하는 곳이기도 합니다. 그렇게 용담정에 이르면 바로 옆 약수터에 올라가서 약수를 한 잔씩 나눠 마시며 깔깔대고 웃습니다. 먼저 온 아이는 나중 온 아이에게 약수를 건네기도 합니다. 그중 몇몇 아이들은 용담정 마루에 앉아서 명상 자세를 뽐내기도 하지요.

수운 선생님의 묘소가 있는 솔방울산은 오목하게 펼쳐져 있어 풍욕에 안성맞춤입니다. 햇살과 바람이 적당할 때는 누가 뭐라 하지 않아도 어린이들 스스로 옷을 벗고 풍욕을 즐깁니다. 근처에 소나무가 많아 어린이들이 솔방울을 가지고 놀면서부터 솔방울산이라고 불리게 되었습니다. 큰 반 어린이들은 솔방울산 숲길을 헤치며 용담정과 어린이집으로 이어지는 오솔길을 따

개울물놀이

늦가을 들녘에서

라 산을 넘기도 합니다. 제법 험한 길인데, 네 살 아이들도 뒤처지지 않고 땀 흘리면서도 좇아가는 걸 보면 참 대견하다는 생각이 듭니다.

마을나들이도 만만찮은 재미가 있어요. 골목골목 누비면서 마을 어른들과 인사 나누며 마을나무, 마을농기구, 마을 강아지들을 만나고 엄마소와 송아지들도 만납니다. 마을 안에 사는 친구 집 마당도 더없이 신나는 놀이터가 되어 어린이들 발길을 붙잡습니다. 여름이면 그 집 마당에서 한바탕 물놀이는 물론 맛있는 새참 대접까지 받고 돌아오기도 합니다. 그 외에도 진덕왕릉, 구산서원, 덕숭사의 생태도 계절이 바뀔 때마다 우리 어린이들을 기다립니다. 바로 앞에 펼쳐진 논과 좁다란 밭두렁길도 좋은 놀이터입니다. 가을걷이가 끝난 뒤 거두다 남겨진 볏짚들이랑 한바탕 놀기로 하자면 말 그대로 황홀지경입니다.

비 오거나 바람 부는 날도 예외는 없습니다. 대신 장비를 단단히 갖추고 나들이에 나서지요. 아무리 비옷을 입어도 놀이를 시작하면 어느새 옷이 다

비 오는 날

젖어 소용이 없습니다. 떨어지는 비를 하염없이 손으로 받쳐 들기도 하고, 장화를 훌훌 벗어 맨발로 빗줄기 리듬을 맞이하기도 합니다. 이렇게 나들이하는 가운데 다양한 자연물을 만나게 되면 자연스레 미술·음악활동이 이루어지기도 합니다. 주변의 솔잎을 모아 길을 만들고, 나무둥치를 이용해 탑을 쌓고, 돌을 모아 집을 짓고, 솔방울과 나뭇가지로 마이크를 만들어 한바탕 공연무대를 설치하기도 합니다. 흙바닥에 나뭇잎을 모아 그림도 그리고 만다라를 만들기도 합니다.

어린이들은 한참 가지고 놀던 나뭇가지, 솔방울, 이파리, 벌레, 돌을 자기 주머니에 넣어오고 싶은 애착을 보이기도 하지요. 그럴 때는 "다음에 또 만나자, 엄마랑 잘 놀고 있다가 다음에 또 만나요."라고 하면 주저하다가도 살며시 내려놓습니다. 어린이들에게 가장 어려운 것이 바로 이 '놓아주기'인데, 머뭇거리다가도 기꺼이 '놓아주기' 마음을 발동시키는 순간이 오면 마치 큰 세상을 만난 듯, 지켜보는 마음도 따뜻해집니다.

◇ 산들맘 일지

얼음 위에 누워 본 기분은 어떨까요? 아이들은 얼음 위에 누워보고 얼음 웅덩이도 보고 얼음 구멍이도 봅니다. 산 아래에서는 톱으로 나무 자르기, 막대기 놀이 등 저마다 놀이를 합니다. 놀랍게도, 산 위에서 가져온 귀한 얼음을 아래에 있던 친구들과 선생님께 나눠줍니다. 감동이네요. 새로운 세상을 만나는 아이들을 보며 오늘도 신나게 놀다 갑니다.

(진우·진서 엄마)

햇님 나라에 나들이 갔습니다. 추운 겨울이지만 따뜻하게 입고 마을 구경, 논 구경, 얼어붙은 강 구경… 저도 아이가 되어 동네 구경 다니는 기분이 듭니다. 바람을 피해 묘소 근처에서 술래잡기, 기차놀이, 나뭇가지 놀이—저도 어릴 때 하던 놀이입니다. 아이들과 함께하는 시간은 언제나 새롭고 즐겁습니다. 다음에 또 산들맘 오고 싶습니다.

(하준 아빠)

햇님반과 나들이 다녀왔습니다. 가을 날씨가 너무 좋습니다. 하늘도 높고 바람도 불지 않고 나들이하기에 딱 좋은 날씨입니다. 남자아이들은 나들잇길에 있는 트랙터와 포크레인에 관심이 많습니다. 한 번씩 타보고 관찰도 합니다. 여자아이들은 소꿉놀이하기 바쁘고 남자아이들은 벌레 관찰하느라 바쁩니다. 그래서 덕숭사까지는 가지도 못했습니다. 그래도 꽃, 나비, 나무, 돌 등 자연과 함께 재미있게 놀았습니다. 친구들을 챙기는 3세 아이들을 보고 깜짝 놀랐습니다. 참 대견합니다. 산들맘으로 자주 와서 아이들과 친해지고 싶어요.

(준영 엄마)

## 마당놀이

　어린이집 마당에는 흙 동산이 있습니다. 어느 나들이보다 흙놀이를 많이 할 수 있는 마당이기에 어린이들이 가장 사랑하는 곳이기도 합니다. 마당에서 아이들은 거의 맨발로 놉니다. 소소한 재활용품들도 모두 흙놀이 장비가 됩니다. 비닐포대는 썰매가 되어 그것만 가지고도 한 시간을 정신없이 놉니다. 굴러 넘어지기도 하고 미끄러지기도 하지만 그 가운데서 균형감각도 생기고 신체가 놀랄 만큼 단련되는 것을 지켜봅니다.

　마당 가에는 봄에 씨 뿌려 심은 해바라기가 울타리가 되어 큰 키를 세우고 노란 얼굴로 웃으며 해가 저물도록 놀고 있는 흙 친구 어린이들을 지켜봅니다. 십 년이 넘어 제법 덩치가 큰 벚나무는 우리 어린이들이 다람쥐처럼 오르내리다 마음대로 걸터앉아 머무는 쉼터가 되었답니다. 벚나무는 양팔을 벌린 채 온몸을 내어주고 있는 나무 엄마 같습니다.

　흙 동산은 어린이들의 정원이 되기도 합니다. 한쪽에서는 강을 만들어 물길을 내기도 하고, 댐을 만드는 시합도 합니다. 터널을 만들어 물을 주고받기도 하고, 곱게 체 쳐서 흙 케이크를 만들어 파티도 하고… 잠시도 조용할 틈이 없습니다. 물을 실어 나르기라도 할라치면 형과 아우들이 역할을 분담해 협동체를 이룹니다. 대견하고 참 대단하다 싶습니다. 그러는 동안 어린이들을 데리러 온 부모들은 평상에 앉아 어린이들이 노는 모습을 지켜보며 육아의 어려움도 나누며 이야기꽃을 피웁니다. 잘 지은 놀이터가 아니라도 '기쁜 어린이'의 환한 웃음은 바로 이 흙 동산에서도 얼마든지 가능한 일이라는 걸 느끼게 합니다.

　어린이집 마당에 있는 보리수랑 앵두나무 열매는 우리 어린이들에게 내어주려고 준비한 듯 어쩜 그리도 많은 열매를 달고 있는지, 참 품이 넓고 따뜻한 친구들입니다. 특히 보리수 열매는 흙놀이 하러 마당에 나가자마자 따 먹고, 놀다가 또 따 먹고, 친구들이 따 먹고 있으면 또 따 먹고, 울다가도 '보리

물놀이

흙동산 놀이터에서

댐 만들기

변신하는 흙주머니

수 따 먹을까요?' 하면 뚝 그치고 모여들어 따 먹고, 아예 나무에 걸터앉아 따 먹기도 합니다. 그렇게도 많은 열매를 매달고서 한없이 내어주는 보리수는 말 그대로 '한울님·부처님·예수님 보리수'입니다.

그리고 마당에는 어린이들이 집에 가는 걸 제일 싫어하는 마당 동무 강아지 '금동이'가 있습니다. 마당놀이가 한창일 땐 저도 웅덩이를 파고는 흙 속에 들어앉아 있기도 합니다. 한울어린이집 나이와 같은 금동이는 마을 나들이 때 가끔 동행하기도 하면서 저도 스스로 즐기는 어린이들의 귀염둥이 친구입니다.

◇ 산들맘 일지

어린이집을 처음 와보고 많이 놀랐습니다. 마당에 쌓인 흙더미에서 아이들이 맨발로 뛰놀고 있었고, 강아지마저도 꾀죄죄한 모습이었습니다. '처음 보는 이런 낯선 환경에 아이들이 적응할 수 있을까?' 하며 불안했고, 저도 경험해보지 못한 환경에 조금 거부감이 들기도 했습니다.

그래서 근처의 다른 어린이집도 몇 군데 상담받아 보자고 했는데, 시설과 규모 면에서 훨씬 좋아 보이는 곳을 둘러보고 바로 한울어린이집으로 마음을 굳혔습니다. 밝고 행복해 보이던 방정환한울어린이집 선생님과 아이들의 얼굴이 떠올랐기 때문입니다.

유정이는 매일 밤마다 "자고 나면 또 어디에 가?" 하고 물어보고, 어린이집에 간다고 하면 콧노래를 부르며 신나 합니다.

한울어린이집에 다니고부터 아이들이 밖에 나가서 놀 때면 땅바닥에 주저앉아서 나무 작대기 하나, 개미 한 마리 모두 호기심을 가지고 대화하면서 놉니다. 갑갑한 신발을 벗어 던지고 맨발로 뛰어다니는 아이들을 보면서 '또 씻겨야겠네~' 하고 푸념하다가도 진짜 '놀 줄 아는 아이'들이 되어가고 있다는 생각에 대견스럽기도 합니다.

(유정 아빠)

## 생태 먹을거리

한울어린이집에서 추구하는 가치가 여럿 있지만 그중에서도 가장 우선순위를 두고 실천하고 있는 것이 바로 '먹을거리'입니다. 환경단체에서 출발한 어린이집이기에 더욱 건강한 먹을거리를 첫 번째 순위에 두고 실천했습니다. 우리 식탁이 GMO와 농약과 방사선 등 유해물질로 오염된 식품에 알게 모르게 노출되어 있다는 것을 너무나 잘 알고 있었기 때문입니다. 따라서 건강하고 안전한 먹을거리를 준비하고자 노력하는 일은 아이들의 건강과 직결된 일일 뿐 아니라, 몸과 마음, 기운을 맑게 하는 생태영성적 삶을 실천하는 첫걸음이라고 생각했습니다.

먹을거리의 중요성은 '방정환한울학교(현 방정환배움공동체)' 초대 이사장 임재택 교수님이 가장 강조한 부분이기도 합니다. 임 교수님은 부산대학교에서 '잘먹고 잘사는 법'이라는 강좌를 개설하고 학생들에게 건강한 먹을거리의 중요성은 물론 식생활을 개선함으로써 건강이 좋아지는 것을 한 학기 동안 직접 경험하게 하여 엄청난 호응을 얻기도 했습니다. 임 교수님은 〈생태유아공동체〉를 만들어 어린이들에게 맑고 깨끗한 음식을 제공하는 것이 어른들의 필수 과제임을 역설하기도 하고, 생협을 만들어 건강한 식재료를 제공하기도 했습니다. 그래서 초창기에는 〈생태유아공동체〉를 이용하다가, 마침 가까이에 〈한살림생활협동조합〉이 있어서 함께 이용하게 되었습니다.

잘 아시겠지만, 〈한살림생활협동조합〉은 동학의 생명사상에 입각해서, 특히 해월 최시형 선생의 '밥 한 그릇에 만사의 이치가 담겨 있다'는 가르침을 받들어 밥상 살림을 선언하면서 나온 공동체입니다. '밥 한 그릇의 이치'는 밥 한 그릇이 전 우주가 참여해서 만들어진다는 사실, 즉 밥 한 그릇 안에 우주가 담겨 있다는 사실을 이해하고, 그것이 내 앞에 오기까지의 전 과정을 이해함으로써 세상 돌아가는 이치를 알아야 한다는 것입니다. 이런 사상으로 설립된 〈한살림〉은 선지자적인 판단과 의식 있는 생산자들의 정성된 노력으로 땅을 살리고 밥상을 살리고 농촌을 살리면서, 생산자와 소비자가 한마음이 되어 모심과 살림의 정신을 이 땅에 구현해 왔습니다.

그래서 우리 어린이집에서는 일반 마트에 비해 다소 비싸긴 하지만 생명 살림에 동참하는 마음으로, 또한 아이들에게 건강한 먹을거리를 제공한다는 마음으로 지금까지 이를 최우선 순위로 실천하고 있습니다. 이로 인한 지출에서의 적자는 기꺼이 감수해야 하는 비용이라고 생각합니다. 한살림보다 늦게 출발했지만 역시 친환경 먹을거리에 주력하는 〈아이쿱(자연드림)〉도 가끔 이용하고, 윤구병 선생님의 '변산공동체'의 농산물을 이용하기도 합니다. 우리는 이들 단체와 연계하여 먹을거리만큼은 지킨다는 신념으로 흔들림 없이 실천하고 있습니다.

생명의 땅을 지키려는 노력으로 만들어진 농산물에는 그들의 의지와 정성이 배어있다는 것을 굳게 믿습니다. 그 의지와 정성을 먹으면서 생명살림의 주인으로 성장하리라는 것도 굳게 믿습니다. 또한 각 가정의 식생활에서도 함께할 것을 권유하고 그렇게 실천해 가고 있습니다. 그러다 보니 많은 가정이 이미 한살림 조합원이 되어 있는 경우를 봅니다. 아이들 밥상엔 텃밭에서 키운 채소가 수시로 올라옵니다. 그래서 밥상에는 늘 맑은 기운과 밝은 에너지가 넘칩니다. 아토피나 배변 장애가 있던 아이가 낫는 일도 가끔 있습니다. 자연과 가까워지고 기운이 맑은 음식을 먹며 식생활이 바뀌면 몸은 저절로 회복되는 것이기 때문입니다.

# 아이들의 하루

교사 호호

마당 문을 열면 흙산이 펼쳐져 있고 흙집도 올라가고 있습니다. 늘 정겨운 풍경입니다.

금동이에게 인사하며 오늘도 새날을 엽니다. "모시고, 금동아 안녕!"

현관문을 엽니다. "모시고 안녕하세요!" 인사를 건네자 여기저기서 인사가 쏟아집니다.

"모시고 안녕하세요.", "선생님, 저 이것 만들었어요.", "이것 보세요."

일찍 등원한 아이들은 아침부터 손놀림이 바쁩니다. 하늘반 산이한울님은 책상으로 미끄럼틀 만들기에 여념이 없습니다. 동생반 은우한울님을 초대하기도 합니다. 모양이 예사롭지 않습니다. 무너질까 두려웠던 미끄럼틀을 위아래로 놓아 튼튼하게 짓습니다. 책상이 더 필요한가 봅니다.

"선생님 것도 가져가도 돼요?" 선생님께 묻습니다. 처음에는 막무가내로 갖고 가더니 이제 제법 형님답게 의젓하게 말합니다. 호호샘이 물어봐 줘서 고맙다고 인사하니 산이한울님도 책상을 갖고 가며 고마운 마음을 담아 인사합니다. "선생님, 고맙습니다."

아이들의 놀이는 계속되고 새날열기 시간이 다가옵니다. 새날열기는 아이들의 미끄럼틀놀이공간을 보호하기 위해 한쪽 귀퉁이로 옮겨와서 시작합니다.

새날열기 시간입니다. 함께 절하며 "모시고 서로 배우겠습니다." 인사합니다. 아이들은 형님답게 의젓하게 앉아서 새날열기를 하지만 때로는 흐트러진 자세로 새날열기를 시작합니다. 오늘은 졸린 눈을 억지로 뜨며 하품까지 합니다. 호호샘은 제안합니다. "오늘은 손발박수치기를 해볼까요?" 다율한울님은 "좋아요. 이번에는 새로운 탄도 만들어요"라며 눈동자가 반짝반짝 빛나기 시작합니다. "손손손손 발발발발~ 손발손발~" 아이들은 집중하며 손발박수치기를 하여 2탄 3탄까지 만들어 냅니다. 졸음이 달아나고 몸을 깨우며 마음도 깨워 봅니다. 다시 새날열기에 집중하며 한울마음소리를 모아 봅니다.

"나는 한울 부모님과 선생님도 한울 천지만물도 한울." 모두가 한울이 되는 순간입니다.

그리고 맑은물을 따르며 아이들의 마음을 담습니다. "엄마가 산들맘을 자주 왔으면 좋겠어요", "엄마가 아프지 않으면 좋겠어요", "다솜샘이 빨리 나으면 좋겠어요", "새 우산을 친구들과 같이 사용하고 싶어요", "형님들이 싸우지 않으면 좋겠어요", "엄마가 '빨리빨리~' 이야기를 안 했으면 좋겠어요."… 아이들은 속내를 그대로 드러냅니다. 호호샘도 맑은물을 따르며 놀이하다가 물속작은생물들을 돌려보내 준 하늘반 형님들에게 고마운 마음을 담습니다. "○○에게 약속을 지키지 못했어요~ ○○에게 화를 냈어요. 미안한 마음을 전해주고 싶어요." 호호샘의 진솔한 마음을 담습니다. 맑은물 시간에 아이들은 엄마에게 전해주고 싶은 이야기나 동무들과 사이좋게 지내고 싶은 마음들을 많이 담지만, 때로는 서로 토닥거리며 칭찬해주고, 때로는 서로 오해했던 일들을 풀어냅니다. 그리고 내 마음과 동무의 마음, 모두의 마음을 모아서 함께 나눠 먹습니다. 맑은물 시간은 한울 마음을 먹고 오늘 하루도 한울 마음으로 살아가려 준비하는 시간이기도 합니다.

이제 나들이 갈 시간입니다. 한울 마음으로 가득했던 호호샘의 마음에 빨리빨리 괴물마음이 슬금슬금 들어옵니다. "얘들아, 빨리 나갈 준비 하자. 우리가 늦게 가면 동생들도 늦어요." 아이들은 그래도 이야기꽃을 피우느라 한창입니다. 호호샘은 때로는 형님반이 늦게 가도 될 것을 꼭 먼저 가야 한다고 생각합니다. 형님다움을 강조하면서요. 그래서 호호샘 마음에 삐죽삐죽 마음이 들어와 입을 꼭 다물며 눈에 힘을 줍니다. 아이들은 그제야 빨리빨리 괴물딱지가 나타난 것을 알아챕니다. 빨리빨리 괴물을 피해서 나들이 갈 준비를 하고 다다다~ 뛰어서 조리사 선생님께 인사드리러 갑니다. "벼리선생님, 모시고 다녀오겠습니다!" 씩씩하고 밝은 기운으로 인사하고 마당으로 나갑니다. 슬금슬금 기어 나오던 호호마음의 괴물딱지는 다시 잠잠해집니다.

나들이 시간입니다. 오늘은 용담정으로 갑니다 "최제우 할아버지, 모시고 안녕하세요!" 최제우 할아버지 동상을 향해 인사한 후 손을 맞잡고 "도와줄게!" 외칩니다. 물론 마음이 바쁜 아이들은 쌩하니 먼저 가버립니다. 졸졸졸 어디선가 물소리가 들립니다. 몇몇 아이들은 수로에 나뭇잎을 띄워 보냅니다. "하나만 따도 돼?" 나뭇잎이 따도 된다고 했나 봅니다. 아이들은 앞다투어 나뭇잎을 떠내려 보내는데, 초록 나뭇잎 하나가 낙엽 더미에 걸립니다. 채리한울님은 안타까운 눈빛으로 나뭇잎을 바라보며 외쳐봅니다. "힘내, 넌 할 수 있어!" 선생님도 아이들과 함께 기운을 모아 보냅니다. 나뭇잎이 다시 힘을 냅니다. 낙엽 더미에 걸려있던 나뭇잎이 다시 떠내려갑니다. 아이들도 나뭇잎을 따라 뛰어갑니다.

다시 용담정 계곡을 향해 올라갑니다. 누군가 소리칩니다. "호호샘, 저기 지렁이 한 마리 있어요." 뜨거운 햇살 아래 지렁이가 힘겹게 기어가는 모습이 보입니다. 연우한울님이 지렁이에게 물을 부어줍니다. 그리고 지렁이가 풀숲으로 갈 수 있도록 물길을 만들어 줍니다. 그러자 몇몇 아이들도 지렁이를 위해 기꺼이 물을 양보하며 속삭여줍니다. "지렁이야, 힘내서 이 길 따라 시원한 숲속으로 잘 가." 지렁이는 아이들이 만들어 준 물길을 따라 숲길로 들어갑니다. 아이들은 그제야 제 갈 길을 갑니다.

어제 내린 빗물이 절벽을 타고 내려옵니다. 시은한울님은 환하게 웃으며 물올챙이가 바위에도 나타났다고 좋아합니다. 절벽을 따라 내려오는 물방울이 마치 올챙이 같습니다. 아이들은 계곡물에 가서 진짜 올챙이를 잡습니다. 손길이 바쁩니다. 여기저기 돌을 쌓아 올챙이 집을 만들기도 합니다. 도롱뇽 새끼도 잡고 개구리 올챙이도 잡습니다. 엉덩이가 젖어도 모릅니다. 오로지 올챙이만 보입니다. "얘들아, 나 올챙이 한 마리 잡았다!", "어디 어디, 여기 넣어." 아이들은 온 힘을 다해 놀이에 집중합니다. 소금쟁이도 눈에 띕니다. 소금쟁이가 물그림자를 만들어냅니다. 햇살 아래 아이들도, 물그림자도 반짝거립니다. 눈부실 만큼 아름다운 정경입니다. 하지만 아쉽게도 돌아갈 시간입니다. "올챙이야, 안녕! 잘 있어. 다음에 또 보자." 한울님들은 서운한 마음을 다독이며 올챙이에게 인사를 합니다. 올챙이들은 묵묵부답입니다. 자유를 찾아 헤엄쳐갈 뿐입니다.

내려오는 길에 아이들은 호호백발마녀놀이를 합니다. 다리 뒤에도 숨고 계단 아래도 숨어 호호백발마녀가 다가가면 불쑥 튀어나와 여기저기서 공격합니다. 아이들은 자신의 팔 길이만 한 막대기를 휘두르거나 휘두르는 시늉을 합니다. 놀이와 아이가 하나 되는 순간, 아이들은 기운 덩어리로 변신합니다. 평소 아프다던 다리는 온데간데없고 쌩쌩 달립니다. 넘어져도 잠깐 웁니다. 높은 언덕도 잘 올라갑니다. 못 올라가는 아이들은 서로서로 손을 잡아주며 마음을 나눕니다. 마침내 호호백발마녀가 쓰러집니다. 승리의 기쁨을 만끽하는 것도 잠깐입니다. 동생들이 호호백발마녀에게 다가와 풀잎을 하나씩 건네주며 '약초'라고 합니다. 먹고 힘내래요. 아무리 나쁜 마녀라도 쓰러지면 도와줍니다. 약초를 먹은 호호백발마녀는 다시 살아나 착한 호호샘으로 변신합니다. 그리고 아이들과 함께 노래 부릅니다. "용담정에 가면 뭐가 있을까? 나무도 있고 하늘도 있고~ 올챙이도 있고 아이들도 있고~" 흥얼흥얼 그저 신나고 기쁩니다.

이제 돌아갈 시간입니다. "최제우 할아버지, 모시고 잘 놀다 갑니다.", "용담정아. 안녕! 하늘도 안녕, 나무도 안녕, 풀도 안녕, 올챙이랑 개구리도 안녕, 모두 모두 안녕." 아이들의 맑은 인사 소리가 용담정 골짜기 여기저기 곱게 울려 퍼집니다.

나들이에서 돌아와 나누미를 합니다. 한 그릇의 밥이 나오기까지 수고하신 모든 분과 천지만물에게 고마운 마음을 담아 인사합니다. "해님, 비님, 바람님, 땅님, 벼리선생님, 농부님 고맙습니다!" 그리고 밥가를 부릅니다.
"밥은 하늘입니다. 하늘은 혼자 못 가지듯이 서로 서로서로 나누어 먹습니다."
밥가를 부르며 호호샘은 잠시나마 마음의 욕심을 비워냅니다. 그리고 온 우주가 담겨 있는 밥 한 그릇을 귀한 마음으로 아이들과 나눠 먹습니다.

밥을 먹은 아이들은 이제 놀이밥을 먹습니다. 요즘은 보자기놀이가 한창입니다. 서로서로 메어 줍니다. 보자기를 둘러메고 여러 가지 놀이를 쏟아냅니다. 오늘은 구슬놀이입니다. 홈이 파여 있는 나무 블록들을 연결하여 구슬 길을 만들고 구슬 넣기 놀이를 합니다. 그때 누군가 흥분하여 씩씩거리며 놀잇감을 던집니다. "놀잇감을 던지면 어떻게 해. 놀잇감도 한울인데." 야

호호샘과 마당놀이

무진 목소리로 은우한울님이 훈계를 시작합니다. 그러자 여기저기서 "맞아. 놀잇감도 한울이야. 천지만물은 모두 한울이야." 놀잇감을 던진 동무를 나무랍니다. 놀잇감을 던진 아이는 슬그머니 꼬랑지를 내립니다.

　마당놀이 시간입니다. 동생들은 평상에 누워 햇살을 즐깁니다. 얼굴은 그늘에 숨기고 햇살은 이불이 됩니다. 푸른 하늘 속에 어린양도, 멍멍 금동이도, 물고기도 있습니다. 동생들은 하늘나라에 사는 동물 친구들을 찾는 재미에 푹 빠져 있습니다. 형님들은 바쁩니다. 흙산 위에서 수로파기 놀이를 합니다. 물 팀과 흙 팀이 있습니다. 흙을 파서 수로를 만들고 댐을 쌓습니다. 물 팀이 등장하여 물을 쏟습니다. 수로를 없애고 댐을 없애면 물 팀이 이깁니다. 더 튼튼한 댐을 쌓습니다. 점점 흙 쌓는 솜씨가 정교해집니다. 한쪽 귀퉁이에서는 음악을 연주합니다. 진우한울님과 유진한울님은 고무대야와 냄비 몇 개를 엎어놓습니다. 그리고 대나무막대기로 두들겨댑니다. 쿵쿵 쾅쾅

~ 쿵쿵 쿵쿵~. 승빈한울님은 흙덩이를 들고 커다란 물통 안에 흙그림을 그립니다. 노란 흙, 빨간 흙, 보물찾기하던 흙덩이가 이제는 흙물감으로 변신 중입니다. 주연한울님은 제 키보다 더 큰 미끄럼틀을 혼자 힘으로 나릅니다. 영차~ 영차~ 태솔한울님이 힘을 모읍니다. 그리고 나무 아래 갖다둡니다. 다리를 쫘악 벌립니다. 팔뚝에는 알통이 보입니다. 온 힘을 다해 마침내 혼자 힘으로 나무에 올라갑니다. 나무에서 하늘을 올려다봅니다. 햇살에 나뭇잎이 반짝입니다. "우주다!" 나뭇잎이 우주처럼 느껴지나 봅니다. 우주를 품에 안은 건지, 우주의 품에 안겨있는 건지, 그저 아이들은 나무 위에서 자유를 만끽하며 시원한 바람을 느낍니다. 푸른 들판을 바라봅니다. 논에 있는 벼 이파리도 사르륵사르륵 흔들립니다. 땅 위의 아이들도 바람에 몸을 맡겨봅니다. 흔들흔들 흔들흔들~. 호호샘도 바람을 느껴봅니다. 신발을 벗습니다. 맨발로 흙의 감촉을 느낍니다. 아이들도 맨발로 꼼지락꼼지락 흙과 하나가 됩니다.

빗소리가 들리는 날도 있습니다. 물웅덩이가 깊게 패는 날도 있습니다. 또로롱 또로롱 우산에 빗소리가 들립니다. 첨벙첨벙 물소리도 들립니다. 꿈틀꿈틀 지렁이가 기어갑니다. 참새가 포르릉 날아갑니다. 해바라기가 해를 향해 뻗어있습니다. 아이들의 웃음소리는 끊이지 않습니다. 판화가 이철수 님의 글귀처럼, '봄이면 봄이 되는 집, 여름 가을 겨울이 오는 걸 다 아는 집,' 여기는 방정환한울어린이집 마당입니다. 놀 거리, 놀 터, 놀 동무 무엇 하나 부족함이 없는….

스스로 자라고 서로 배우는 기쁜 어린이,
이 아이들을 넉넉한 마음으로 키워내길 바라는 마음입니다.
한울 마음을 먹고 한울 마음으로 살아가길 바라는 호호샘의 마음입니다.

## 공동체 프로그램

### 일 년 살이 세시풍속 놀이

공동체를 지향하는 우리 어린이집에서는 모든 활동의 바탕이 되는 것이 세시풍속입니다. 이 활동은 오랜 역사를 두고 자연과 삶이 밀착되어 하나의 호흡으로 살았던 선조들의 생활이며 의식이기에, 여기서 싹트고 자라난 문화와 역사와 예술적 감흥은 시대를 초월하는 소중한 놀이 소재가 되기에 충분합니다. 그 어떤 것보다 우수한 문화 자산입니다.

방정환한울어린이집에서는 세시풍속을 근간으로 일 년 살이를 구성합니다. 일 년의 활동을 살펴보면, 3월에는 삼짇날, 4월에는 가족 산행, 5월에는 한울장터, 6월에는 단오, 7월에는 유두, 아빠캠프, 8월에는 졸업여행, 9월에는 추석, 10월에는 한울밥상, 11월에는 김장, 12월에는 동지팥죽, 1월에는 설날, 2월은 정월대보름으로 이어집니다.

3월이 되면 갖가지 새순이 들판을 덮어 먹을 것이 사방에 널려있습니다. 진달래를 비롯해 꽃다지, 꽃말이 등 분홍, 노랑, 보랏빛 들꽃들을 채취해서 화전을 구워 먹고, 쑥을 캐서는 쑥떡을 만들어 먹습니다. 어린이들이 구워놓은 화전을 보면 동글동글한 반죽 위에 꽃잎만이 아니라 연두 이파리까지 얹어, 마치 제각각 정원이 펼쳐진 듯합니다. 다 만들어진 소담한 정원을 먹어보기나 한 것처럼 스스럼없이 꿀떡꿀떡 잘도 먹는 걸 보면 참 신기합니다. 스스로도 자랑스러운지 으쓱대기까지 합니다.

4월에는 알맞은 날을 택해서 가족 산행을 합니다. 방정환한울어린이집 가족들이 모여 같은 가치를 꿈꾸는 비슷한 몸짓으로, 또한 자기 아이의 독특한 행동과 근황들을 이야기 나누며 위로와 공감의 시간을 즐깁니다. 때로는 할머니, 할아버지, 이모, 이모부, 큰형, 작은형은 물론 아버지 친구까지 동참하여 한데 어울리기도 합니다. 이 특별한 구성은 한 어린이가 자라는 데 온

화전 만들기            쑥주머니 만들기

마을이 필요하다는 말을 실감 나게 합니다. 산을 오르면서 널려있는 자연물로 주제 있는 작품을 만들어 이야기를 엮어가기도 하고, 몸으로 주제를 표현하기도 합니다. 자연물이라 하면 나무껍질, 크고 작은 나뭇잎, 낙엽, 풀들, 크고 작은 돌, 부러진 나무 둥치, 솔방울, 마른 열매들입니다. 살펴보면 재미난 모양을 한 자연 친구들이 많습니다. 팀을 이룬 가족들이 이런 자연물로 보자기 위에 정원을 꾸몄는데, 그 의미가 참으로 신선하고 숨은 뜻이 깊습니다. 공작새와 첨성대와 연못을 어울리게 꾸며놓고는 '신라 천년의 꿈'이라 하기도 하고, 태극기와 무궁화를 꾸민 팀은 '남북통일을 기원하는 정원'이라고 합니다. '북극곰의 힘'이라는 제목을 붙인 팀의 해설은 더욱 놀랍습니다. 악어 가족을 꾸며놓고는 '악어가 살아 있는 곳은 자연이 살아 있다는 증거고 자연이 살아나면 북극곰도 살 수 있다'는 것입니다. 가슴이 뭉클해지는 순간입니다. 그런가 하면 나무색 풀색만으로 해바라기를 장식하고는 "꿈꾸는 해님처럼 빛나요"라고 소개하기도 합니다. '사자처럼 무섭고 깊은 바다'라는 제목을 단 가족들은 천지 만물이 어우러진 듯 자유로운 물결이 마구 출렁이는 느낌을 주기도 했습니다. 어떤 인위적인 채색을 하지 않고도 마음 깊이 숨어 있는 감각들을 그렇게 끌어낼 수 있다니 참 놀랍기만 합니다. 그렇게 아빠 배낭 꼭대기에 얹혀서 언니 따라 산을 오르던 아기가 그새 자라서 냅다 산을 뛰어 오르내리는 어엿한 한울어린이집 주인이 되어 있기도 합니다.

오뉴월에는 창포·버들가지·쑥대를 삶은 물에 머리를 감고, 널도 뛰고, 그네타기랑 씨름도 합니다. 나들이에서 캐온 쑥을 말려 쑥 주머니를 만들고 단오 부채도 만들자 하면, 들도 바쁘고 물도 바쁘고 농부들 손길이 바쁘듯 어린이들도 바빠집니다. 이때는 매실을 구입해서 매실효소를 담습니다. 두고두고 중요한 양념이 되기도 하고, 여름날 좋은 새참 음료가 됩니다. 쫄깃쫄깃한 매실 알갱이도 귀한 새참이 됩니다.

더 더워지기 전에 한울장터가 열리는데, 물려주거나 나누어 가질 만한 물건이나 장난감, 옷, 책들, 그리고 각 가정에서 특별한 솜씨를 발휘한 장아찌, 공작품 등을 상품으로 전시합니다. 마당에서는 부모 모임인 '도란도란'에서 마련한 먹을거리 장터가 열립니다. 이날은 특별히 어린이들 각자의 수입으로 새참을 사 먹습니다. 여기서 이익금이 발생하면 도움이 필요한 곳에 쓰거나 '도란도란'에서 결정하여 알맞게 사용합니다. 작년에는 11월에 장터를 열었는데, 큰 반 어린이들이 상품 종목이랑 가게 이름을 만들고 간판도 손수 만들었습니다. 저희가 의논해서 붙인 가게 이름은 'JJ갤러리', '네오네오 갤러리', '재미있는 장난감가게', '골라골라조'였습니다. 가져온 물건에 가격도 정해서 붙이니 제법 장터 꼴이 만들어졌습니다. '도란도란'에서는 마당이 좀 쌀쌀한 때라 어묵탕과 삶은 달걀을 준비했습니다. 아이들은 자신이 번 돈을 가지고 와서는 손을 비비며 어묵탕으로 몸을 녹입니다. 제법 장사치 모습이 나는 가운데 서로 깔깔대며 장터 분위기는 무르익어 갑니다.

7월에는 아빠 캠프를 여는데, 아이들이 엄마 품을 떠나 오롯이 아빠의 손길에 맡겨지는 '아빠만의 돌봄 시간'입니다. 그 시간에 엄마들은 오랜만에 육아에서 해방된 시간을 보냅니다. 아빠들은 미리 준비한 식재료로 아이들과 밥을 해 먹고, 야간 산행을 하고, 엄마에게 편지를 써보기도 합니다. 아빠 캠프에 참가했던 아빠 중에는 엄마 없이 아이와 둘이서 덩그러니 놓인 상태가 처음이라 당황스러웠다는 분도 있습니다. 한편으로 아이와 단둘의 시간을 보내며 이전에는 느껴보지 못했던 친밀감으로 뭉클했다는 아빠도 있습니다. 아빠 캠프에서 매년 빠지지 않는 것이 아빠들이 요리한 저녁 밥상입니다. 늘 기대되는 시간입니다. 아빠들이 가장 잘하는 메뉴를 선택해서 재료와 그에 맞는 조리 기구를 준비해 옵니다. 마른새우볶음과 양배추 쌈, 감자 샐러드, 어묵꼬지, 짜장면, 감자당근볶음, 너겟구이, 장육, 단무지 무침, 찐만두, 소시지 무침, 야채 달걀말이, 고기두루치기, 삼겹살 소금구이 등 직접 썰고 볶고 간 맞추고 익히고 기다리고… 그 사이에 어린이들은 같이 감자도 으깨고 재료도 집어주고 간도 봐주며 거듭니다. 그래도 도움이 되기보다는 오히려 망치기도 하고, 더 요구 사항이 많아지기만 할 뿐입니다. 아빠들에게는 그 시중까지 들어가며 완성해야 하는 고난도의 활동입니다. 하지만 아빠들은 기어코 먹음직스러운 한 상을 만들어 놓습니다. 아빠들은 일렬로 늘어선 일품 요리들을 바라보며 탄성을 지릅니다. 스스로에게도 아낌없는 칭찬을 하게 되는 장면입니다.

서로 만든 음식을 골고루 나누어 먹고, 설거지까지 하고 나니 밖은 벌써 어두워져 있습니다. 산행을 시작할 시간입니다. 용담정 약수터까지 가서 물을 받아와야 합니다. 어린이들은 아빠들보다 잘 걷고 뛰면서 오르다가도 공연히 어리광 피우며 안아달라고 떼를 쓰기도 합니다. 아이도 안아야 하고, 손전등도 들어야 합니다. 손이 모자란 아빠의 마음을 헤아려 줄 리 없는 아이들입니다. 이렇게 옥신각신 실랑이를 하면서 약수터까지 다녀옵니다. 수

고한 다리도 좀 쉬면서 글자 맞추기 게임을 합니다. 각자 고른 글자를 어린이와 함께 새 종이카드에 쓰고 꾸미는 것입니다. 다 쓴 글자를 서로 배열하여 문장을 만들어야 합니다. 그렇게 만들어진 글자판에는 '아이들의 최고의 놀이터는 자연입니다'라는 글이 나타납니다. 개중에는 기어코 엄마에게 보여 준다고 글자카드를 내놓지 않아서 한두 장의 글자가 이빨 빠진 것처럼 비기도 합니다. 둥글게 둘러앉아 힘겹게 받아온 약수로 '맑은 물' 시간으로 마무리를 합니다. 힘들었던 점, 내 아이와 이야기 나누며 새롭게 알게 된 점, 잘 마무리하게 되어 뿌듯함, 아이와의 오롯한 시간에 대한 고마움, 어린이집이 추구하는 가치에 한발 다가갔다는 고백, 우리 어린이집이 미래세상의 열쇠를 쥐고 있다는 믿음까지 다양한 마음나누기가 이루어집니다. 그리고 "서로 배우겠습니다, 고맙습니다!"라며 함께절을 하고 마칩니다.

7, 8월이 되면 봄에 심었던 봉숭아꽃들이 활짝 피어나고 해바라기도 우쭐우쭐 얼굴이 여물어 갑니다. 이때가 되면 손톱에 봉숭아물도 들이고, 밀가루 반죽이나 종이죽으로 유두구슬을 만들어 두었다가 목걸이·팔찌를 만들기도 하고, 곁들여 시원하게 매실 물을 마시고, 오색국수를 삶아 먹기도 합니다. 특히 마당 물놀이는 여름 내내 신나는 놀이입니다. 9, 10월에는 송편을 빚어 나들이 때 채취한 솔잎을 깔고 삶아냅니다. 이때는 줄다리기, 강강술래, 제기차기, 투호놀이를 하는데, 제기는 엽전과 한지로 만들고 투호 살은 대나무를 자르고 다듬어 사용합니다.

섣달 초에는 김장을 하는데, 우리가 먹을 김장배추랑 무는 텃밭에서 가져옵니다. 아이들이 '작은 농부' 수업을 통해 벌레도 가려내고 물 주며 가꾸어 온 것입니다. '도란도란'에서 절이기, 씻기, 버무리기 조를 나누어 어린이들의 김장하기 활동을 돕습니다. 동지섣달에는 어김없이 새알을 만들어 팥죽을 쑵니다. 마당에 솥을 걸어 불을 때서 죽을 쑤는데, 대형 주걱으로 배에서 노를 젓는 것처럼 일일이 밀어보는 재미가 특별합니다. 겨울이 되면 마당에

텃밭에서 키운 배추로 김장하기

마당에서 팥죽 쑤기

서는 물론 텅 빈 논에서, 근처 개울에서 윷놀이, 연날리기, 자치기, 얼음 타기 등 겨울놀이가 이어집니다.

정월과 정월 대보름에는 만두 빚기, 강정 만들기, 쥐불놀이, 달집태우기를 합니다. 달집은 텃밭놀이터 근처를 돌면서 나뭇가지들을 주워 모아 쌓아 올립니다. 가족들도 참여해 분유통이나 음료 캔으로 달집 통을 만들어 쥐불놀이를 합니다. 처음에는 불이 위험해서 작은 돌을 넣고 돌려보기도 했습니다. 돌이 떨어지지 않게 휘휘 돌리는 연습을 한 다음 불씨를 넣어 돌려봅니다. 주워온 나뭇가지로 만든 달집에 달아놓은 소원편지는 전날 미리 부모님들께 공지하여 어린이와 함께 써옵니다. 소원편지를 나뭇가지에 묶으면서 한 해의 평안과 건강을 간절히 기원하는 모습은 옛날 우리 부모님들의 모습 그대로입니다.

◇ **산들맘 일지**

오늘은 단오라 수리취떡도 만들고, 창포물에 머리도 감고 손도 씻고 세수도 했어요. 쑥과 창포, 버들가지를 함께 끓인 물이라 향기도 좋답니다. 아이들이 고사리 같은 손으로 동글 동글 떡을 빚어 무늬 틀에 넣고 꾹꾹 눌러서 떡을 만들었어요. 저도 해보니 무척 재미있었어요. 아이들도 그랬겠지? 좋은 경험을 할 수 있는 기회를 준 어린이집에 참 고맙습니다. 아이들과 함께하는 동안 동심으로 돌아간 듯합니다. 한동안 산들맘에 참여하지 못했는데, 막내가 졸업할 때까지 가능한 한 부지런히 따라다녀야겠어요.

(주연·민성·서연 엄마)

"아빠, 오늘 나 화전 먹었다.", "아빠, 이 흙냄새 맡아 봐."
"아빠, 이건 쑥이고, 요건 달래고, 이건 아기똥풀이야. 이걸로 손톱에 색칠한다."
"아빠, 나 오늘 창포물에 머리 감았어."
어떠한 철학도, 어떠한 이론도, 내 아이가 쏟아낸 저 말들보다 저에게 더 확신을 주진 못하는 것 같습니다. 그저 내 아이의 말과 눈빛이 우리 어린이집 자체입니다.

(다울이 아빠)

## 작은 농부

공동체적 삶에서 빼놓을 수 없는 것이 '의식주'입니다. 윤구병 선생님은 "교육이란 하나는 자기 앞가림하는 것을 배우는 것이고, 하나는 더불어 살아가는 힘을 배우는 것"이라고 늘 강조하셨지요. 정말 너무도 간결하고 적확하게 참교육의 의미를 말씀하셨다는 생각이 들어요. 그런데 이 두 가지를 동시에 배울 수 있는 것 중에 으뜸 되는 것이 바로 '농사'입니다. 농사를 통해 살아가는 데 가장 필요한 먹을거리를 얻게 되는 것이기 때문입니다. 또 농사는 혼자 하기 어려워서 여럿이 같이 해야 하기에 더불어 살아가는 힘과 협동 정신을 배우는 가장 중요한 배움이라고 할 수 있어요. 그런 취지에서 만든 활동이 바로 '작은 농부'입니다.

'작은 농부' 활동은 어린이집에서 차로 10분 정도 거리에 있는 '방정환텃밭 책놀이터'(남사리 소재)에서 이루어집니다. 여기서 모든 농사는 자연농법으로 짓습니다. 이 자연농법을 위해 멀리 홍천에서 자연농법을 묵묵히 실천하고 계신 최성현 선생님을 모셔 와서 가르침을 구하기도 했어요. 이 활동은 어린 이들이 대자연의 힘과 생명의 원리를 느끼며, 직접 씨 뿌리고, 심고, 가꾸고, 거두는 농부의 수고와 수확의 기쁨을 맛보며 즐기는 활동입니다. 일주일에 한 번, 말 그대로 농부가 되어 밭일을 체험해 보는, 일과 놀이가 하나 된 체험 학습이지요.

아이들이 텃밭에 도착하면 맨 먼저 몸과 기운을 맑게 하기 위해, 산이나 밭에서 채취하여 손수 만든 차를 나누어 마십니다. 차를 마시면서 왁자지껄하던 아이들도 제법 의젓하게 앉아 호흡을 고릅니다. 그리고 나서 모두 호미를 들고 밭으로 향합니다.

3월의 밭고르기부터 시작하여 씨뿌리기, 모종심기, 솎아주기, 물 주기, 벌레잡기, 관찰하기, 웃거름 주기 등 여러 활동을 거쳐 수확하고 손질하여 내 입으로 들어오기까지 전 과정을 체득해 갑니다. 아이들은 저마다의 방식으로 작물과 교감하며 1년간 밭의 변화와 식물 생태계의 변화를 느낍니다. 일하다 땀이 나면 텃밭 옆으로 난 개울물에 가서 땀을 씻기도 하는데, 그 물을 길어다가 작물들에게 나눠주는 것도 즐거운 놀이입니다. 어떤 아이들은 밭일보다는 주변의 다양한 들꽃과 인사하고, 개구리·지렁이들과 놀기 바쁩니다. 산에 난 열매를 따 먹는 재미에 흠뻑 빠지는 아이들도 있습니다. 그러다가 쉬가 마려우면 생태화장실로 달려갑니다. 처음엔 낯설어하던 아이들도 이제 제법 친숙하게 사용합니다.

이렇게 수확한 감자, 고구마, 가지, 토마토, 들깨, 당근, 호박, 배추, 무, 옥수수, 마늘, 양파 등을 텃밭에서 바로 맛보기도 하는데, 이들 수확물은 행사 활동 상품 품목으로 등장하기도 하고, 남는 것은 어린이집 반찬으로도 활용합니다. 이곳에서 1년을 보낸 어린이들은 어느덧 어엿한 작은 농부가 되어 햇볕에 그을린 건강한 얼굴로 영글어갑니다.

"아빠, 난 커서 농부 될 거야."

어린이집에 적응하고 나서 언제부턴가 다윤이는 농부가 되고 싶다고 합니다. 그 까닭은 방정환텃밭놀이터 활동이 있던 어느 날 산들맘으로 참여했을 때 쉽게 알 수 있었습니다. 조용히 제 손을 잡고 선생님의 농기구가 정리되어 있는 곳으로 가서는 농기구 하나하나를 소개해 줍니다. 그때 아이의 초롱초롱한 눈빛은 지금도 가슴에 담겨 있습니다. 진정 기쁨으로 자라고 있는 아이의 모습을 보며 그 모습이 부럽기까지 합니다.

그 후 시장에 있는 철물점에서 호미, 삽, 괭이는 기본이고 이름 모를 다양한 농기구를 사러 가는 시내버스 여행이 시작되었습니다. 처음에는 아내와 둘이서 다니다가 무거운 농기구를 살 때 저도 따라가기 시작했는데, 아이는 이미 철물점의 '아기 농부 단골손님'이었습니다. 아이 덕분에 이곳에서 처음으로 시내버스를 타보았습니다. 비 오는 시내버스의 예쁜 창밖 풍경을 볼 수 있었던 것도, 시장의 정겨운 시끌시끌한 소리를 들을 수 있었던 것도 모두 아이 덕분입니다.

(다윤이 아빠)

## 흙집짓기와 목공놀이

한울어린이집에서는 어릴 때부터 우리가 살아가는 데 꼭 필요한 '삶의 기술'을 접하게 하고자 '작은 농부'에 이어 흙집짓기와 목공을 놀이 삼아 시작했습니다. 무슨 결과물을 만들어내기보다는 말 그대로 놀이 삼아 흙과 나무를 만지는 데 익숙해졌으면 해서 시작한 일입니다.

아이들은 목수 선생님의 안내에 따라 흙을 체로 치고 돌을 골라내어 흙주머니를 만듭니다. 그 흙주머니로 담을 쌓아 올리고, 진흙을 개서 흙벽을 바르고, 대나무를 잘라 지붕을 얹습니다. 흙주머니는 물막이, 흙막이, 흙 계

대나무 자르기                   대나무 침대 만들기

단, 연못둘레치기, 물길 만들기, 판세우기받침대 등 쓰임이 놀랄 만합니다.

아이들은 긴 시간을 두고 흙집을 짓습니다. '흙집을 짓는다'기보다 흙을 가지고 논다는 표현이 더 맞을 것 같습니다. 대부분 아이들이 흙을 가지고 노는 것을 좋아합니다만, 그것이 흙장난으로 끝나는 게 아니라 조금씩 형태를 갖추기 시작하자 아이들은 환호성을 지르며 신이 납니다. 아이들이 어린이집에 머무는 2~3년 동안 그럴듯한 흙집이 모양을 갖추는가 했는데, 그만 지난 태풍에 무너져 버렸어요. 그래서 이번엔 조금 다른 모양으로 짓겠다며 자기들끼리 구상도 하고 나름 고민하는 모습들이 참 귀엽기만 합니다.

목공놀이도 마찬가지예요. 대나무 하나만으로 지붕을 만들고 숟가락을 만들고 흙통을 만들고 미끄럼틀, 사다리, 기찻길, 화살, 연살, 투우살, 물총, 소리악기 등 온갖 창의적인 놀잇감을 만들어냅니다. 솔방울, 나뭇가지, 돌, 이파리 볏짚 등 자연물들도 소중한 목공놀이의 재료가 됩니다.

이렇게 흙집짓기와 목공놀이를 통해 아이들은 일을 놀이로 즐기면서 자연

흙주머니 쌓기

흙벽 바르기

스럽게 삶의 기술을 체득해 갑니다. 작업에 몰두하는 경험을 통해 성취감과
자존감이 생기기도 하고, 같이 구상하고 협동해서 만들어가는 경험을 통해
더불어 살아가는 힘을 기르게 됩니다.

◇ 산들맘 일지

솔방울산에서 생태목공 활동을 하는 날입니다. 형님반 아이들이 모종삽으로 땅을 파고 있
었어요. 호호샘 말씀을 들으니 지구가 아프다며 땅 아래 비닐을 모두 파서 끄집어내는 중
이랍니다. 워낙 흔한 일이라 그냥 지나칠 법한데, 우리 아이들은 지구까지 생각하는 마
음 깊은 아이들이네요.

승재, 종환, 준성이는 아주 열심히 집 만들기를 합니다. 양파자루에서 빠져나온 고운
모래를 미숫가루라며 좋아하다가 물을 조금 섞으면 진흙이 되겠다며 깔깔댑니다. 처음
참여해 본 생태목공활동에 아이들이 나름 진지하게 참여하는 게 인상적입니다. 그런데
저는 몹시 힘들었어요. 한 일이 없는 것 같은데도 말이죠. 그래도 아이들과 즐겁게 보낸
것 같아서 흐뭇하네요.

(윤이·산이 엄마)

## 영성 프로그램

　지금까지 생태와 공동체 프로그램을 소개해 드렸습니다. 그런데 이런 프로그램은 이미 생태어린이집이나 공동육아에서도 하고 있는 것들이라, 우리 방정환어린이집만의 특색이라고 하기는 어렵습니다. 그래서 초창기부터 우리의 설립 취지에 걸맞은 프로그램을 마련하는 일이 중요했습니다. 방정환 선생님이 가장 중시한 것이 무엇일까, 또 그 근간인 동학에서 가장 중시하는 것이 무엇일까 생각했습니다. 방정환 선생은 '동심(童心)'을 이야기했고, 동학에서는 '모심'이 핵심입니다. 어린이의 마음[童心]이 곧 한울님의 마음[天心]이라는 것이지요. '모심'은 잘 받들어 섬기라는 뜻입니다. 내 안의 한울님뿐만 아니라 모든 존재, 모든 생명을 한울님으로 모시고 공경하라는 의미입니다.

　여기서 중요한 것은 나 자신의 몸과 마음도 공경해야 한다는 것입니다. 자신의 몸과 마음을 소중히 여길 줄 아는 아이야말로 몸과 마음이 건강하고

함께 절 "서로 배우겠습니다."

영혼이 아름다운 사람이 되겠지요. 나아가 다른 아이와 다른 생명도 소중히 여기는 사람이 되는 것입니다. 우리는 이 부분을 가장 중요하게 생각했습니다. 영성이라는 표현이 다소 어렵지만, 굳이 표현하자면 '모심'의 영성이라고 할 수 있겠지요. 그리고 그것은 다름 아닌 자기 몸과 마음을 소중히 다스리는 삶의 기술이며, 그것을 바탕으로 다른 아이, 다른 생명을 소중히 여기고 공경할 줄 아는 것이 우리 어린이집에서 가장 힘써야 할 가치라고 생각했습니다. '영성'에 대한 정의가 많겠지만, 저희는 영성을 일상과 떨어져 있는 것으로 보지 않고, 보다 품격 있는 삶을 위해 이성을 넘어 계발되어야 하는 인간 내면의 어떤 의식 차원이라고 생각했습니다.

이런 가치를 프로그램으로 구현하는 것은 결코 쉽지 않았습니다. 초창기부터 고심을 거듭하며 머리를 맞대었습니다. 그렇게 나온 영성프로그램에는 '새날열기'(함께절·맑은물·나누미)와 '다섯 가지 약속', '모심 인사'가 있습니다.(굳이 영성프로그램이라고 할 것 없이, 그냥 모심프로그램, 마음프로그램이라고 이해해도 좋을 듯합니다.)

나누미. "비님, 해님, 바람님, 고맙습니다."

## 새날열기

'새날열기'는 말 그대로 하루를 여는 의식이며, 우리 어린이집에서 가장 심혈을 기울인 부분입니다. 가장 특색 있는 프로그램이라 할 수 있습니다. 새날열기는 다음 세 부분으로 나뉩니다.

첫 번째, '함께절'/ 두 번째, '맑은물'/ 세 번째, '나누미'

이 셋은 동학의 성·경·신(誠敬信), 즉 정성·공경·믿음의 덕목에 해당하기도 합니다. 먼저 공경의 덕목을 실천하기 위한 '함께절'은 어린이들과 선생님 그리고 '산들맘'으로 참여한 부모님이 둥글게 둘러서서 "모시고 서로 배우겠습니다."라고 하며 큰절을 하는 것입니다. 지금의 학교교육이나 보육이 교사가 학생에게 지식을 일방적으로 전달하거나 어린이를 보호하는 데 그친다면, 우리 어린이집에서는 교사가 어린이를 일방적으로 가르치거나 보호하는 존재로 보지 않습니다. 어린이와 교사도 서로 배우는 관계입니다. 그뿐만 아니라 학생들끼리도 서로 배우고, 교사들 간에도 서로 배우고, 교사와 부모도 서로 배웁니다. 그래서 "서로 배우겠습니다."라고 인사합니다. 말 그대로 배움공동체입니다. 그 정신이 표현된 것이 바로 '함께절'이라 할 수 있습니다.

어린이에게 높임말을 쓰는 것도 당연시되어 있습니다. 방정환 선생님도 아이들에게 높임말을 쓰는 것이 중요하다고 하셨지요. 아무래도 말에 마음이 담기는 거니까요. 높임말을 쓰면 좀 더 수평적으로 존중하는 마음도 생기고, 좀 더 온화하게 대하는 느낌이 생깁니다. 그래서 우리 어린이집은 CCTV가 없지만 서로 믿고 공경하는 분위기가 있기에 어떤 폭력도 있을 수 없습니다.

'함께절'은 새날열기에만 하는 것이 아닙니다. 여러 사람이 모여 어떤 일을 시작하려고 할 때나 회의를 할 때도 반드시 '함께절'로 열기를 합니다. 그리고 하루 일과를 마칠 때도 '함께절'을 하면서 닫습니다.

그다음, '맑은물'은 믿음의 덕목을 실천하기 위한 시간입니다. 교사는 어린이들이 오기 전에 투명한 주전자에 맑은 물을 채우고 어린이 수만큼 잔을 준비해 둡니다. 주전자에 물을 담고 깨끗한 잔을 준비하시는 선생님들의 모습은 대단히 정성스럽습니다. 잔을 쟁반에 놓아두는 소리가 정갈한 물방울 음악처럼 느껴지기도 하고요. 마음과 마음이 모여들고, 모여들었다가 나뉘고 다시 하나로 모이기 위해 마련된 시간입니다. 나 자신이 주체가 되어 내 마음을 알아차리고 존중하며, 그 마음의 주인이 되는 시간이기도 합니다. 방정환 선생님이 강조했던 '자기 삶의 주인이 되는 어린이'가 되려면 먼저 자신의 마음을 늘 헤아리고 마음을 표현할 수 있어야 하니까요. '맑은물'은 다시 마음담기, 마음소리, 마음먹기로 구성됩니다.

어린이들이 다 모이면 둥글게 둘러앉아 '함께절'을 하고 나서 친구들 앞에 잔을 놓아둡니다. 그러고는 한 사람씩 돌아가면서 '마음담기'를 합니다. 그날 자신이 하고 싶은 일이나, 어떤 바람이나, 마음에 숨겨져 있는 이야기를 입 밖으로 꺼내서 맑은물에 담습니다.

"비가 오니까 친구와 같이 놀고 싶어요."

"엄마랑 마트에 가고 싶어요."

"나들이 가서 개구리 다섯 마리 만날래요."

"공룡이랑 놀래요."

"엄마를 제일 사랑하는데 자꾸 엄마 말을 안 듣고 싶은 마음이 생겨요."

"오늘은 솔방울산에서 놀고 싶은 마음을 담겠습니다."

"다시는 엄마에게 떼쓰지 않는 마음을 담을래요."

이루 다 기록할 수 없는 많은 마음이 쏟아지기도 하고, 어떤 때는 한마디 말도 나오지 않아서 "비밀 마음이에요"라고 하기도 합니다. 마음 담는 시간이 거듭될수록 그 시간만큼은 온전히 자기 내면과 마주하고 자기 마음을 솔직하게 표현하는 법을 배우는 시간이라는 것을 알아갑니다.

이때 선생님이나 산들맘도 예외는 아닙니다.

**"산들맘으로 오게 되어 기쁜 마음을 담겠습니다."**

**"아침에 아들에게 꾸지람을 하고 나왔는데, 미안한 마음을 담습니다."**

이런 마음을 담고는 왠지 코끝이 찡해서 눈시울이 붉어지기도 합니다. 내 마음을 들여다보면서 마음을 느끼고 만날 수 있다는 건 누구에게나 소중한 순간임에 틀림없습니다.

친구들의 '마음담기'가 끝나면 "이제 모두 함께 우리들 마음을 먹습니다." 라며 앞에 놓인 잔의 마음(물)을 먹습니다. '마음먹기' 시간입니다. 이 '마음먹기'도 매우 중요한 의미가 있습니다. 방정환 선생님과 더불어 어린이 운동의 이론적 기초를 마련하신 소춘 김기전 선생님이 계십니다. 대중에게 잘 알려져 있진 않지만, 김기전 선생님이 방정환 선생님의 뒤에서 보이지 않게 어린이 운동의 주역으로 활동하셨습니다. 대단한 이론가이자 수도자였습니다. 그분이 "나는 특별히 뛰어난 게 없는데, 마음먹는 것은 다른 이보다 조금 뛰어난 것 같다"라는 말씀을 하신 적이 있습니다. "도를 이루고 못 이루고는 수련마당에 들어설 때 마음 하나를 여물게 먹고 못 먹는 데 달렸다"라고도 하셨습니다. '마음먹기'의 중요성을 말씀하신 건데요, '마음을 먹는다'는 것은 다짐하는 겁니다. 마음을 정하는 거지요. '이제 이렇게 하겠습니다'라고 굳은 결심을 하는 겁니다. 이렇게 해서 마음이 굳건해지면 행동으로 옮기는 힘이 훨씬 강해집니다. 자기 삶의 주인으로 살 수 있게 되는 거지요. 운명에 휘둘리는 사람이 아니라 자기가 원하는 바를 이룰 수 있는 사람이 되는 것입니다.

마음을 먹은 다음, '마음소리'를 세 번 반복하여 외칩니다. "나는 한울, 부

마음소리        마음담기

마음소리                                         마음담기

모님과 선생님도 한울, 천지만물도 한울."

이 마음소리에는 내 마음과 부모님, 선생님의 마음이 하나로 연결되어 있으며, 나를 둘러싼 천지와 모든 생명이 하나의 기운으로 연결되어 있다는 뜻을 담고 있습니다. 또한 서로 마음과 기운을 주고받는 존재로서 사랑하며 공경하겠다는 마음을 담고 있습니다.

세 번째, '나누미'는 밥 한 그릇에 담긴 천지만물의 순환과 수고에 대한 감사를 알고 그것을 행위로 표현하는 활동입니다. 밥 한 그릇이 내 앞에 오기까지 얼마나 많은 존재의 참여와 수고가 들어있는지 헤아려보면 정말 우주가 다 들어있다는 걸 알 수 있습니다.

'나누미'를 할 때는 작은 대접에 쌀을 담아 두고 한 명씩 한 숟가락씩 떠서 다른 빈 그릇으로 옮겨 담으면서 한마디씩 합니다.

산들맘과 함께                                    졸업식 날 맑은물

"해님, 고맙습니다.", "땅님, 고맙습니다.", "구름님, 비님 고맙습니다."

"엄마 아빠, 고맙습니다.", "농부님들, 고맙습니다.", "지렁이님도 고맙습니다."

"별님 달님, 바람님도 고맙습니다."

이렇게 고마운 존재들을 다 불러 보면서 자연을 더 친숙하게 느끼게 됩니다. 때론 나들이 때 만나는 자연물이 다 등장하기도 합니다. 이렇게 모아진 쌀은 어려운 이웃을 돕고, 서로 나누는[有無相資] 활동으로 이어집니다.

이 '나누미'는 천도교의 손병희 선생님이 시행했던 '성미(誠米)'에서 착안한 것이기도 합니다. 손병희 선생님은 밥을 지을 때마다 가족 한 사람 한 사람을 떠올리며 기도하고 쌀 한 숟가락씩을 떠서 빈 항아리에 모으게 했습니다. 이렇게 모아진 한 달 분량의 쌀을 이고 지고 날라서는 교육 사업도 지원하고, 독립운동 자금으로도 보내면서 독립의 기초를 다진 것입니다.

이러한 정신을 살리기 위해, 이 '나누미'를 어린이집에서만 할 것이 아니라 각 가정에서도 하면 좋겠다고 생각했습니다. 그래서 '나누미'의 의미를 안내하며 참여를 독려했습니다. 이후 여러 가정에서 1주일 단위로 모은 쌀을 가지고 와서 어린이집에서 마련한 항아리에 모았습니다. 이렇게 모아진 쌀로 어린이집에서 점심밥을 지어 먹고 그 금액만큼 돈으로 환산해서 저축했습니다. 모아진 금액은 어린이들과 부모동아리 '도란도란'을 통해 보람 있게 활용하기로 하고, '월드비전'과 연계하여 어린이 가정을 지원하고 있기도 합니다.

이렇게 '새날열기'는 '나누미'의 감사의 표현으로 마무리됩니다. 새날열기를 통해 마음을 들여다보고, 새로운 마음을 먹고, 마음에 감사함을 채우며 매일매일 새날을 만들어 갑니다. 이렇게 새날을 시작하면 우선 마음이 밝아지고, 같이 참여한 이들 간에는 뭔가 알 수 없는 끈으로 연결된 듯한 느낌을 받습니다. 무엇보다도 감사함이 가득 차면 어떤 불평도 원망도 들어올 틈이 없게 되고, 얼굴에 늘 웃음이 가득하게 됩니다. 여기서 새날은 꼭 아침을 의미하는 건 아닙니다. 순간순간이 새날이기도 합니다. 그것은 내 가슴이 새로워짐에 따라 나로부터 열리는 새로운 우주를 의미합니다. 그래서 '새날열기'로 시작하는 순간순간이 늘 다시 새롭고, 그 아이의 가슴 속에서 새로운 우주가 피어나게 됩니다.

◇ **산들맘 일지**

"나는 한울, 부모님과 선생님도 한울, 천지만물도 한울."
어린이들의 작은 그릇 속에 있는 깊은 심성을 소중히 생각하고, 마음을 나누려고 하시는 선생님들의 모습을 보면서 초보 아빠는 배울 부분이 정말 많다는 생각을 합니다. 한 명 한 명 이야기를 귀 기울여 듣고 공감해 주는 선생님들의 모습을 보면서 생각합니다. '이런 곳을 만나 정말 다행이구나!'

(유정 아빠)

## 다섯 가지 약속

우리 어린이집에서 아이들의 마음을 서로 나누고, 또 꽃피우게 하는 방법으로 다음과 같은 '다섯 가지 약속'이 있습니다.

1. 도와 줄게  2. 같이 하자  3. 할 수 있어  4. 나누어 줄게  5. 기다려 줄게

이 다섯 가지 약속은 주로 나들이 가기 전이나 어떤 활동을 하기 전에 하는데, 같이 둥글게 모여서 외치는 약속입니다. 이는 다른 아이들에 대한 약속이자, 자기 자신의 다짐이며, 새날열기를 통해 회복한 동심(童心)을 서로 나누는 '마음 나눔'입니다.

매일 이 다섯 가지를 다 외치는 것은 아닙니다. 요일별로 정하기도 하고 특별히 하고 싶은 약속을 그날의 중심으로 삼기도 합니다.

"오늘의 약속은 '기다려 줄게'입니다. 함께 외쳐보겠습니다."

어린이들과 둥글게 모여 손을 얹고 함께 외칩니다. 이렇게 외치고 간 날에는 좀 뒤처지는 아이나 행동이 좀 더딘 아이가 있어도 다른 날에 비해 훨씬 더 기다려 주는 마음이 생깁니다.

이 다섯 가지에는 다른 아이들과 서로 돕고 협동하고 마음을 나누는 의미가 담겨 있습니다. 무엇보다도 나 자신이 주인이 되어 함께 즐거운 하루를 만들겠다는 약속입니다. 여기에 더해 자기 자신의 감정과 마음을 소중히 여기는 마음을 확장해서 다른 아이들을 소중히 대하는 법을 배우는 시간이기도 합니다. 이런 약속으로 시작한 나들이에는 어떤 어려움도 같이 도와서 이겨내며, 함께 기쁨을 만들어내는 힘이 있습니다.

## 모심인사

앞서 '새날열기'에서 잠시 언급했습니다만, '모심인사'는 나들이 갈 때나 마치고 돌아올 때나, 어떤 일을 시작할 때나 마칠 때나 늘 마음으로 하는 마음 인사입니다. "모시고 다녀오겠습니다.", "모시고 출발합니다.", "모시고 고맙습니다.", "모시고 반갑습니다.", "모시고 잘 먹겠습니다.", "모시고 안녕히 가십시오.", "모시고 ○○활동을 시작하겠습니다.", "무당벌레야, 개울물아, 나무들아, 하늘아, 바람아, 모시고 안녕?", "모시고 잘 놀다 갑니다." 등 모든 인사말 앞에 '모시고~'를 붙입니다.

여기서 '모시고~'는 '당신 안에 한울님을 모시고~'라는 뜻입니다. 그러니까 '모시고 안녕하십니까'는 '당신 안에 한울님을 모시고 안녕하십니까'라는 뜻이에요. 인도의 인사인 '나마스떼'와 비슷한 의미지요. '나마스떼'도 '당신과 당신 안의 신에게 경배드립니다.'라는 뜻이라고 하지요. 이런 '모심'의 인사로 어린이들을 진정으로 한울님으로 받들면서 모든 활동이 시작됩니다. 또한 모든 활동에 "한울님을 모시고" 함으로써 그 일에 한울님의 참여가 일어나기를 기원하는 의미이기도 합니다.

처음 접하는 어린이들 중 한 어린이가 혼자서 "모시고⋯ 모시고⋯"를 반복하며 이 새로운 말이 신기한 듯 연습하는 것을 보았습니다. 그리고는 자연스럽게 말할 수 있을 때 이르러서는 엄청 뿌듯해하는 것이었습니다. 새로 접하는 부모들도 마찬가지입니다. 처음에는 어색해하다가도 금방 입에 붙어서 "모시고 안녕하십니까"라고 인사를 합니다. 우리 아이들이 모심의 존재로서 존중받는다는 자부심과 믿음이 동시에 축적되면서 자연스럽게 그 '모심'의 거룩한 행위에 참여하게 되는 것입니다.

# 스스로 선택하고 스스로 자라는 아이들

교사 하늬

방정환한울어린이집에 첫발을 내디뎠을 때, 벽면에 환하게 비치는 '방정환한울어린이집' 글자가 눈에 들어왔습니다. 소파 방정환 선생님! 우리에게 처음으로 '어린이'라는 이름을 선물해 주신 그분 말인가? 갸웃거리며 문을 열고 들어선 순간 아이들의 웃음소리, 발걸음 소리… 어? 이게 무슨 소리지? 이건 무슨 냄새지? 다른 어린이집 같으면 아이들이 조용히 각자 교실에서 활동하고 있을 시간인데, 무슨 일이 있는 건가? 궁금해서 발걸음을 옮기는 순간, 환하게 웃으며 한 아이가 쪼르륵~ 달려와 저의 몸을 툭 치고 쑤욱~ 사라지는 것이었습니다. 처음 보는 사람을 경계하지 않고 다가온 것이 놀라워서 가만히 아이의 모습을 살펴보니 인사를 한 것이었습니다. 그때의 첫인사가 무척 인상적이었습니다. 나중에 안 사실이지만 그 첫 냄새는 오동나무 냄새였습니다. 어린이집 바닥과 벽이 아이들 눈높이까지 오동나무로 마감 처리되어 있었습니다.

처음 방정환한울어린이집 가족이 되어 아이들과 인사를 나눌 때 한울어린이집의 철학에 대해 거의 아는 게 없었지만 예전 어린이집에 근무했던 경력이 있으니 별 어려움은 없을 거라고 생각했습니다. 그런데 그 경력이 무색할 정도로 방정환한울어린이집은 새롭고 독특해서 처음부터 다시 시작해야 했습니다.

우선 방정환한울어린이집의 교육 프로그램 핵심은 '나는 한울, 부모님과 선생님도 한울, 천지만물도 한울'입니다. 그것을 바탕으로 아이들의 다름을 인정하고, 자연과 놀이를 통해 몸과 마음이 자유롭고 건강한 아이로 자랄 수 있게 하는 데 초점이 맞춰져 있습니다.

똑똑똑! 어린이집 문이 활짝 열립니다. '모시고 안녕하십니까.' 만남의 인사와 '모시고 다녀오겠습니다.' 헤어짐의 인사 시간까지, 비가 오든 눈이 오든 춥고 더운 날씨를 가리지 않고 자연놀이는 빠지지 않습니다. 다른 어린이집에서는 산책이 특별한 날에만 하는 행사이지만 이곳에서는 매일 하는 놀이이고, 더불어 '작은농부' 활동, 생태목공 놀이, 전래놀이 등 다양한 생태놀이가 일상이 되어 있습니다.

신입 어머니들의 첫 반응이 기억에 남습니다.

"아니, 교실에 왜 아이들 교구(校具)들이 없어요?"

그 젊은 어머니 또한 어렸을 때부터 장난감이 풍부한 가정환경을 거쳤을 테고, 자라면서도 다양한 교구들이 풍부한 생활에 익숙해져 있지 않았을까 해서 충분히 이해가 되었습니다. 저도 아이들을 키우면서 생태놀이보다는 집안 곳곳에 교구들을 가득 쌓아두고 키운 기억이 떠올랐답니다. 그나마 친정집이 시골이어서 조금이나마 생태적 환경에 노출되어 있기는 했지만요. 다행히 방정환 교육철학을 통해 지금도 늦지 않았다는 생각에 아이들이 자연을 가까이할 수 있는 환경을 제공하고 있답니다.

제가 근무한 다른 어린이집에서는 선생님들이 교구 관리에 많은 시간을 할애했습니다. 17명이 생활하는 5세반 교실에서 선생님은 영역별로 촘촘히 배치된 그 많은 교구 속에서 종일 아이들과 실내 놀이를 하는데, 교구 준비하느라, 없어진 것 찾느라, 또 교구 닦고 정리하느라 힘 빼고~ 이렇게 교구 때문에 힘이란 걸 다 빼고 나서야 지친 몸과 마음으로 아이들을 만납니다. 교구가 가득 찬 교실에서 일하는 선생님은 날마다 대청소를 하고 나서 몸살이 날 지경이지요.

하지만 방정환한울어린이집은 아침부터 기분 좋게 분주합니다. 그날 날씨에 맞춰 아이들을 위해 이리저리 움직이는 선생님의 얼굴에는 고단함보다 즐거워할 아이들의 얼굴을 떠올리며 설렘으로 가득합니다. 한울 아이들은 오늘 접할 나들이 장소와 만날 자연 친구들을 떠올리며 호기심 가득한 표정으로 등원하지요. 그날의 날씨 변화에 따라 이야깃거리가 달라지는 아이들인지라 선생님들도 어떤 이야기가 나올까 기대하는 아침입니다.

방정환한울어린이집의 소중한 시간, 첫째는 바로 '새날열기' 시간의 마음소리, 마음담기, 마음먹기입니다.

아이들의 마음을 담은 말들이 오가는 새날열기 시간! 아이들이 하는 말을 잘 들어주려고 노력합니다. 다른 어린이집에서는 잠깐 인사 나누며 선생님 목소리만 크게 울려 퍼지지만 이곳에서는 매일 아이들의 시끌벅적한 목소리, 옹기종기 모여 재잘거리는 소리, 웃는 소리, 우는 소리, 핏대를 세우며 우겨대는 소리, 놀려 대는 소리… 아이들 목소리가 공간을 채웁니다.

그렇게 마음껏 웃고, 울고, 티격태격하면서 아이들은 마음을 한껏 표현하지요. 저마다 다른 아이들을 하나하나 알아갈 수 있는 시간입니다. 새날열기 시간을 통해 함께 눈으로 보고 마음으로 들으면서 아이를 관찰하고 나를 바라봅니다. 아이들 이야기에 공감하면서 반성도 하고 새로운 결심도 하게 됩니다.

제가 맡은 반은 3세 아이가 있으므로 아이가 보내는 신호를 더더욱 몸을 기울여 살펴보아야 합니다. 아이들 마음에는 어떤 바람이 불까요~ 아침에는 엄마와 안 떨어지겠다고 울고불고, 집으로 돌아갈 시간에는 또 안 가겠다고 울고불고합니다. 싫어도 참는 아이가 있는가 하면 끝까지 제 고집대로 우는 아이가 있고, 남이 하는 걸 지켜보는 아이, 자기가 해야 직성이 풀리는 아이, 지금 당장 해야 하는 아이가 있는가 하면 꾹 참고 기다릴 수 있는 아이가 있습니다. 남이 가진 것을 빼앗으려는 아이가 있는가 하면 자기가 가진 것을 선뜻 내어주는 아이도 있습니다. 갑자기 '너랑 안 놀아' 하고 울며 돌아섰다가 눈물이 마르기도 전에 나랑 같이 놀자며 다가들기도 하고….

그 바람 같은 마음의 흐름을 바라보는 일이 새날열기 시간을 통해 매일매일 일어납니다. 내 차례를 기다리며 앞 친구의 마음을 받아주고, 저도 모르게 다른 친구의 마음을 받아주는 법을 배우지 않을까 싶네요. 하루의 시작종 새날열기는 아이들에게도 저에게도 아주 소중한 시간입니다.

방정환한울어린이집의 소중한 시간, 둘째는 방정환 선생님이 강조했듯이 아이들이 자연 속에서 자랄 수 있도록 매일 나들이를 가는 시간입니다. 처음 울퉁불퉁한 흙길에 어색해하던 아이들! 매일매일 숲 나들이를 하면서 숨 쉬는 나무, 이름 모를 들꽃들, 눈에 보일 듯 말 듯 조그마한 곤충들~~ 다양한 동식물이 사는 숲 집을 다니며 숲과 인사하는 아이들입니다. 이제는 걸으면 걸을수록 맨발로 흙을 밟는 즐거움을 느끼고, 나 혼자가 아닌 우리 모두가 함께 사는 곳임을 알려주는 자연 친구들에게 고마움을 표현할 줄 아는 아이들입니다. 숲속에서, 물가에서 아이들과 즐겁게 놀 수 있는 좋은 방법은 없을까? 별다른 준비물 없이 출발해도 주변에 널려있는 흙모래, 돌멩이, 곳곳에 있는 자연물을 가지고 충분히 신나게 노는 아이들입니다. 눈으로, 냄새로, 바람으로 숲을 보고 느끼는 아이들! 돌아오는 길에는 오늘 만난 자연 친구들의 이름을 부르며 안녕 인사를 합니다.

말뿐인 보여주기식 생태교육이 아닌, 아이들이 스스로 선택하고 만들어가는 놀이이자 배움입니다. 매일 숲 나들이를 하면서 자기를 만나고 있습니다. 숲에서 얻은 행복은 평생을 살아갈 힘이 될 거라고 믿어 의심치 않습니다.

방정환한울어린이집의 소중한 시간, 셋째는 천지만물에 감사함을 표현하는 나누미 시간입니다.

예전에 근무한 어린이집에서는 식사시간이 되면 "맛있는 음식 고맙습니다. 잘 먹겠습니다. 선생님 먼저 드세요. 친구들아, 맛있게 먹자!" 노래 부르며 맛난 음식을 마련해 주시는 요리사님께 감사 인사를 하고 식사를 했습니다. 하지만 여기서는 나들이 다녀온 뒤, 천지만물에 감사를 표현하는 나누미 시간을 가진답니다. 저도 이곳에 깊이 몸담기 전에는 '아이들에게는 밥이 우선이지 않을까~' 하며 식사시간이 늦어짐에 아이들에게 미안했어요. 나누미의 의미를 알게 되면서 지금은 무엇보다 소중하게 여기는 시간이 되었습니다. 어린 이들이 무얼 알까 생각할 수도 있지만, 천지만물의 소중함에 대해 아이들과 여러 가지 활동 가운데 이야기를 나누고 접해서인지 지금은 자연스럽게 나누미 시간을 가집니다. 하루도 빠지지 않고 함께 자리에 앉아 쌀 한 숟가락씩 떠서 고마운 마음을 담는 나누미 시간이 아이들의 마음에 자연스럽게 자리 잡아서인지 자연놀이를 할 때도 숲속 친구들을 더 가깝게 여깁니다. 자세히 들여다보고, 이야기도 나누고, 함께 놀다가도 돌아오는 길에는 고맙다는 말을 잊지 않고 하지요.

방정환한울어린이집의 소중한 시간, 넷째는 특별활동시간입니다. 지금은 생목공놀이, 작은 농부놀이, 세시풍습놀이, 책 놀이의 특별활동을 하는데, 모든 특별활동이 인간과 자연의 조화로운 삶과 생명의 소중함을 스스로 체험하게 하자는 철학이 바탕에 깔려 있습니다. 예전에 제 아이가 다녔던 어린이집, 제가 교사로 생활한 어린이집에서는 특별활동 선생님이 오셔서 종이접기, 가베, 레고, 미술, 영어 등의 활동을 했습니다. 한 수업이 끝나면 휴식시간 없이 바로 다음 선생님이 오셔서 바쁘게 프로그램을 진행하셨습니다. 어머니들은 오늘 아이들이 접한 교육의 내용이 무엇인지 궁금해하셨고, 선생

다섯 가지 약속　　　　　　　　　마음소리

님들은 특별수업의 결과물을 가정에 보내주기 위해 아이들 작품 마무리 손길로 바쁜 시간이었답니다. 저도 우리 집 아이들 가방에 작품이 보이면 '우리 아이가 이렇게 솜씨가 좋아?', '선생님의 손길이 많이 들어가지 않았을까?' 궁금하긴 했지만, 당연히 선생님이 도와줘야 할 일이라고 생각했던 기억이 떠오릅니다.

하지만 이곳에서는 보여주기식 생태교육이 아니라 아이들 스스로 선택하고 스스로 만들어가는데, 그래서 아이들도 '스스로 자라는 아이들'입니다.

자~ 아이들이 생태교육에서 어떤 것을 배우기를 원하시나요? 꼭 방정환 교육철학이 정답이 아닐 수는 있습니다. 그러나 몇 년간의 현장경험을 통해 저는 확신합니다. 아이들은 자연 속에서 자기 마음의 주인이 되어서 놀 때 행복하다는 것을 말이죠. 그래서 방정환 선생님도 그 점을 강조하셨을 거라고 생각합니다.

마지막으로 방정환 선생님은 '어린이는 티 없이 맑고 순수하며, 마음껏 뛰놀고, 걱정 없이 지내는 기쁜 어린이'로 자라야 한다고 하셨습니다. 선생님의 뜻을 헤아리며 그 뜻에 가까이 가도록 교사로서 최선을 다하겠습니다.

# 교사부모활동

## 교사회의와 연수

좋은 어린이집이 되기 위한 조건을 이야기할 때 중요하지 않은 것이 없겠습니다만, 그중에서도 가장 중요한 부분은 바로 교사의 인격과 자질입니다. 얼마나 훌륭한 교사가 많은가가 그 어린이집의 품격을 좌우한다 해도 과언이 아닐 것입니다. 특히나 저희처럼 특별한 가치와 이념을 지향하는 어린이집의 경우 그 뜻에 충분히 공감하고 적극적으로 함께할 훌륭한 자질의 교사를 얻는다는 것은 매우 긴요한 부분입니다.

감사하게도 저희 어린이집은 처음부터 훌륭하신 교사분들이 저희 취지에 공감하고 기꺼이 합류해 주셨습니다. 그럼에도 교육철학이나 보육이념 등이 제대로 정립되지 않은 상황이라 수시로 교사회의를 통해, 그리고 교사연수를 통해 서로 만들어가야 했습니다. 운영진 역시 완벽하게 갖춰진 가운데 시작한 것이 아니었기에 교사연수를 준비하면서 조금씩 체계를 만들어갈 수밖에 없었습니다. 그래서 처음부터 교사회의와 연수가 매우 진지하게 이루어졌습니다.

우선 매주 '교사회의'를 했습니다. 어린이들의 구체적인 활동사례를 통해 심도 있는 토론과 배움을 나누었어요. 특히 어린이의 특정 행동을 어떻게 이

행복한 책읽기　　　　　　　　　숲놀이

해하고 받아들일지, 어떤 상황에서도 교사가 평정심을 유지하며 미소를 잃지 않고 어린이와 신뢰를 구축할 것인지 등, 구체적인 사례를 가지고 오랫동안 이야기를 나누었습니다. 그리고 방정환 교육철학에 바탕해서 어떻게 대응해야 할지를 숙고했어요. 이러한 진지한 토론을 통해 반성할 점은 반성하고 배울 점은 배우면서 자기 성찰 과정을 거치게 되었습니다. 이런 과정을 통해 교사 스스로 많은 내적 성장이 일어났습니다. 유아교육에 대한 지식적인 앎보다는 생태와 공동체에 관한 깊은 인식이 요구되었고, 아이들의 감정과 욕구에 귀 기울이면서 '보이는 행동 너머 보이지 않는 마음 차원까지 관찰할 수 있는' 시선의 깊이가 요구되었습니다. 이는 머리로 이해해서 되는 것이 아니라 교사 개인의 삶이 총체적으로 바뀌어야 하는 것입니다. 그러므로 '교사 회의'는 단지 어떤 안건을 처리하는 시간이 아니라, 교사 개인의 자기 성장이 일어나고 공동체 속에서 더불어 살아가는 힘을 기르는 시간이기도 하지요. 이런 과정을 통해 '새날열기' 프로그램을 체계적으로 정비하는 성과를 얻기도 했습니다.

　한편 '교사연수'를 통해 생태와 공동체, 방정환교육철학에 대한 공부를 계

부모 교사 연수 　　　　　　　　　　　　　밧줄놀이

속했습니다. 부모님들도 많이 동참하셨어요. 어린이집 규모가 작기도 하지만 우리의 목표를 향해 나아가자면 가정의 변화가 같이 가지 않으면 안 되기 때문이었지요. 그런 뜻에서 '교사연수'지만 부모와 함께하는 경우가 많았습니다.

첫해에는 각 분야 전문강사들을 모셔 매월 다양한 주제로 부모 교사 연수를 했습니다. 여기서 '방정환한울어린이집 보육이념', '행복한 책읽기', '마법학교', '흐르는 물과 우리 아기', '숲교육', '잘먹고 잘살기', '부모의 자리', '어린이 모심철학', '버츄프로젝트', '아이들을 위한 자연치유' 등에 대해 배우면서 우리 어린이집의 교육철학과 보육이념에 대한 이해를 도왔습니다. 이 외에도 방정환의 교육철학의 바탕을 알기 위해서는 그 뿌리가 되는 동학을 공부할 필요가 있어서, 3차에 걸쳐 동학에 대한 연수 프로그램을 실시하기도 했습니다.

2년 차 들면서 '유아생태지도사' 연수에 도전하여, 교사들과 함께 부모 14명이 1차 36시간, 2차 36시간 연수에 참여하여 수료했어요. 이때 부모들의 참여가 가능했던 것은 어린이들을 돌봐 주신 가족들의 협력이 있었기 때문이기도 합니다. 어린이들을 위한 생태교육의 필요성에 온 가족이 함께하는 결과까지 덤으로 얻게 되었지요. 그다음 해에는 '자연농 이야기', '스스로 세상, '놀이가 밥이다', '행복한 엄마 행복한 어린이', '방정환의 교육철학', '인권에 관하여' 등 주제에 따른 강사를 모시고 쉼 없이 연수를 이어갔습니다.

2018년 가을에는 처음으로 '잔물결 양성교육' 프로그램을 도입하여 '방정환의 교육철학'을 집중적으로 공부하기도 했어요. 이에 따라 '방정환의 교육철학과 모심의 영성', '방정환과 어린이 해방정신', 『어린이』 잡지에서 발견한 방정환', '동학의 가치', '어린이 인권', '방정환 교육실천' 등의 주제를 통해 방정환의 교육철학과 동학의 영성에 대해 깊이 이해하는 시간을 가졌습니다. 또한 '생태적 삶과 실천', '생태유아교육의 부모와 교사 역할', '자연에서 서로 배우다', '밥 이야기' 등을 통해 생태에 대한 이해를 심화시켰고, '내가 나의 주인이 되는 책읽기', '연극놀이 워크샵' 등의 '마음열기' 주제가 담긴 프로그램을 통해 아이들이 어떻게 몸과 마음을 소중히 여기고 삶의 주인으로 우뚝 서게 할 수 있을까 같이 고민하며 배우기도 했습니다.

## 부모활동

### 도란도란

어린이집을 시작할 때 여러 상황이 여의치 않아 '민간어린이집'으로 인가받아 출발하게 된 터라 부모들의 참여를 어떻게 유도할 수 있을지가 고민이었습니다. 공동육아를 지향하는 단체처럼 부모님들의 발의로 협동조합 같은 조직으로 출발한 것이 아닌 만큼, 우리가 만나는 부모님들은 처음엔 부모활동을 부모참관 수업이라든지 부모상담 또는 신입설명회 등의 참여 정도로 생각했습니다.

그러나 부모는 아이를 맡기는 것으로 역할이 끝나는 것이 아니라 보육과 교육의 중요한 주체입니다. 따라서 우리 교육철학을 충분히 이해하고 능동적으로 참여하기 위한 대화와 소통의 장이 필요했습니다. 어린이집 운영에 관해서도 부모님들의 적극적이고 열린 참여가 필요했어요. 그래서 한 달에 한 번 '도란도란'이라는 부모모임을 열었습니다. '도란도란'은 학부모라면 누구나 참여할 수 있다는 점에서 운영위원회보다는 전체회의에 가까웠습니다. 이 모임을 통해 운영에 관한 의견도 나누고, 강사님을 모셔서 공부도 하며, 서로 배우는 장이 되었습니다. 차츰 부모님들 스스로 주인의식이 생기면서 자발적으로 이웃에 이곳을 알리는 홍보대사가 되어 갔어요.

'도란도란'은 어린이집 안건도 다루지만 그 전에 다양한 주제로 잠시 의견을 나누기도 합니다. 한번은 핀란드 육아에 대한 이야기를 나누면서 "어린이들의 다툼을 어느 선에서 해결할 수 있는가"라는 주제를 두고 서로 어려운 점을 이야기하기도 했어요.

"어린이들의 분쟁을 어느 선에서 해결할 수 있는가, 좀 더 객관적이며 관찰자로서 교사의 힘이 필요함을 느낀다. 변화무쌍한 어린이들의 행동과 판단을 잘 받아들여야겠다. 어린이들은 스스로의 신체적·인지적 변화에 적극적으로 반응하는 경우도 있고 소극적으로 대응하는 경우도 있다. 자못 흥분되어 주체하기 어려운 상황도 발생하지만 건너가야 하는 길임을 알기에 부모의 위신, 체면, 욕심, 이기심 등을 크게 내려놓아야겠다."

"우리 부모들이 참여하는 산들맘의 기본은 '관찰'인데, 어린이들의 서로 다른 개성이 만드는 특성 있는 행동을 이해하고 조절하는 마음을 배우는 시간임을 한 번 더 상기하면서 주의 깊게 관찰해야 한다."

"마당에서 세 아이들이 놀고 있는 모습을 보니 너무나 감동적이었다. 훨씬 다툼이 줄어들 뿐만 아니라 정말 옛 어른들의 말씀처럼 씻기고 밥 먹이고 재우는 일만 하면 절로 저희끼리 자라는 게 아닌가 하는 생각이 들었다."

도란도란

　'도란도란'에서 어린이들끼리의 다툼을 해결하는 문제에 대해 서로의 경험을 나누는 대화에서 답을 구하고 위로받는 장을 만들어가게 되었습니다. 이후 해를 거듭하면서 '도란도란'은 운영진이 이끄는 모임이 아니라 부모들이 스스로의 동력으로 어린이집의 어려운 점을 먼저 생각하고 방안을 내놓는, 보다 적극적인 모습을 띠기 시작했어요.

　방정환한울어린이집은 전국에서 CCTV가 없는 거의 유일한 어린이집일 거예요. 부모들이 언제라도 드나들며 아이를 볼 수 있고, 궁금하면 언제라도 교사와 대화를 나눌 수 있으니, CCTV가 필요하지 않다는 결의가 '도란도란'에서 이루어져 전원 동의를 얻게 된 것입니다. 기계의 힘에 의지하지 않고 마음의 빛을 밝혀 마음의 눈으로 바라보자는 결론이었지요. 그리고 전적으로 교사와 부모가 서로 믿고 공경하는 가치가 우선되어야 한다는 것이었습니다. 이것은 우리 어린이집의 값진 전통으로 자리 잡아 지금까지 굳건히 이어져 오고 있습니다. 참으로 대단한 결의를 끌어낸 '도란도란'이 아닐 수 없습니다.

## ◇ 산들맘 일지

"도란도란 시작하겠습니다. 자, 모두 눈을 감고 마음 모으기 하겠습니다. ~네."
한 달에 한 번 원장 선생님과 부모님들의 공식적인 만남의 시간. 좋은 글을 읽고 서로의
의견과 생각을 공유하는 뜻깊은 시간. 다윤이도 조용히 옆에 앉아 회의에 참여합니다.
때로는 옆에서 낮잠을 자기도 하고, 혼자 그림을 그리기도 하고, 회의 내용을 듣기도 하면
서 옆을 지킵니다. 물론 마당에서 뛰어놀고 싶어지면 언제든 달려나갑니다. 여느 어린이
집에서는 쉽게 볼 수 없는 교사와 부모의 소통의 자리, 그리고 그 옆에서 자연스러운 아
이들. 이렇듯 이곳에서 교사와 부모와 아이들은 모두 각자의 자리에서 자연스럽게 스스
로 자라고, 서로 배웁니다.
오늘도 집에서는 비공식적인 도란도란이 느닷없이 다윤이의 말과 함께 시작됩니다.
"자 눈을 감습니다. ~~네!"

(윤이 아빠)

## 산들맘

방정환한울어린이집은 부모님들께 언제나 열려 있습니다. 아이가 불안해
하지 않고 스스로 잘 참여할 수 있는 힘이 생길 때까지 부모 동참은 충분히
허용되고 권장됩니다. '새날열기'부터 '나들이' 그리고 점심까지 부모는 아이
곁에서 교사를 도우며 함께합니다. 이 활동이 '산들맘'(산, 들, 마음)입니다. 여기
서 '맘'은 엄마을 지칭하는 게 아니라 '마음'의 줄임말입니다. 그래서 엄마가
참여하면 엄마 산들맘, 아빠가 참여하면 아빠 산들맘, 할머니께서 오시면 할
머니 산들맘입니다. 이모, 고모, 형님 등, 가족 중 누구라도 참여할 수 있습니
다. 아이가 다 적응한 뒤라도, 한 달에 한 번은 꼭 산들맘 참여를 권합니
다. 그래야 자기 아이가 집에서와 다르게 어떻게 노는지, 친구들과는 어떻게

마당에서 대문놀이

나들이에 함께

어울리는지, 자연 속에서는 어떤 표정인지 알 수 있습니다.

특히 '나들이'에 동참하여 지켜보는 가운데 자신도 모르게 어린이들의 움직임에서 놀라운 발견을 하게 됩니다. 우리 집 아이와 함께 생활하고 뛰어노는 동료 어린이들의 다양한 성정을 경험하게 됩니다. 그 다양한 성정에서 비롯되는 말과 행동을 살피면서 충분히 이해하고 받아들이는 마음을 키워가는 시간이기도 합니다. 그야말로 서로 배우는 시간과 공간입니다. 처음에는 자기 아이밖에 안 보이지만 차츰 다른 아이까지 자기 아이처럼 느껴지고, 자연스럽게 다른 아이들을 돌보는 마음이 솟아나는 것은 엄청난 수확입니다. 그 과정에서 내 아이에 대한 이해도 한층 깊어집니다.

산들맘은 '나들이'뿐만 아니라 '세시풍속'에도 적극적인 참여가 이루어집니다. 이렇게 산들맘 활동을 하고 어린이가 졸업하면 '영원한 산들맘'으로 늘 함께하기를 바라는 마음에서 산들맘 증서와 산들맘 배지를 드립니다. 산들맘과 도란도란을 통해 서로 연락하고 잦은 만남을 통해 함께하는 시간이 늘어나면서 부모들은 그들만의 동아리 활동을 만들기도 했습니다.

## ◇ 산들맘 일지

'산들맘'에서는 아이들이 매일 산과 들로 나들이 갈 때 부모들이 순번을 정해서 보조교사로 참여하고 있어요. 교실을 벗어난 공간이라 좀 더 많이 살펴야 하기도 하고, 부모들도 아이들처럼 자연을 체험하면서 함께 성장할 수 있는 계기를 마련하고자 만들었다고 합니다.

처음에 아이 엄마한테 '산들맘'을 해야 한다는 얘기를 듣고 이름 때문에 오해했어요. 아빠도 참여할 수 있는데 이름을 '산들맘'이라고 지었냐고 막 따지듯이 아내에게 물었죠. "산들맘은 산, 들, 마음의 합성어예요!"라는 말을 듣고 깊은 뜻을 알게 되었어요.

저는 한 달에 많으는 네 번, 적게는 두 번 '산들맘' 활동을 했는데, 이 활동을 하면서 저와 아이들 그리고 자연에 대해 조금 더 알게 되었어요. 빠르게 돌아가는 현대생활 속에서 하루 2시간은 아이들과 웃고 씨름하고 주변의 자연을 탐색하다 보니 내면의 저를 만나게 되었어요. 느리게 걷고 느리게 생각하고 느리게 생활하는 시간이 많아질수록 몸과 마음이 편해지는 것을 느꼈어요.

그리고 집에서는 아직 모르는 것 많고 혼자 할 수 없는 것들이 많았던 아이들이 자연 속에서는 180도 다른 모습들을 보여 주었어요. 아이들은 자연 속에서 보고, 듣고, 만지고, 맛보고, 느끼는 것들을 반복하면서 감각이 둔해진 아빠인 저에게 많은 것을 안내하고 함께할 수 있도록 도와주었어요. 자연 속에 있는 아이들은 어른의 도움을 받아야 하는 연약한 아이가 아니라 스스로 판단하여 자신의 몸을 최대한 사용하고 주도적으로 문제를 해결하는 아이였는데, 이런 모습을 보면서 대단함을 넘어 경이로움을 느낄 때가 많아요.

사람마다 얼굴 생김새가 다르듯 아이들도 같은 공간에 있지만 보고 듣고 만지고 맛보고 느끼는 것이 각기 다르다는 것을 알게 되었어요. 주어진 조건에서 최고가 아닌 최선을 다하는 아이들의 모습을 보며 저 또한 최선을 다하는 하루를 살아야겠다고 다짐해요.

(수데·태솔 아빠)

## 동아리 활동

### 책놀이

　방정환 선생님은 아이들이 '자기 삶의 주인'이 되는 활동으로 책 읽고 토론하고 자유롭게 표현하는 것을 강조했습니다. 그래서 『어린이』를 만들고, 끊임없이 동화를 써서 전국의 어린이들이 읽을 수 있게 했어요. 타고난 이야기꾼으로 잘 알려진 것처럼 선생님은 어린이들이 있는 곳이면 어디든 달려가서 재미난 이야기를 들려주었지요. 그래서 우리 어린이집에서 나들이와 더불어 중요하게 생각하는 활동이 '책놀이'에요. 책놀이를 통해 자기 마음과 생각을 표현할 수 있게 합니다.

책놀이

온몸과 마음으로 기운을 발산하며 뛰어놀고 들어와 틈새 활동과 더불어 책을 접하면 놀라울 정도로 집중하는 것을 느낄 수 있습니다. 책놀이에 들어가는 노래를 부르면서 다시 온통 이야기에 마음을 맡기게 됩니다. 자연과 어울리며 교감했던 자신의 기운이 어느 시점에서 상상력으로 다시 피어나 자신만의 이야기를 만들기도 합니다. 낮잠을 자야 하는 2세 반 어린이들은 어느새 스스로 이부자리를 끌고 와 편안한 휴식에 들어가는데, 이 또한 책놀이의 달콤한 여운 덕이겠지요.

부모들의 책모임동아리가 초창기에 결성되어 활동하다가 중단되기도 했습니다. 그러나 〈방정환텃밭책놀이터〉가 생기면서 다시 책동아리(책두레·밭두레)가 활성화되기 시작했습니다. 부모들의 참여도 늘고, 빛그림 공연은 물론 책과 연결되는 놀이 활동의 품이 날이 갈수록 커지는 것을 느낄 수 있습니다. 올해는 '책두레'가 더욱 보강되어 스스로 책 읽기는 물론이거니와 어린이집 아이들과 함께 책을 읽고 다양한 책놀이를 하고 있습니다. 게다가 엄마들의 아지트를 위해 어린이집 근처에 '잔물결카페'를 준비하여 2021년 봄 오픈했습니다. 그들의 유쾌한 작당이 아이들과 더불어 어디까지 발전해 갈지 자못 기대됩니다.

### 풍물놀이

초창기부터 책놀이와 더불어 이어져 오는 부모 동아리가 바로 '풍물놀이'입니다. 엄마들이 중심이 되어 6-7세 어린이들과 함께하는 놀이입니다. 처음에는 큰 욕심 없이 사물놀이 악기가 주는 자유로움을 바탕으로 엄마들이 한바탕 놀아보자는 의도였기에 모두 초보였지만 용기를 낼 수 있었다고 합니다. 가랑비에 옷 젖듯 틈나는 대로 조금씩 연습해 오더니 이제는 제법, 행사 때마다 시작을 열며 지신을 밟고 흥을 돋우어, 어색한 자리를 환하게 열어주는 역할을 해냅니다. 그러더니 어느덧 6-7세반 어린이들에게도 풍물을

아이들과 부모동아리가 함께한 풍물 공연

가르치게 되었습니다. 이제는 행사 때가 되면 어린이들이 뒤로 빠져있다가도 어느새 장단을 따라 하거나 장단에 맞춰 몸을 늠실거리기도 합니다.

처음부터 어린이들 수업을 목표로 한 것이 아니고 소박하게 시작한 터라 배움의 속도가 더디고 부모들의 동참 역시 들쭉날쭉할 때도 많았습니다. 그러나 속으로 품고 있는 각자의 흥은 장단으로 몸짓으로 소리로 노래로 표출되는 것을 막을 수 없었습니다. 이제는 어린이집 졸업식 때는 꼭 공연을 하고, 특별한 행사가 있을 때도 풍물패가 어김없이 등장합니다. 우리들의 자랑거리임에 틀림없습니다.

어린이집의 목표가 '스스로 자라고 서로 배우는 기쁜 어린이'이듯 풍물 동아리 부모들 역시 '스스로 성장하고 서로 배우며 기쁜 우리'가 되고 있습니다.

# 어른과 아이가 어울려
# 한바탕 신나게 놀아보는 풍물놀이

풍물은 전통적인 공동체 사회, 즉 마을을 단위로, 노동 현장에서 또는 추수 뒤 축제 현장에서 너 나 없이 한자리에 모여 한바탕 신나게 어울려 노는 놀이입니다. 전문적이지 않아도 되고 정해진 질서가 없어도 된다는 특성을 지니며, 우리의 풍물 활동 또한 공연을 목적으로 하는 기술 전수 수업이 아니라 어른과 아이가 사회 구성원으로서 어울려 한바탕 신나게 놀아보는 그 자체에 목적을 두고 싶습니다. 촌에 할배들이 장구 치시는 것을 들어보면 채 잡는 것도 하나도 안 맞고 치는 법도 틀리지만, 그렇게 짝짝 달라붙게 쫄깃하게 칠 수 있을까 싶을 정도로 흥겹습니다.

그렇습니다. 가장 중요한 것은 '신명, 홍'입니다. 이것은 강요한다고 해서 만들어지는 것도 아니고, 배운다고 해서 생기는 것도 아니지요. 아이들이 풍물이라는 놀이를 매개로 자신의 흥을 표현할 수 있도록 기술적인 면을 약간 도와주는 것, 그것을 풍물 수업의 목표로 잡았습니다. 여기에 몇몇 엄마들이 어울려 그 놀이에 동참해 준다면 수업 한 번이 곧바로 한 번의 놀이가 되고 공연이 되고 예술이 될 수 있으리라 생각합니다. 풍물수업이라는 명칭도 '풍물놀이'라고 바꿔 부르는 게 좋겠다고 생각했고, 집중하지 못하는 아이, 돌아다니는 아이, 소리 지르는 아이, 누워서 소리 듣는 아이… 이런 아이들에게 최대한 규제하지 않으려고 합니다. 원래 마당에서 행해지던 풍물놀이에

어린이집 아이들과 풍물놀이

풍물 연습

서는 돌아다니는 아이, 심지어 술 먹고 깽판⑺ 치는 어른조차 크게 규제하지
않으니까요. 그 자체가 하나의 놀이가 되고 축제에 동참하는 행위니까요. 처
음 반신반의하며 풍물놀이를 준비하던 마음에서 횟수가 늘어갈수록 확신이
생기면서 우리의 풍물놀이는 더욱 축제가 되어가고 있습니다.

# 어린이집 7년의 성과와 과제

　'방정환배움공동체 구름달'(구 방정환한울학교)의 첫 배움터로 시작한 '방정환 한울어린이집'은 이제 7년이 되었습니다. "모시고 서로 배우겠습니다"로 하루를 시작하면서 어린이들은 선생님에게 믿음을 배우고, 선생님은 어린이들의 맑음을 배우는 자리가 되었습니다. 방정환 교육철학에 대한 이해가 깊어지면서 선생님들은 어린이를 대하는 자세가 달라졌고, 생태적 사유가 깊어지고 있습니다.

　부모님들은 다른 아이와 노는 내 아이를 관찰하면서, 또 다른 아이들의 모습을 통해, 자기 아이에 대한 이해를 깊게 하고 저마다 다른 특성과 개성을 수용하면서 품이 넓어지기도 합니다. 특히 다양한 현장학습과 체험활동, 그리고 산들맘으로 나들이에 동참하면서 내 아이만 바라보던 시선을 스스로 넓혀가며 다른 아이도 아낌없이 돌아보는 마음으로 넓어지는 것을 봅니다. 자신의 역량과 내적 성숙을 위한 참된 노력이야말로 진정 내 아이를 온전히 대하는 출발점이 된다는 것을 자각하며, 아이의 키가 커가는 만큼 같이 성장해 가고 있음을 느끼게 됩니다.

　적고 보니 참 많은 분의 수고가 느껴져 눈물이 납니다. 누구보다도 수고해 준 교사분들께 감사드립니다. 적극적으로 참여해 주신 부모님들, 그리고 아낌없이 후원해 주신 모든 분께 감사드립니다. 부족한 점도 많이 느낍니다. 괜

정문에서 본 어린이집 풍경

흙동산이 있는 어린이집 마당

히 부풀려진 점은 없는지 송구한 마음도 듭니다. 그래도 정리하고 보니 무엇을 더 보완해야 할지가 보이는 것 같습니다. 장기적으로는 협동조합형 어린이집으로 가야 할 것입니다. 공간도 지금은 임차이기 때문에 더 안정적인 보금자리를 마련해야 하는 과제도 있습니다. 무엇보다 시급한 것은 어린이집 졸업생들이 이 교육철학에 따라 그 배움을 이어갈 수 있도록 '방정환 초등과정'을 만드는 일입니다. 그래서 "어린이는 한울입니다"의 진정한 가치가 널리 퍼져 여기저기서 꽃 피워지길 간절히 바랍니다. 고맙습니다.

# 어린이집의 시설과 공간

　유아교육 기관의 시설은 일반적으로 생각하는 학교 시설과는 상당히 다르다고 할 수 있다. 유아의 발달적 특성을 반영하고, 유아들이 신체적으로나 심리적으로 안정감을 느끼고 편안하게 생활할 수 있는 부드럽고 온화한 분위기가 느껴져야 한다. 또한 안정된 분위기에서 교육과 양육이 이루어질 수 있도록 실용성과 유용성, 건강성, 아름다움 또는 매력이 있어야 한다. 방정환어린이집의 교육환경은 나무와 마당, 물과 흙, 햇볕과 바람이 있는 곳, 물장난·모래장난을 할 수 있는 곳, 작더라도 텃밭이 있는 곳, 야산이나 빈터가 가까이 있어 나들이가 생활화된 곳을 지향하며, 이러한 요소를 염두에 두고 어린이집 터전을 찾아 나섰다.

　보육시설 인가는 법적 기준 충족이 우선이므로 육아종합지원센터 전문가 컨설팅을 받게 되었는데, 안전점검 과정에서 여러 가지 난제를 만나게 되었다. 지금도 큰 아쉬움으로 기억되는 일이 있다. 어린이집 옆으로 흐르는 개울을 마당이라는 공간으로 끌어들이고 싶었지만 인가 기준상 불가하여, 개울과 어린이집 간의 안전 확보를 위한 차단 시설을 설치해야 했다. 어린이들이 개울을 가까이 보고 느낄 수 있도록 시야를 차단하지 않는 철망 펜스로 하는 것이 최선의 선택이었다. 현재는 개울로 접근하기 위해 어린이집 밖으로 돌아나가는 방법으로 만나고 있다.

　방정환한울어린이집의 보육이념을 잘 담아낼 수 있는 실외와 실내 교육환경 구성에 대한 고민이 시작될 즈음 우리와 뜻을 같이하는 생태건축 전문가를 만난 것은 정말 큰 행운이었고, 방정환한울어린이집의 지금 모습을 탄생케 해주었다. 우리의 이론적 지식과 시설 건축의 현실, 소재의 성질까지 자세히 파악하고 있는 생태건축 전문가와의 충분한 소통을 통해 방정환한울어린이집의 실내외 환경이 하나의 예술창작물로 모습을 드러냈다.

방정환한울어린이집의 실외·실내 환경을 들여다보자. 먼저 실외 환경 구성을 보면 어린이집 옆으로는 개울이 흐르고, 어린이집 전체가 들여다보이는 최소한의 경계로 멀리 진주에서 공수해온 대나무로 울타리와 출입문을 만들었다. 대나무 울타리에는 풀과 꽃들이 자랄 수 있는 좁은 화단 공간도 만들어, 변화가 있는 울타리와 사계절 푸릇한 생명의 변화를 느껴볼 수 있는 사랑스러운 공간이 되어줄 것을 기대하게 했다. 어린이집으로 들어서는 마당에는 둥근 나무를 박아 진입 동선이 되게 했고, 마당 바닥엔 높낮이를 다르게 하여 운동성을 주었으며, 커다란 흙동산과 굴을 만들었다. 어린이들의 놀이 참여로 이 동산은 변화를 내포한 고정되지 않은 놀이시설물인 동시에 동적 활동 영역이 되는 곳이다.

흙동산과 개울 사이 공간에 자리한 나무 그늘과 너럭바위를 그대로 보존하면서 주변에 나무 밑동 의자를 마련하여, 너럭바위가 소꿉놀이대도 되어주고 생각하는 바위쉼터도 되어주는 정적인 영역이 확보되었고, 가까이 수도시설을 마련하여 놀이의 확장과 텃밭 가꾸기에 유용하도록 했다. 마당은 잔디밭, 흙바닥, 둥근나무 징검다리 길과 개울로 나가는 길, 어린이집 뒷마당, 옆마당의 텃밭, 동물을 기를 수 있는 공간에다 옛날 아궁이까지 있어서 다양한 활동을 시도해볼 수 있는 시설이 갖춰져 갔다.

실내로 들어가기 위해 장애인 가족을 배려한 경사데크로를 지나야 하는

실내로 들어가는 나무문                     '어린이는 한울입니다'

데, 청개구리가 가장 먼저 등원하여 어린이집의 아침을 열어주는 친환경적인 환경을 증명해주기도 했다. 이 진입로와 연결된 어린이집 현관문부터가 남다른 소재로, 들어서는 손들을 반겨준다. 나무의 잔가지와 동그랗게 잘린 나뭇가지 조각이 투명한 이중 유리문 사이로 비치는 문을 열고 들어서면 어린이들의 실내 활동공간이 한눈에 들어온다. 이 멋진 문을 열고 들어서면 어린이집 개원을 위해 노동력을 제공하고 후원해 준, 전국 각지에 계신 후원자들의 이름을 간직한 나무 한 그루가 장식물이 되어 함께한 이들의 정성을 고스란히 품고 서 있다. 전통 한옥의 대청에 설치되는 분합문을 달아 행사 때 무대로 활용할 수 있는 열린 공간으로 바뀌게 하여, 한정된 공간 활용의 변화를 꾀했다.

실내에 들어서면 그윽한 나무 향이 나고, 따뜻한 목조 바닥과 전통문양 창호지 문이 보인다. 한 벽면에 붙어있는 '어린이는 한울입니다'라는 글귀가 한눈에 들어온다.

부드럽고 따뜻한 성질의 오동나무로 전체 실내 바닥을 했으며, 어린이 눈높이 벽까지 둘렀다. 대부분의 교구장도 같은 소재로 제작했다. 놀잇감의 기

오동나무바닥과 통나무 배　　　　　　함지박 세면대

능도 있는 ㄷ자 형태의 책상도 오동나무로 제작했다. 교구 바구니도 기존 유
아교육기관에서 볼 수 있는 플라스틱제가 아닌 자연 소재로 만든 것을 사용
하는 등, 생태어린이집다운 면모를 갖추기 위해 작은 것까지 고민하며 환경
을 구성했다. 실내가 넓지 않지만 어린이들에게 무한한 창의력의 원천이 될
수 있도록 구석구석에 재미난 아이디어를 담아 공간을 꾸며놓았다. 계단을
밟고 올라가는 도서영역, 각 반에 설치한 세면대에도 시제품이 아닌 목조로
다듬은 것을 설치했고, 반마다 수건걸이 하나에도 나무의 본래 모습을 최
대한 살려 자연스러운 환경 조성에 온 정성을 기울였다. 활동하는 자연물이
교재·교구가 되는 어린이집 환경을 꿈꾸며, 교구도 완성된 시제품이나 고정
된 놀이형태가 아닌 다양한 생각을 발산할 수 있는 것으로써 최소한으로 채
우기로 했다.

　기존 주택을 어린이집으로 리모델링 하면서 여러 한계점이 있었지만, 주어
진 환경이나 구조를 최대한 살리고 덜 훼손하면서 실내외 환경을 인가 기준
에 맞추면서도 가장 자연과 가까운 환경으로 시설설비를 해가고자 했다.

(한미영/ 방정환한울어린이집 초대 원장)

# 부모님 글

## 아이들 하나하나 한울로 존중받고 있어 감사하다

12월생인 아이를 네 살이 되었다고 바로 어린이집에 보낼 순 없었다. 워낙 엄마에게 집착이 강해 떨어뜨려 놓을 용기가 나지 않았는지도 모르겠다.

4세 여름쯤, 아이를 어린이집에 보내야겠기에 여기저기 알아보기 시작했다. 활동적인 아이의 성향을 반영하여 실내활동보다는 실외활동을 많이 한다기에 방정환한울어린이집의 문을 두드리게 되었다. 그러나 기회는 주어지지 않았다. 중간에 들어갈 수 있는 자리는 없었다. 아이가 다섯 살이 되어, 또래 친구들과 놀면서 사회성을 키워야 할 나이라 규정지으며 유치원을 알아볼 즈음 어린이집으로부터 연락을 받았다. 입시에 합격한 것처럼 기분이 좋았다. 입학 전 어린이집에 가서 선생님을 뵙고 어린이집의 교육철학, 활동, 먹을거리 등에 관한 이야기를 들었다. 마음이 놓였다. 자연친화적인 분위기와 선생님들의 편안한 인상에 아이와 나 모두 안정감을 느낀 것 같다.

드디어 3월이 되어 2주간 아이와 함께 등원하게 되었다. 일반적으로 다른 어린이집이 아이 혼자 적응 기간을 갖는 반면, 이곳은 엄마와 함께하면서 아이가 자연스럽게 적응할 수 있게 한다는 것이 너무 감사했다. 언제나 열려있는 어린이집 분위기는 아이를 맡기는 부모 입장에서는 안정감과 신뢰감을 갖게 되는 것 같다.

첫날 4~7세 어린이들이 모두 둘러앉아 새 친구들을 소개할 때부터 신선한 충격이 시작되었다. 반 아이들과의 교류를 넘어 동생 오빠 언니들과 다 같이 활동하고 배우며 공동체 생활을 해나가는 것이 혼자인 우리 아이에게 참 좋은 경험이 되리라 생각했다.

어린이집 일과는 늘 새날열기로 시작한다. 각 반 아이들이 둘러앉아 각자 생각을 얘기하고 선생님과 친구들이 서로의 이야기를 들어주는 모습을 보니, 유치하다 할 수도 있는 행동들이 마냥 귀엽고 대단해 보이기까지 했다. 새날열기의 작은 활동이 앞으로 많은 사람과 만나 소통해 갈 아이들에게 큰 밑거름이 되지 않을까 생각했다.

어린이집의 주된 오전활동인 나들이 시간은 또 한 번의 충격이었다. 내가 생각했던 바깥 놀이와는 좀 달랐다. 아이들은 자연에서 맘껏 뛰어다니고 눕고 뒹굴고… 선생님이 계신데도 나는 아이가 행여 다칠세라 쫓아다니기 바빴던 것 같다. 자연은 아이들에게 위험한 공간이 아닐까 생각했다. '내가 없을 때 아이가 다치기라도 하면 어쩌나…' 많은 걱정을 했다. 지금 생각하니 아이들을 보호한다는 명목 아래 아이들의 호기심과 상상의 경험을 제한하고 아이들의 능력을 믿어주지 못한 내가 참 부끄럽다. 산들맘을 통해 아이들이 노는 것을 오래 관찰하고 보니 아이들은 경험을 통해 위험한 행동이나 장소 이탈을 하지 않는다는 사실을 알았다.

아이들은 믿고 기다려 주면 실로 놀라운 변화를 거치게 되는 것 같다. 짧게 봐선 결코 아이들의 능력을 알 수 없다. 그런 점에서 산들맘은 엄마들도 아이를 보면서 배우게 되는 좋은 기회이지 않나 싶다. 내 아이뿐 아니라 다른 아이들과도 함께하면서 아이들이 서로를 통해 배우고 스스로 자연에 적응하며 한 단계 발전하는 모습들을 볼 수 있었다. 어쩌다 일주일에 하루만 나가서 노는 아이들과 달리 어린이집 아이들은 정말 엄청난 체력을 키워가고 있었다. 비가 오면 비 오는 자연을 느끼고 더운 날엔 시원한 계곡에서 자연의 고마움을 느끼는 아이들… 또한 산들맘을 하면서 모든 아이에게 나도 모르게 애정이 생기게 된다. 다른 엄마들을 봐도 마찬가지 마음이 아닐까 싶다.

한 달에 한두 번 산들맘을 하고 온 날은 비록 몸은 힘들지만(아이들의 체력은 무제한인 것 같다) 아이들의 발전에 놀라고, 순수함과 밝음에 절로 기분이 좋아진다.

아이가 어린이집에 적응하는 동안 다른 엄마들의 추천으로 소모임 동아리 〈책두레 밭두레〉 활동을 하게 되었다. 육아 관련 책을 읽고 서로 생각을 나누며 나도 많은 것을 배웠다. 아이의 의견을 존중해 주며 내 생각을 강요하지 않고 믿고 기다려 주는 것이 얼마나 중요한지 알게 되었다. 나 또한 엄마로서 성장하는 계기가 되지 않았나 싶다.

한 학기 동안 어린이집을 보내면서 가장 좋았던 것은 자연스러움이었다. 환경, 사람 등등 모든 한울의 존중이념 아래 아이들 하나하나 한울로 존중받고 있어 감사하다.

(가온 엄마)


## 아이들은 놀기 위해 세상에 왔나 보다

"모시고~ 잘 잤습니다. 새날을 주셔서 고맙습니다. 오늘은 즐거운 금요일입니다."

밝게 웃는 얼굴로 내가 아이를 깨우며 하는 말. 기분 좋은 하루를 시작하는 우리 집 새날열기이다. 벌써 방정환한울어린이집을 다닌 지 3년 차, 6세 다율이는 오늘도 어린이집에 가는 신나는 발걸음으로 싱글벙글이다. "스스로 자라고 서로 배우는 기쁜 어린이" 우리 어린이집이 표방하는 글귀를 매일 우리 아이의 모습에서 그대로 느낀다.

분주한 아침. 집 앞 동네는 노란 어린이집 차들로 바쁜 시간. 손잡고 신나게 노래 부르면서 아파트가 즐비한 우리 동네를 벗어난다. 도시에서 멀어지고 자연에 가까워지는 길. 푸르른 산, 논밭을 지나가며 매일 계절의 변화를 눈으로 마음으로 온몸으로 느끼는 드라이브 코스. 차를 달린 지 10여 분쯤 지나면 방정환한울어린이집이 모습을 드러낸다. 나무 울타리 안, 정겨운 마당에는 나무와 황토흙과 자연이 어우러진다. 집에서는 잊어버린 자연의 냄새가 한가득이다. 매일 드나들다 보니 이제는 우리 집 앞마당같이 포근하고 편안한 느낌이 드는 우리 어린이집 마당. 이곳에서는 매일 아이들의 신나는 놀이가 펼쳐지고, 엄마들의 이야기가 펼쳐진다.

눈부신 햇살, 시원한 바람, 하얀 구름, 굵은 빗방울, 날씨는 있는 그대로 자연이다. 매일 산으로 들로 나들이 간다. 오늘처럼 비 오는 날에는 물웅덩이에서 첨벙첨벙 놀 생각에 다율이는 더 신이 난다. 한낮엔 여전히 무덥지만 아침 저녁으로 곁을 스치는 바람이 시원하고 기분 좋은 걸 보니 슬슬 가을이 오려나 보다. 봄에는 진달래꽃을 따서 화전을 만들어 먹고, 여름에는 냇가에서 물놀이를 한다. 가을에는 추수가 끝난 논에서 기차놀이를 하고, 겨울에는 꽁꽁 언 얼음 위에서 썰매를 탄다. 매일 자연의 품 안에서 날씨와 계절을 온몸으로 즐길 줄 아는 멋진 우리 아이들.

한 달에 한두 번, 산들맘을 하는 날. 해맑은 아이들의 웃음만큼이나 좋은 것이 있다. 다율이와 나란히 앉아 먹는 맛난 점심밥. 건강한 먹을거리에 마음 쓰시는 나리 원장선생님은 한살림에서 친환경 식재료들을 한 아름 사 오신다. 좋은 재료에 벼리선생님의 음식솜씨가 더해진 한 끼 밥이 입으로 마구마구 들어간다. 간식도 흔한 과자가 아니라 감자, 옥수수를 비롯하여 제철

채소나 떡이 나온다. 다율이가 "몸과 마음이 건강한 아이"로 잘 자랄 수 있는 까닭이다.

　돈으로 살 수 있는 장난감이 흔한 요즘. 어린이집 마당은 아이들끼리 어울리며 만든 놀잇감과 놀이로 풍성하다. 돌, 흙, 모래, 물, 나뭇가지, 나뭇잎, 자연이 준 재료들과 쓰던 냄비, 그릇이 어우러진 진짜 진짜 소꿉놀이는 언제나 즐겁다. 늦은 오후. 하원 시간. 마당은 아이를 데리러 온 엄마들과 아이들이 한데 모여 활기가 넘친다. 놀이에 몰입해 있는 아이와 "집에 가자"는 엄마 사이에 "좀 더 놀래" 하며 기분 좋은 실랑이도 벌어진다. 아침부터 이어진 놀이가 아직도 더 하고 싶다는 아이들을 보고 있으면, 정말 아이들에게는 놀이가 밥인가 보다. '아이들은 놀기 위해 세상에 왔나 보다.'(텃밭책놀이터에 강연 오신 편해문 선생님 말씀)라는 생각이 든다.

　다율이의 어린이집 사랑은 집에서도 이어진다. "밥은 한울입니다. 한울은 혼자 못 가지듯이 밥은 서로서로 나누어 먹습니다.~~ 잘 먹겠습니다." 밥노래를 먼저 부르고 밥 먹고,
"지금부터 8월 도란도란 모임을 시작하겠습니다. 눈을 감고, 마음 모으기를 합니다.~~" 엄마, 아빠랑 함께 앉아 도란도란 놀이를 하고, 텃밭 아리선생님을 따라 하나하나 사서 모은 농기구(아래 시장까지 가서 다율이가 고른 삽, 곡괭이, 호미, 등등)를 가지고 농부 놀이를 하고, 어린이집에서 나들이 가는 용담정으로 주말 가족나들이를 간다.

　매일 신나는 모험이 펼쳐지는 곳,
　사랑을 가득 담은 눈빛으로 아이들을 품어주시는 선생님이 있는 곳,
　아이의 속도에 맞춰 기다려 주는 곳, 매일 얼굴을 보고 인사 나누고,

가치를 공유하는 이웃(엄마)들이 있는 곳

방학이면 졸업생들이 산들형님으로 오는 곳

끈끈한 정을 나누는 곳

가끔 우리 어린이집을 떠올리며 이런 곳이 또 있을까? 생각한다.


"천지만물, 한울, 자연에게 돌려주자." 다율이의 입에서 이렇게 예쁜 말들이 나올 때, 방정환한울어린이집과 이렇게 인연이 닿을 수 있었음에 무한한 감사가 온몸을 채운다. 쉬운 길보다는 가치로운 길(기쁨으로 가득 찬 생태아이)을 가기 위해 오늘도 수고스러움을 마다하지 않고 부지런히 움직인다.

(다율 엄마)


## 다행이다


"서로 배우겠습니다~~" 하며 맞절을 하고 앉아 1분간 눈을 감고 숨을 고른다.

"나는 한울, 부모님과 선생님과 누나(여행 중인 누나에 대한 배려)도 한울, 천지만물도 한울"을 읊조린다. 찻잔에 물을 따르며 오늘 하루 소망이나 고마운 마음을 담아 나누어 마신다.

넉 달 전부터 달라진 우리 집의 새로운 아침 풍경이다.


2004년쯤인가… 생태교육을 하는 부산대어린이집과 임재택 교수님에 대해 우연히 알게 되었다. 당시 주언이 누나가 아토피가 심해 생태육아에 대해 공부하던 중 우연히 인터넷을 통해 알게 됐는데, 간절함이 컸던 만큼 아쉬움이 오래 남았다. 당시 포항에 살고 있어서 부산에 있는 어린이집을 다닐 수 없는 터라, 부러움과 속상함이 한동안 마음 깊은 곳에서 떠나지 않았다.

인연이란 게 참 묘하다. 그렇게 간절하게 원했던 생태어린이집을 10년 후 둘째 주언이가 다니게 된 것이다. 이름도 생소한 방정환한울어린이집. 당시 다섯 살이던 주언이는 유치원에 다니고 있었는데, 다섯 달째 나와 아침마다 유치원 가기 싫다며 실랑이를 하고 있었다. 숲놀이도 하고 선생님들도 매우 친절해 부모나 아이 모두 만족도가 제일 높은 유치원이었다. 아침마다 유치원 가지 않고 그냥 마당에서 놀면 안 되냐는 아이 말에 참 난감한 하루하루였다. 이런 상황을 알고, 지인이 호호샘께서 생태 어린이집을 다닌다는 얘기를 전해주었다. 호호샘은 큰아이 초등학교 때 알던 학부모인데, 믿음이 컸던 만큼 바로 연락했다. 선생님은 주언이가 유치원에 어느 정도 적응한 상태라 신중하게 결정하시라며 하루 체험을 권하셨다. 체험을 마치고는 고민의 여지가 없었고 나는 이미 들떠 있었다. 내 기분과 아랑곳없이 주언이는 그냥 다니던 유치원에 가겠다고 버텼다. 유치원엔 큰 버스가 있는데 어린이집 차는 작다는 둥, 시시콜콜한 장점들을 늘어놓았다. 이제 겨우 유치원에 적응했는데 새로운 곳에서 다시 적응해야 하는 게 불안했던 것 같다. 딱 일주일만 다녀보자고 약속하고 어린이집을 다니게 되었다. 우리 집에서 30분 거리의 먼 어린이집 등원이 이렇게 시작됐다.

지금도 또렷하다. 등원한 지 사나흘쯤 되던 날. 그날도 여느 때처럼 어린이집으로 가고 있었는데 주언이가 유치원 코끼리 차를 보고 반가운지 알은체했다. 주언이가 유치원 다니면서 제일 신나고 좋아했던 게 매일 큰 버스를 타고 등하원 하는 것이었다. 잠시 후 주언이가 차분하게 말을 꺼냈다.

"엄마, 방정환어린이집이 유치원보다 더 좋아."

나는 깜짝 놀랐지만 태연한 척하며 물었다.

"유치원이 더 좋다고 했잖아? 어린이집이 뭐가 더 좋은데~?"

주언이는 잠시 제법 진지하게 생각하더니 또박또박 말했다.

"다 더 좋아."

순간 울컥했다. 일주일이 채 안 되어 모든 게 좋다고 느끼다니… 참 고맙고 다행한 일이었다.


늘 아이가 스스로 할 수 있을 때까지 기다려 주고 배려해 주시는 선생님들의 정성에 감사하며 다닌 시간들이었다. 2년 반 동안 개구쟁이들 등쌀에 하루하루가 고단했을 호호 선생님, 개구쟁이들과 험한 곳도 마다하지 않고 온몸으로 놀아주시던 사라 선생님, 주언이의 부탁을 한 번도 거절하신 적이 없는 나리 선생님, 정성이 가득한 건강 밥상을 차려주시는 별이 선생님, 그분들의 정성으로 아이가 해맑고 건강하게 자라는 것을 지켜보는 것은 늘 감사한 일이었다. 어린이집이 자유롭고 개인의 의사를 존중해 주는 만큼 간혹 의견 차이로 인한 작은 소란이 일곤 했는데, 그때마다 서로 한발씩 양보하고 조율하는 과정이 때론 힘들기도 했지만 함께한다는 뿌듯함이 더 컸다.

주언이는 작년에 초등학교에 입학해서 적응하느라 한동안 애를 먹었다. 갑갑한 교실에서 하루 종일 보내는 것을 제일 힘들어했고, 꼼꼼하신 선생님이 일러주는 많은 규칙도 버거워했다. 그럴 때마다 산과 들을 자유롭게 다니던 나들이 이야기, 세상에서 제일 맛있다는 별이샘 밥 먹고 싶다는 이야기, 나리샘과 책 만들고 종이비행기 날리던 이야기 등등 어린이집의 추억을 쏟아내곤 했다. 그나마 금요일마다 가는 탐바는 주언이에게 위안이자 유일한 행복이었다. 처음엔 학교 적응하느라 힘들까 봐 멀리 있는 방정환텃밭놀이터에 보내는 걸 망설였다. 주언이가 꼭 가고 싶다고 해서 보냈는데, 금요일마다 신나고 즐거워하는 주언이를 보며 아리샘께 얼마나 감사했는지 모른다. 특히 서너 번인가… 쥐똥나무샘이랑 신기한 풀꽃 이름과 절기 등을 배우며 산에 갔던 추억은 주언이의 기억에 또렷이 남아 있다.

몇 년 전 어린이집에서 생태교육을 받은 적이 있다. 그때 생태교육이란 '판'을 바꾸는 것이라는 조순영 교수님의 말씀, 지금도 또렷하게 기억한다. 배움이란 머리로 하는 것이 아니라 몸에 배어야 한다는 말씀까지. 바로바로 효과가 나타나야 귀가 솔깃해지는 세상에서, 아이의 잠재력을 믿고 정성을 쏟으며 기다려야 하는 생태교육은 내공을 쌓지 않고는 흔들리지 않을 수가 없다. 지금까지 몸에 밴 습성을 바꾸는 것은 정말 쉬운 일이 아니다. 머리로는 이해가 되지만 불쑥불쑥 나오는 습성들, 그로 인해 불편하고 힘들어지는 감정들, 그 시간 시간의 결들을 오롯이 견뎌낼 때 어느 순간 점점 나아지고 있는 나를 발견하게 되는 것 같다.

오늘도 어김없이 어린이집에서 배운 '새날열기'로 하루를 시작한다. 바쁜 아침 시간이지만, 정성스레 하루를 맞이하는 의식이 이제는 거를 수 없는 중요한 일상이 되었다. 주언이는 아침마다 새날열기 하는 것을 좋아하고 그 시간 동안 제법 의젓하다. 하지만 언제 그랬냐는 듯 학교에서 장난칠 것이고, 선생님께 혼나기도 할 것이며, 친구들과 다투기도 할 것이다. 그렇지만 어린이집에서 배운 '나는 한울'이란 말이 조금씩 주언이의 몸에 스며들어 배는 것을 알기에 크게 걱정하지는 않는다. 소중한 인연들을 만날 수 있어서, 그 인연으로 내 아이가, 내가, 우리 가족이 배우고 성장할 수 있어 참 다행이다.

얼마 전 학교에서 돌아오는 차에서 주언이가 말했다.

"엄마, 행복하면 시간이 정말 빨리 가는 것 같아. 1학년 때는 시간이 정말 안 가던데… 2학년이 되어서는 시간이 금방 가는 것 같아. 어린이집 다닐 때도 시간이 엄청 빨리 갔고!"

"흐흐"

(주언 엄마)

# 놀아본 아이들

비 내린 다음 날 마당에서 잡초 뽑는 엄마 곁에서 농기구로 마당에 그림을 그리며 아이 셋이 놀고 있습니다. 큰아이가 말합니다.

"얘들아, 우리 네오 집 지어줄까?" "응, 좋아!" 둘째와 셋째도 맞장구를 칩니다. 흙에 물을 부어 반죽한 다음 열심히 담을 쌓다가 말합니다. "근데 벽돌이 있으면 더 좋겠다." "아! 우리 집에 있잖아. 벽돌." "근데… 엄마가 야단칠 것 같아. 한번 물어볼까?"

한참 동안 저들끼리 말이 오가더니 이렇게 이야기합니다. "엄마~ 벽돌 좀 써도 돼?" "응, 근데 다 쓰고 제자리 갖다 놔야 해. 안 그럼 혼 난다!" "응, 근데 오늘 정리 안 해도 돼?" "그래~ 다 놀고 정리해." 엄마 허락을 받은 아이들이 보기에도 흥에 겨운 발걸음으로 20개 남짓 되는 벽돌을 옮겨오느라 부산합니다. 첫째는 벽돌을 깔고 그 위에 진흙을 붙이고, 둘째는 호미로 흙을 파고 셋째는 물을 붓습니다. 이제 막내는 누나와 형의 도움 없이 혼자 수돗가에서 물을 떠 올 줄도 압니다. 벽돌이 무너질까 봐 손바닥으로 진흙을 다져 가며 단단하게 두드리는 손이 참 야무집니다. 본 데가 있는 손길입니다.

세 아이는 방정환한울어린이집에서 생태목공 활동을 했습니다. 큰아이는 어느새 초등학교 3학년이 되었지만, 동생들 덕분에 거의 매일 어린이집으로 놀러 갈 수 있습니다. 어린이집 마당에서 늘 하던 흙놀이, 생태목공 시간에 흙벽을 쌓아 올려 흙집 짓기를 해본 경험이 있습니다. 자유롭게 참여하는 생태목공 시간, 뭘 배우긴 하는 건가 싶을 정도로 놀고만 있던 아이들인데 오늘 집에서 벽돌 쌓는 걸 보니 제법 티가 납니다. 셋이서 할 수 있는 일을 분담해서 하는 모습도 참 보기 좋습니다. 세 아이가 함께할 놀이가 있다는 것도 큰 장점입니다. 잘 노는 아이들로 자랄 수 있도록 산과 들, 마당, 텃밭에서 놀이마당을 열어주는 어린이집이 오늘은 더 고맙게 여겨집니다. 비 내리는 날은 비옷 입고 나가자고 하고, 해님이 쨍하면 용담정에 물고기 잡으러 가자고 하고. 누가 그런 말을 했든 세 아이의 엉덩이는 말이 끝나기가 무섭게 들썩입니다. 얼음이 얼면 큰아이가 용담정 고드름이 먹고 싶다고 하고, 둘째는 고드름이 어떤 맛인지, 어디서 따먹었는지 말합니다. 이 아이들이 자라서 어른이 되어도 맞장구치며 떠올릴 추억을 지금 만들고 있다는 생각에 이르자 부러운 마음까지 듭니다.

(연우·은우·윤우 엄마 )


# 엄마, 괜찮아


너무도 건조하고 미세먼지가 심하던 올해 겨울과 봄은 라율이와 제게 참으로 힘든 계절이었습니다. 조금씩 라율이 얼굴을 덮기 시작한 아토피.

넉 달 남짓 밤낮으로 긁느라 잠 못 이루고 예민해져만 가던 아이.

풍욕이 좋으니 산과 들을 다니며 햇빛을 봐야 한다고, 이론으로 알고는 있었지만 미세먼지가 심하다는 이유로, 동생이 어려 힘들다는 이유로 라율이를 더 힘들게 했던 것 같습니다.

늘 씩씩하고 밝던 아이가 점점 속마음을 숨기고, 웃음이 줄어들고, 얼굴에서 몸으로 번지기 시작한 아토피를 보니 더 이상 보습만, 유기농 먹거리에만 신경 써서 되는 게 아니라는 것을 깨달았습니다.

그런 제게 주위에서 숲 생태 어린이집을 추천해 주었습니다. 숲 생태 어린이집에 대해 잘 모르던 저는, 맨발로 다녀보지도 않았고 동물도 무서워하는 아이가 매일 산과 들을 다니는 생활에 적응할 수 있을지 걱정이 앞섰습니다.

그러나 처음 용담정으로 숲 체험을 하고 돌아온 라율이는 제 걱정과 달리 내일 당장 새로운 어린이집에 가고 싶다고 했습니다. 고마운 마음과 안쓰러운 마음에 아이를 꼭 안고 있으니, "엄마, 괜찮아. 아토피 다 나으면 라율이 좋아하는 계란도 먹고, 수영장도 가면 되잖아."라며 오히려 저를 위로해 주었습니다.

자연과 어울리며 밝게 자란 친구들과, 아이들 말에 귀 기울여 주시고 함께 만져보며 지켜봐 주시는 선생님들 덕에 쉽게 새로운 환경에 잘 적응하는 모습을 보니 너무 감사했습니다.

겁 많던 아이가 하루하루 표정이 밝아지고, 혼자 나무에 오르고, 물에 들어가 올챙이를 잡고, 흙을 밟고, 숲속 이름 모를 동·식물에 관심을 갖는 모습을 보니 자연과 함께 뛰노는 것이 얼마나 중요한 것인지 배웠습니다.

화학첨가물 걱정 없는 건강한 음식을 먹고, 산과 들에서 마음껏 뛰어놀며 햇빛을 보고, 자연을 접하며 자랄 수 있어서 정말 좋습니다.

(라율 엄마)

## 모심사상으로 방정환 선생님의 어린이 운동을 이어가기를

얼마 전 딸아이가 출산한 뒤 육아 환경이 그리 녹록지 않은 것을 지켜보면서 안타까운 마음이 들었습니다. 분유 대신 모유를 먹이고, 천 기저귀와 가제 손수건을 매일같이 빨아 쓰고, 천연 미생물 세제(EM)로 세탁하며, 유기농(한살림생협) 등을 이용하면서 유별난 육아를 고집하고 있습니다만, 몇 년 후 이 아이가 자라 어린이집과 유치원에 가야 한다고 생각하니 벌써부터 걱정이 앞섭니다.

몇 년 전에 어린이집에 실습 간 적이 있는데 그때 너무 놀랐습니다. 아이들은 간식을 먹기 위해 일렬로 줄을 서서 손 씻으러 가야 하고, 누군가의 허락 없이는 화장실도 가지 못하는 억압된 분위기에서, 자기 의지나 개성이 무시된 채 획일적으로 운영되던 모습이었습니다.

육아의 가장 큰 핵심은 인간성의 형성이라고 봅니다. 태교라든지 어린이집에 보내기 전의 교육은 부모의 의지로 어느 정도 가능하지만, 인간은 사회적 동물인지라 또래 집단 형성을 위해서라도 어린이집이나 유치원을 보낼 수밖에 없는 실정입니다. 이때 교육자가 올바른 교육철학 없이 이익을 우선으로 하는 사업으로만 아이들을 대할 경우 여러 문제점과 부작용이 발생할 수밖에 없다는 생각이 듭니다.

해월 최시형 선생님은 당시 천대받던 어린이를 '한울님을 모신 이'라고 했습니다. 심리학자 프로이드는 사람은 6세경이 되면 대부분의 인간성 형성이 이루어지기 때문에 이때의 경험이나 자극이 성인이 되어서도 무의식에 자리 잡아 개인의 삶에 큰 영향을 미친다고 하여 그 중요성을 강조했습니다. 세 살 버릇 여든까지 간다는 우리 속담도 있습니다.

어린이 운동의 선구자이신 방정환 선생께서 백여 년 어린이 운동을 통해 사회적으로 큰 호응을 받았듯이 방정환한울학교가 그 뜻을 이어가기를 바랍니다.

(민서 할머니 정미라)

# 방정환 텃밭책놀이터

최경미

# 방정환 텃밭책놀이터를 만들다

'방정환 텃밭책놀이터'는 초등 방과 후 동아리 활동을 중심으로 유아 텃밭 활동, 부모 동아리 활동을 펼치는 방정환 한울학교(현 방정환배움공동체)의 두 번째 배움터입니다. 방정환한울어린이집의 졸업생이 생기면서 초등과정으로서 배움터의 요구에 의해 그 징검다리로서 구상하게 된 것입니다. 텃밭과 그림책도서관을 결합한 형태로, 텃밭에 실내공간을 만들어 책이 있는 쉼터가 될 수 있게 했습니다. 건강한 먹을거리를 기를 수 있는 텃밭과 전 세대를 아우를 수 있는 그림책 중심의 도서관을 결합함으로써 다양한 세대가 어우러지며 서로 배우는 현장, 즉 일과 놀이, 배움이 함께 어우러지는 곳을 꿈꾼 것입니다. 텃밭책놀이터는 현재 초등방과후 동아리 '탐험하는 바람'을 중심으로 '책놀이', '작은농부', '텃밭가족체험', 어른 동아리 '책두레', '밭두레'가 활동 중입니다.

텃밭책놀이터는 2017년 3월에서 6월까지 시범 운영기간을 거쳐 2017년 7월 15일 개관했습니다. 3월에서 6월까지는 텃밭을 고르고, 실내공간을 만드는 등 시설을 갖추었습니다. 생태 공간에 어우러지는 시설을 구상했지만 충분한 예산 확보가 어려웠던 터라 우여곡절 끝에 비닐하우스로 우선 설치하고 내벽에는 나무 합판을 덧대서 그림책방을 만들었습니다. 아쉬운 대로 시작해보기로 한 것입니다.

방정환텃밭책놀이터 입구

그림책방이 있는 실내 공간

생태화장실

아이들이 지은 흙집

　실내공간에 필요한 물건들도 모두 되살림(리사이클링) 물건으로 장만했습니다. 유치원을 접고 업종 변경하는 곳에서 책상과 컴퓨터, 식기 등 소품들을 많이 구입했습니다. 이사하는 집을 수소문해서 필요한 집기들을 가져오기도 했습니다. 입에서 입으로 날아간 소식을 듣고 기꺼이 나서주던 도움 손이 많았습니다. 주말을 이용해서 일손을 보태기도 하고, 먼 길 마다않고 달려와 구석구석을 채워주기도 했습니다. 책 한 권 한 권마다 라벨을 붙여주던 사람들, 직접 오지 못하는 것을 아쉬워하며 후원금으로 참여해 준 사람들, 그분

텃밭 풍경

들 덕분에 텃밭책놀이터가 만들어졌습니다.

책은 '은행나무어린이도서관'에서 함께 활동했던 묵은 책동무가 서울에서 트럭 가득 실어 보내주었습니다. 당장은 구입하지 않아도 될 만큼 책이 깨끗하고 구색이 두루 갖춰져 있었습니다. 고군분투하고 있는 친구를 도와주겠다며 그 책동무들 중 세 명이 먼 길 달려와서 텃밭 울타리를 만들고, 책 분류 작업을 도왔습니다. 두고두고 잊지 못할 귀한 인연입니다. 책으로 맺은 인연으로 '어린이문화연대'와 '초방출판사'에서도 꼭 필요한 책들을 보내줘서 책 상자를 풀어놓고 부자가 된 듯 가슴이 부풀어 올랐던 기억이 생생합니다.

가장 생태적인 시설물이 된 생태화장실을 만들어 준 천도교대학생단동문회도 한몫을 해주었습니다. 회원들의 후원금과 손재주 있는 몇 사람이 모여 두 달 가까운 시간을 릴레이로 이어가며 완성했습니다. 무더운 여름에는 비

바느질 배우기

자연농 다큐 상영회

텃밭 여는 날 행사

풍물동아리 연습 장면

닐하우스보다 훨씬 시원해서 노트북 들고 화장실에 앉아서 일하고 싶기도
했습니다.

　인근에 산다는 이유로 손길이 필요할 때마다 장비를 들고 나타나서 척척
해결해 주던 땅콩주인장과 키다리 아저씨, 두 사람은 환상의 짝꿍이 되어 해
결사 역할을 해주었습니다. 농사에 필요한 물을 끌어 오느라 새벽 별을 보
며 5톤 물통을 채우던 그 굵고 진한 땀방울의 향기를 잊을 수 없습니다.

　실내공간에 꼭 필요했던 평상을 만들어 설치까지 해준 사람, 텅 빈 천정에
그림책 속 인물들을 불러내서 그려 준 청소년, '월화수목금금금'으로 휴일을
반납하며 큰 일꾼이 되어준 방정환한울학교(현 방정환배움공동체) 실무자들의 손
길까지… 일일이 이름을 나열할 수 없지만, 이루 다 말할 수 없는 그 정성을
생각하면 지금도 가슴이 뭉클합니다.

# 탐험하는 바람

매주 목요일과 금요일 오후에는 초등동아리 '탐험하는 바람'(이후 '탐바')을 만나는 날입니다. 방정환 한울어린이집 졸업생 네 명과 형제 두 명이 합류해서 여섯 명으로 시작합니다. 마음놀이, 예술놀이(사진과 풍물), 산들놀이, 이야기 그림, 텃밭 가꾸기 등으로 배움의 내용을 구성하고 계획을 세우지만, 아이들의 요구와 선택이 드나들 수 있도록 느슨하게 얼거리를 짜 둡니다.

방정환 선생님은 당시 학교의 '기계식 교육'보다 저들끼리 모여 서로 배우는 것을 더 중요하게 여겼지요. 그래서 전국을 다니며 소년회가 결성되도록 독려하고 지원했답니다. 자연과 예술 활동을 통해 '동심'을 키워가기를 바라며 자기 삶의 주인으로, 나아가 사회를 열어갈 주인공으로 자라길 소망했습니다. 잡지 『어린이』, 동화와 동요, 여러 곳에 남아 있는 글 등에서 확인해 볼 수 있어요. 그런 맥락에서 탐바활동도 아이들이 자발적이고 주도적인 활동으로 꾸려가고자 '스스로 자라고 서로 배우는 기쁜 어린이'라는 기치를 세웠습니다.

**마음놀이**에는 '차 마시기'와 '봄과 쉼'이 있습니다. 아이들이 수업을 마치고 하나둘씩 모이면 둥글게 둘러앉아 차를 마시는데, 그때 한 사람씩 돌아가면서 고마운 마음을 말로 표현합니다.

"비님, 바람님, 해님, 엄마, 농부님, 강아지, 고양이, 고구마… 고맙습니다."

맑은 차 한 잔에 고마운 마음을 담아서 나누어 마십니다. 때로는 "오늘 친구들이랑 축구하고 싶은 마음을 담습니다", "호형이 다음엔 꼭 왔으면 좋겠어요."라며 그날그날의 자기 마음을 담기도 합니다. 굳이 말 하고 싶지 않을 때는 "통과"라고 외치면 됩니다.

어떤 때는 장난스럽게, 형식적으로 내뱉기도 하지만, 짧은 순간이라도 내가 살아가는 데 수많은 도움의 손길이 있다는 것을 느껴보는 귀한 시간입니다. 해, 바람, 비, 애벌레, 군고구마, 엄마, 아빠….

아이들이 하나하나 이름을 불러준 그들도 우리의 고마운 마음을 먹고 쑥쑥 자라는 거라고 믿으면서 말이지요.

**봄과 쉼**은 학교에서 돌아온 아이들이 잠깐 움직임을 멈추고 마음과 몸을 쉬는 활동입니다, 차분한 명상음악을 듣고 복식호흡을 하면서 몸과 마음의 긴장을 풀고 이완하게 합니다. 누워서 눈을 감은 채 있다가 보면 살짝 잠이 들기도 해요. 그때는 아이들 배 위에 얇은 천을 덮어줍니다. 처음에는 눈을 감는 것도, 그냥 누워 있는 것도 쉽지 않지만, 차츰 안정되어 갑니다. 이 활동에 참여했던 1학년 연이(가명)는 눈만 감으면 엄마가 생각나서 눈물이 난다고 했어요. 눈 감지 않고 편안하게 누워 있어도 괜찮다고 했더니 두어 달 지날 무렵에는 코를 살짝 골면서 단잠을 자기도 했습니다. 워낙 활동적인 아이들이 모여 있다 보니 움직임을 멈추고 고요해지기까지, 도입 부분에서 힘들어요. 아이들과 한 학기를 마치고 프로그램 평가를 했는데, '봄과 쉼'은 교사의 의도가 아이들의 요구보다 더 큰 프로그램이라 생각되어 계속하지 않기로 했습니다.

**예술놀이**에는 '사진 놀이'와 '풍물놀이'가 있습니다, 사진 찍기는 아이들이 꽤 몰입하는 편이었는데, 물놀이에 밀려나서 개울 앞에서는 사진기도 팽개치고 물놀이를 하느라 시간 가는 줄 몰랐어요. 결국 오래 가지 못하고 중간에 그만둘 수밖에 없었습니다. 사진을 전공한 부모님의 재능기부로 이루어진 활동이었는데, 교사가 아이들의 흥미를 끌어내지 못하는 것을 힘겨워하기도 해서 종료하게 되었습니다. 결국 아이들은 그 활동의 전문성보다는 상호작용을 더 좋아한다는 것을 확인한 셈입니다.

**풍물놀이**도, 아이들은 악기를 배우기보다 장단을 들으며 춤추거나 뒹굴기를 더 좋아합니다. 이 활동도 부모풍물동아리의 지원으로 한 활동입니다.

풍물놀이는 한 해 동안 진행했는데, 아이들이 어머니들과 장단이 잘 맞아떨어지는 날에는 흥에 겨운 한바탕 놀이마당이 되었습니다. 그러던 중에 풍물동아리를 끌어오던 어머니의 아이가 어린이집을 졸업하고 이를 이어줄 사람이 없어서 더 이상 이어가지 못했습니다.

**산들놀이**는 쌀쌀하던 초봄부터 계곡과 들판, 숲을 살피기 시작합니다. 아무것도 없을 듯한 그곳에서 바람을 보는 방법을 찾아내고, 물길을 새로 만들었어요. 자연의 색깔을 만나고, 논바닥 축구를 하고, 담벼락을 스케치북 삼아 그림을 그리는 등, 생각지도 못한 놀거리를 발견하기도 했지요. 아이들은 새로운 길을 만들며 하루하루 변해가는 산과 들과 숲에서 스스로 놀 줄 아는 아이들로 변해갔습니다.

산과 들에 들어설 때는 우리가 만나는 자연 친구들에게 인사부터 합니다. 그리고 자연물로 어떤 활동을 해야 할 때는 우선 가져가도 되는지 물어보기로 하고, 필요한 만큼만 갖고 가기로 합니다. 어린이집에서 늘 하던 행동이지만 초등학생이 되면서 욕구가 더 강해지고 분명해져서 힘이 세지고 있었죠. 아이들의 거침없는 행동 속에서 어떻게 아이들과 공감하며 공명을 만들어

낼 수 있을까? 아이들을 만나는 동안 멈추지 않을 질문입니다.

배움이란 머리가 아니라 몸에 배어야 한다지요. 결과를 빨리 보여줘야 하는 우리 사회 분위기에서 아이의 잠재력을 믿고 저마다의 색깔을 자유롭게 펼칠 수 있도록 오래 기다려야 하는 생태 영성 교육은 더욱 그렇습니다. 그 스며드는 시간을 아이뿐 아니라 부모와 교사가 함께 견뎌야 함은 더 말할 나위 없습니다.

**텃밭활동**의 일 년 밭농사는 우리가 먹는 것들이 어떻게 만들어져서 밥상까지 오게 되는지 체험하는 과정입니다. 바람과 비와 해 그리고 물… 등 자연의 기운과 농부의 보살핌이 만나서 오이, 고추, 가지 같은 열매를 맺게 됩니다. 그 자람을 귀하게 여기고 감사히 먹는 마음을 키우는 활동입니다. 손이 많이 가지만 자연과 더불어 살아가는 데 중점을 둔 자연농법으로 텃밭농사를 시작합니다.

흙이 건강해야 농작물을 제대로 키울 수 있다는 생각으로 땅을 살리는 일을 먼저 합니다. 오랫동안 농약과 비닐로 농사지은 땅이라 비닐을 거둬내는 일은 생각보다 많은 시간과 노동을 들여야 했습니다. 지렁이가 한 마리도 보이지 않던 땅에서 지렁이를 발견한 것은 2년이 지난 뒤였습니다. 세상에나, 지렁이가 이렇게 반가울 줄이야!

1년 단위로 농작물을 심고 거두는 일들을 아이들과 함께하는 동안 흙에 친숙해지고 퇴비에 익숙해집니다. 아이들은 자기가 물 주고 노래 불러주며 가꾼 농작물들은 귀하게 여기면서 맛나게 먹습니다.

한 학기 단위로 아이들과 부모님들의 의견을 수렴하여 활동 내용을 평가하고 보완해 갑니다. 2018년 1학기에는 살아가는 데 필요한 생활 기술로 요리와 바느질을 추가하기도 했습니다.

# 텃밭을 가꾸다

3월입니다. 아직 쌀쌀한 날, 따끈한 쑥차에 고마운 마음을 담아서 '차 마시기'를 합니다. 오늘은 씨 뿌리고 모종 심을 밭을 다듬는 일을 할 참입니다. 퇴비도 내고 흙을 뒤집는데, 삽질하는 손이 제법입니다. 올해 농사 걱정은 보따리에 싸서 선반 위에 던져둬도 될 듯합니다.(하하)

일이라기보다 흙 놀이하듯 재미 삼아 하던 아이들과 새참을 만들어 먹습니다. 밭 주변에 지천으로 있는 냉이랑 쑥을 캐 오고, 파도 뽑아 옵니다. 파를 다듬는데도 군소리하지 않고 후딱 해냅니다. 부침개 먹을 생각에 몸도 재빠릅니다.

냉이랑 파를 송송 썰고 밀가루 반죽을 해서 전을 굽습니다. 아리샘이 부침개 뒤집는 묘기를 보여주며 재간을 부리고 탐바 아이들은 "와~" 소리를 지릅니다. 우쭐해진 아리샘은 몇 번 더 묘기를 보여주지요. 노릇노릇 구워진 냉이전을 게 눈 감추듯 먹어치웁니다. 아이들의 먹는 속도를 따라가느라 아리샘 손이 바쁩니다. 냉이, 파, 쑥이 들어간 나물밥을 고소한 양념장에 비벼서 내놓았더니 별로 관심을 안 보이던 아이들이 한 숟갈 맛을 보고는 어느새 달려들어 싹싹 먹어치웁니다. 아까 먹던 쑥차로 입가심까지 하고 나니 배가 부릅니다. 다 같이 먹는 봄맛이 아주 그럴싸합니다.

마늘밭에 짚과 낙엽으로 덮어주기를 하는 4월입니다. 오늘은 학교에서 기분 좋은 일이 있었는지 분위기가 좋습니다. 자기들끼리 어찌나 재미나게 이야기하던지, 끼어들 틈이 없습니다. 개중에 한 명 정도는 꼭 예외가 있습니다.(후후) 주변을 빙빙 돌면서 심통을 부립니다. 가끔은 대꾸도 하고, 더러는 모르는 척하기도 하면서 기분이 풀리기를 기다려 봅니다. 오래 가지 않을 테니까요~. 텃밭 모퉁이에 액비(液肥)를 만들어 둔 커다란 고무통 덮개를 열어보니 하얀 곰팡이가 살짝 덮여있습니다. 약간 시큼한 냄새도 나네요. 과일 껍질, 밥, 어린이집에서 나온 음식물 찌꺼기와 부엽토를 조금 섞고, EM 효소도 넣어서 만든 액체비료입니다. 이 액비를 물과 희석해서 밭에 뿌려주면 채소들에게는 비타민이 됩니다. 탐바 아이들은 시큼한 냄새도 아랑곳하지 않고 물 조리개로 액비를 떠다가 채소들이 있는 밭에 뿌려줍니다. 혼자 하면 한참을 해야 할 일인데 아이들 손이 매섭습니다.

5월, 비가 내려서 말랑한 땅에 풀씨들이 쑥쑥 자라나 키 재기를 합니다. 탐바 아이들과 밭 주변의 풀을 베어다가 고구마 고랑을 덮기로 합니다. 풀이 자라지 못하도록 멀칭(mulching)을 하는 작업입니다. 웃비가 내리는 밭에서 아이들 소리가 왁자지껄합니다. 폴짝거리고 뛰어다니면서 신바람 나게 풀을 나르네요. 무슨 일인가 싶어 가까이 가 보니, 남자아이들끼리 누가 더 빨리 밭고랑을 덮는지 내기를 하고 있어요. 1학년 세 명이 한 팀이 되고, 2학년 형아는 혼자 동생들과 겨루기로 했답니다. 그렇게 팀을 나눈 데는 2학년 형아의 자신만만함이 있었을 테지만 세 명을 혼자 당할 수는 없지요. 형아가 밀리기 시작합니다. 제법 간격이 벌어지자, 동생들은 가져온 풀을 형아 고랑에 덮어주기 시작합니다. 하여 내기는 무승부로 끝났어요.

홍홍~ 너무 멋진 탐바 아이들입니다. 남자아이들이 발바닥에 땀 나도록 내기를 하고 있을 때 자기 몫의 한 고랑을 서두르지 않고 다복다복 채워가던 여자 친구도 오늘의 승리자입니다. 모두 모두 만세!

6월부터 더워지던 텃밭은 7월에는 절정입니다. 풀은 돌아서면 쑥쑥 자라나 있습니다. 텃밭 가꾸기를 하러 온 탐바 아이들, 목마른 푸성귀에 물을 줍니다. 금방금방 땅속으로 스며드는 물을 붓고 또 붓고… 그러고도 힘이 남아서 풀밭 축구를 한판 벌입니다. 땀으로 범벅이 된 아이들, 고구마밭에서 돌아가고 있던 스프링클러 곁으로 가더니 웃옷을 벗고 아예 샤워를 합니다. 샤워는 자고로 텃밭 스프링클러가 제맛이지요. 농부의 향기가 물씬 납니다. 모델도 울고 갈 폼을 잡으며 보기만 해도 시원하게 땀을 씻습니다. 여름날 열심히 일한 뒤 땀을 씻고 싶은 사람들은 텃밭 스프링클러 샤워장으로 오세요, 이보다 더 좋을 수 없답니다.(호호)

한여름이 지나고 김장거리가 될 배추와 무를 심어 둔 밭을 가꾸는 9월입니다. 새순이 쏙쏙 올라온 무밭 고랑과 배추밭 두둑에 나뭇잎과 짚을 잘라서 덮어줍니다. 보습과 보온 역할을 할 것들이지요.

무더운 여름을 지나오느라 지친 보리수, 앵두, 모과, 대추나무에게도 퇴비를 넣어 줍니다. 퇴비 한 광주리 들고서 어영차 나르는 탐바 아이들의 걸음걸이가 바쁩니다. 들고 가는 사이 바닥에 흘리는 게 더 많지만, 덕분에 풀도 영양 보충(?)한 셈이지요.(히히) 광주리 팽개치고 달아나지 않는 것만으로도 충분합니다. 나중에 배추랑 무를 뽑을 때는 자기들이 모두 키웠다고 얼마나 으스댈지 눈에 선합니다.

땡볕을 먹고 잘 자라 준 수세미를 토닥토닥 다독여 주고, 한참 입 벌리며 씨앗을 만들고 있는 목화송이도 관찰하고 나니 2시간이 훌쩍 지나갑니다. 이마에 송송 땀이 맺히고 좀 출출하다 싶을 적에, 모락모락 김이 나는 감자를 새참으로 먹습니다. 집에서는 손도 안 대는 감자를 양 볼 가득히 먹고 있

배추벌레 잡기 | 퇴비 나르기

는 동이 모습을 보고 엄마가 깜짝 놀랍니다. 텃밭 동무들과 먹는 감자는 꿀 맛입니다.

11월 중순, 이른 아침 텃밭에는 하얗게 서리가 내렸습니다. 허리 꼿꼿하 게 세우고 당당하던 봉숭아도 땅으로 돌아가야 하는 때를 알고 말랑한 몸 이 되었습니다. 탐바 아이들은 볏짚으로 배추를 쌉니다. 마늘 심은 두둑은 짚으로 덮어주고, 갈무리 못 한 고춧대도 뽑아줍니다. 같이 힘을 모아 긴 이 랑을 거뜬히 해치웁니다. 몸에서 모랑모랑 김이 오르고 손은 흙투성이입니 다. 스스로 해낸 것들을 보며 아이들도 나도 뿌듯합니다. 차를 마실 때입니 다. 고마운 마음담기를 하는데, 언이가 "차를 준비해 주신 아리 선생님, 고맙 습니다."라고 말합니다. 동이는 지난 시간에 선생님 말을 제대로 안 듣고 맘 대로 했다고 고백도 합니다. 헉, 낯이 간질간질합니다. 이런 말을 하는 아이 들이 아닌데 무슨 일이 일어난 걸까요? 엄마가 선생님 말씀 잘 들으라고 지

땔감 실은 수레

고구마가 익어가는 난로

청구를 했을까요? 한 해를 같이 하고 나니 아이들이 철이 든 걸까요? 진지함
은 잠시, 밖으로 나온 아이들은 난로에 들어갈 땔감을 구하러 손수레를 끌
고 가면서 개구쟁이로 돌아왔습니다. 서로 끌고 가겠다고 투닥거리다가 서
로 타겠다고 실랑이를 벌입니다. 고구마가 익어가는 난롯가에 앉은 아이들
은 책도 읽고 수다도 떨다가 군고구마를 먹고 집으로 돌아갑니다. 아이들이
돌아간 자리에 우쭐우쭐 자란 마음들이 소복이 앉아 있습니다.

# 함께 읽고 자유롭게 표현하다

방정환 선생님은 학교에서의 획일적 교육보다 어린이 저희끼리의 활동을 늘 장려했습니다. 책과 잡지를 읽고 서로 이야기 나누며 자유롭게 표현하면서 주체적인 사람으로 자라기를 바랐습니다. 탐바 아이들도 책 읽고 글 쓰면서 자기 마음을 살피고 오롯이 표현해낼 수 있도록 다양한 책놀이 활동을 합니다.

"'학교'를 생각하면 뭐가 떠올라요?" 아이들에게 물었더니, 선생님, 친구, 교실, 책, 공부⋯ 등을 말합니다. 『지각대장 존』을 읽으며 학교 이야기를 이어 갑니다. 아이들은 마지막 장면에 속이 시원하답니다. 존의 말을 한 번도 믿어주지 않는 선생님한테 복수하는 장면이 맘에 쏙 들기 때문이라고 하네요. 선생님은 존이 지각한 이유를 좀 더 자세히 들어주고 물어주지 않아서 나쁘다고 아이들이 입을 모읍니다. 그동안 만났던 선생님 이야기가 줄줄이 이어집니다. 우리는 어떤 선생님이 좋은지 써보기로 합니다. 가장 좋은 선생님부터 순서대로 정리해 보았습니다.

- 친절한 선생님
- 남자와 여자를 차별하지 않는 선생님
- 무조건 화부터 내지 않는 선생님

- 쉬는 시간에 자유롭게 놀게 해주는 선생님
- 쉽게 이해하도록 가르쳐 주는 선생님

다음 시간에는 내가 교장 선생님이 되어서 멋진 학교도 만들어 보기로 합니다. 아이들은 어떤 학교를 꿈꿀까? 『멋대로 학교』, 『난 학교가기 싫어』라는 책을 함께 읽으면서 아이들이 바라는 학교의 모습을 들어보았습니다.

- 쉬는 시간이 많은 학교
- 축구 전용 운동장이 있는 학교
- 영화관이 있는 학교
- 댄스교실이 있는 학교
- 골라서 먹을 수 있는 급식실이 있는 학교
- 세계 스포츠 경기를 볼 수 있는 전용교실이 있는 학교
- 공부를 많이 해서 많이 배울 수 있는 학교
- 탐험하고 연구하고 만들기를 하는 학교

위 글을 보면서 어느 지역에서 학교를 만들려고 할 때, 그 지역 아이들의 이야기를 수렴할 수 있는 과정이 있으면 좋겠다는 생각을 해봅니다.

책 읽고 연극놀이를 하는 것도 아이들이 좋아하는 독후 활동 중 하나입니다. 『빨간 끈으로 머리를 묶은 사자』에 나오는 동물들을 종이에 그려서 색칠하고 오린 뒤 나무젓가락에 붙여서 막대인형으로 연극놀이를 합니다. 한껏 재미있어하더니 연극놀이를 더 해보잡니다. 이번에는 『내 탓이 아니야』라는 책으로 두 번째 연극놀이를 하는데, 재미를 붙인 아이들이 주제곡을 만듭니다. 〈비행기〉 노래를 개사해서 만든 노랫말입니다.

내 탓 내 탓 아니래 / 아무도 아니래 / 서로서로 아니래 / 그럼 누구 탓?

집에 있는 인형들을 들고 와서 등장인물을 만들었습니다. 커다란 접이 상을 세워서 무대를 만들고 상 뒤에 몸을 숨기고 인형을 등장시키며 대사를 합니다. 시작할 때 주제곡을 관객과 함께 부르기로 정합니다. 아이들의 새로운 생각들이 꼬리를 물고 일어납니다. 평소 부끄럼이 많던 아이도 얼굴이 드러나지 않는 연극놀이에는 자신감을 보입니다. 늘 부산해서 가만히 있지 못하는 개구쟁이 진이도 연극놀이에 제법 집중하는 모습입니다. 그런 아이들의 변화가 너무 귀해서 가족들을 초대하여 공연을 해보자고 합니다. 가족 앞에서 공연을 한다는 것에 상기되어 스스로 연습을 더 하자며 몇 번이고 반복 연습을 합니다. 공연 당일에는 관객들의 앵콜을 받고 한 번 더 공연을 하게 되자 아이들의 기쁨은 배로 커졌습니다.

『어둠을 무서워하는 꼬마박쥐』, 『무서워하지 마』에서 어둠을 무서워하는 꼬마박쥐가 무서움을 극복하는 이야기를 읽고 우리가 경험한 무서움과 두려움도 끄집어내서 신문지로 모양을 만들고 글로 써 보았습니다.

- 너덜너덜하고 찢어지고 구겨지고~
- 구겨지고 부서지고 찢어지고 말랐고~
- 길쭉 구겨져 있고, 두껍고 뾰족하고~
- 길쭉 길쭉~

무서움은 아이들에게 그런 느낌이라는 걸 새롭게 알게 됩니다. 그 느낌을 살려서 무서움을 신문지로 형상화해 보고 아이들 손에서 다시 새로운 모습으로 변신을 거듭하게 합니다. 아이들은 두려움에 용감하게 맞섭니다. 무서움은 엄마 얼굴, 축구장과 트로피, 야구공, 텔레비전…으로 나를 기쁘게 하는 모양으로 변신합니다. 용감하고 멋진 어린이들입니다.

4·16 세월호 이야기를 다룬 책『마음을 보았니?』도 함께 읽습니다. 사회적

『마음을 보았니?』를 읽고
편지를 쓴 종이비행기 날리기

서로의 작품을 감상하는 아이들

문제라서 아이들에게 읽히기엔 너무 무거운 주제가 아닐까 할 수 있지만, 아이들 역시 그 사회 속에 살고 있는 아이들이기에 그 나름으로 이해하고 표현해 보는 기회가 있어야 한다고 생각합니다. 마음이 크게 울었던 이야기, 다시는 일어나지 말아야 할 일이기에, 잊지 않겠다는 마음을 담아서 비행기를 접고 힘껏 날려봅니다.

방정환 선생님은 어린이들이 사회의 윤리, 어른들의 권위에 억압받지 않고 저마다의 모습으로 씩씩하게 자라기를 바랐습니다. 그 뜻을 펼치는 활동으로 책을 읽고 생각과 느낌을 자유롭게 표현할 수 있도록 늘 궁리하고 있습니다.

# 산에서 들에서 놀다
## ('탐바일기'에서)

### 탐바일기/ 2017. 3. 16. 목 / 용담정 가는 길

아이들이 용담정으로 가잡니다. 용담정 주차장까지 걸어가려면 20분은 족히 걸립니다. 그래서 가는 길에 자연물 놀잇감을 하나씩 찾아보기로 합니다. 산길 언덕에 있는 딱 한 그루 나무에 진달래꽃이 송송이 피어 있습니다. 지나칠 수 없는 아이들, 이제 막 피기 시작한 나무한테 딱 한 송이만 얻어먹기로 합니다. 가는 길에 두더지 굴도 만나서 한참 동안 탐색한 덕분에 지루하지 않게 주차장에 도착합니다. 가지고 온 놀잇감을 하나씩 꺼내 봅니다. 연이가 들고 온 나뭇가지로는 림보놀이를 합니다. 아리샘이 가져간 솔방울로 축구를 하다가 야구도 합니다. 예는 나무타기의 대마왕, 나무에 기대 앉아 지는 해를 보며 즐거워합니다.

놀다 보니 돌아갈 시간이 지났습니다. 내려오는 길에 맑은대쑥에 몽글몽글한 솜(?)과, 애벌레처럼 달려있는 나무 열매, 혹이 덕지덕지 붙은 나무와 딱따구리 집, 대롱대롱 매달린 고치들이 눈길을 끌어요. 고치 안에는 뭐가 있을까? 궁금해하는데 누군가 "죽은 것처럼 보이는 거 하나만 까서 봐요"라고 해서 우리는 하나를 땄습니다. 껍질을 열어보려고 했지만 아무리 애를 써도 찢어지지 않아요. 교실로 가져가서 잘라보기로 하고 휴지로 잘 싸서 가지고

옵니다. 한이 어머니가 마중 오면서 싸 온 식빵이 너무 맛납니다.

### 탐바일기/ 2017. 3. 30. 목 / 진달래동산

오늘은 먹을 수 있는 들꽃과 없는 꽃을 구분해서 먹을 수 있는 꽃으로 화전을 부쳐 먹기로 합니다. 골목길로 가는 동안 냉이, 민들레, 매화꽃, 꽃다지…가 피어 있습니다. 먹을 수 있는 꽃은 한 나무에서 하나씩만 꽃을 얻어서 모읍니다. 얼마 가지 않아서 진달래동산을 발견합니다. 한 나무에서 너무 많은 꽃을 따지 않기로 하고 진달래꽃을 따서 모았어요.

교실로 들어와서 화전을 만들면서 아리샘이

"화전을 먹으면 뭘 먹는 거지?" 물었더니,

"봄이요." 한이가 대답합니다.

"그럼 봄이 없어지는데?"

"우리 몸 속에 들어간 거야." 아이들이 서로 묻고 답합니다.

"봄이 우리 몸과 마음속에서 또 피어나겠네!" 아리샘이 손뼉 치며 즐거워합니다. 찹쌀가루와 멥쌀가루를 섞어서 반죽하고 동글납작하게 모양을 만듭니다. 달궈진 팬에 한쪽을 익혀서 뒤집은 후 꽃을 올리고, 노릇하게 구워졌겠다 싶을 때 꽃이 있는 쪽을 뒤집어서 살짝만 구워줍니다. 아이들은 화전을 게눈 감추듯 먹어치웁니다. 아이들이 빚은 화전은 한 쪽씩 싸서 집으로 보냅니다. 봄을 두루 나누어 먹습니다.

### 탐바일기 / 2017. 4. 7. 금/ 새로운 계곡

오늘은 어디로 갈까? 아리샘이 묻자 아이들이 "계곡"이라고 외칩니다. 새로운 계곡을 찾아 마을을 탐험합니다. 제법 물이 많은 곳을 발견한 아이들은 주저 없이 덤불을 헤치고 길을 만들며 계곡이 있는 곳으로 내려갑니다.

엄마한테 신발 젖었다고 혼날까 봐 아이들이 잠시 망설이는가 싶더니 이

내 운동화를 신은 채 물속으로 뛰어듭니다.

호는 둑을 만들기 시작했고 우도 바위(?)를 들어 힘자랑을 하며 둑 쌓기에 재미를 붙입니다. 아이들은 물속에서 다슬기를 찾아내고, 물이끼를 건지고, 움직이는 것들에 환호하며 수중창고를 만든다고 떠들썩합니다. 동생들이 건져오는 것들을 받아 수중창고에 넣어 주는 연이입니다. 그 곁에서 물이끼에 꽂힌 예는 종알종알거리며 물이끼로 조형물을 만듭니다. 한이, 진이는 멀리까지 계곡을 헤쳐갑니다. 등 위로 햇살이 졸랑졸랑 따라갑니다.

아리샘은 두 손으로 네모 프레임을 만들어서 눈앞에 가져갑니다. 하늘과 계곡과 아이들이 한 폭의 그림에 들어와 있는 듯합니다. "애들아, 너희 너무 멋지다야~" 아리샘이 손을 모아 큰 소리로 말합니다. 서울에서 살다 온 호도 서울 아이들은 학원 가기 바쁘다고 말을 거듭니다. 꼬물거리는 아이들과 웃음소리, 붉은 노을이 어우러집니다.

### 탐바일기/ 2017. 4. 14. 금 / 아지트

아이들이 지난번 용담계곡에 아지트로 점 찍어둔 곳에 가보고 싶다고 해서 용담정으로 갑니다. 좀 멀다 싶은지 투덜거리는 소리가 들립니다. 그냥 가까운 곳으로 가자고 했더니 아니라네요. 그곳에 꼭 가보고 싶답니다.

가는 길에 박새 한 마리가 죽어있는 걸 발견합니다. 아직 피가 굳지 않은 상태입니다. 너무 불쌍하다면서 한목소리로 묻어주고 가자고 합니다. 주변을 둘러보니 버려진 종이컵이 있어서, 거기에 새를 담아 들고 갑니다. 묻어줄 만한 적당한 곳을 찾아가는 동안 연이가 주변에 있는 꽃을 따 와서 새가 들어있는 컵에 꽂아줍니다. 나무 아래 새를 묻습니다. 나무 막대기와 돌멩이로 표시도 하고 꽃도 꽂아줍니다.

새 무덤 앞에서 예가 떨어진 꽃잎을 주워 두 손에 넣고, 소원을 빌면 이루어진다고 합니다. 우리도 예를 따라 소원을 빕니다. 소원은 입 밖으로 말하면 이루어지지 않는다며 속으로 말하랍니다.

다시 아지트를 찾아 나섭니다. 계곡을 지나 아지트에 이르렀지만, 지난번과 달리 모기떼가 우리보다 먼저 그 자리를 차지하고 있습니다. 아지트를 모기들한테 내줄 수밖에 달리 방법이 없습니다. 아쉽지만 사람이 다 차지할 수는 없지요. 아지트는 다른 곳으로 옮기기로 합니다. 오늘은 많이 걸어서 출출하던 차에 싸 들고 간 건빵을 아주 달게 나눠 먹습니다.

## 탐바일기/ 2017. 4. 27. 목 / 현불사 가는 길

사진찍기 두 번째 시간, 지난번 사진 선생님께서 프레임을 가르쳐주셨는데, 종이로 네모 틀을 만들어 바깥으로 나갑니다. 한이, 연이가 다른 아이들보다 더 관심을 보이며 집중합니다. 호형이 자벌레, 거미줄에 매달린 애벌레, 잎 모양이 색다른 붉나무 이파리를 발견해서 아이들에게 보여 주고 서로 카메라로 사진을 찍습니다. 그 과정에서 차례대로 찍자는 연이의 제안에도 불구하고 종이가 자리를 차지하고 비켜주지 않습니다. 평소의 종이답지 않게 오늘은 왠지 자리를 양보하지 않고 버티고 있습니다. 연이가 입바람으로 거미줄에 매달린 애벌레를 흔들리게 해서 종이를 방해합니다. 투닥투닥 시비가 계속되자 아리샘이 그만하라고 주의를 주었지만 멈추지 않고 서로 날을 세우고 신경전을 벌입니다. 호형이 나서서 비키라고 하고 연이도 저항하자 종이는 화를 내면서 카메라를 접고 책방으로 내려가 버렸습니다.

분위기가 썰렁해져서 활동을 정리하고 모두 책방으로 내려갑니다. 아리샘이 먼저 와서 토라져 있는 종이에게 "너는 매번 동생들한테 양보하니까 오늘은 화 좀 내도 돼~" 했더니 고개를 끄덕입니다. 마음이 풀린 종이는 언제 그랬냐는 듯이 아이들과 수건돌리기를 하면서 같이 놉니다. 다행입니다.

개울놀이

날이 저물 때까지 사방치기

### 탐바일기/ 2017. 9. 29. 금 / 텃밭책놀이터

감이 발그레 익었습니다. 아이들이 올 시간이 가까워 오자 감 따는 채를 준비해 둡니다. 아이들은 홍시를 따서 먹는 걸 좋아하기 때문입니다. 책방으로 들어와 차를 마십니다. 촛불 켜고, 향도 피우고, 가을 분위기 듬뿍 내면서 잠시 누워 심호흡을 합니다.

오늘은 텃밭에서 배추 애벌레 잡기를 할 텐데, 『애벌레의 모험』그림책을 먼저 읽습니다. 관찰통을 들고 배추밭으로 가서 벌레를 잡는데, 발견할 때마다 소리를 지릅니다.

"여기도 있어요." 애벌레 보고 엄청 좋아하는 아이들입니다. 벌레를 곧잘 찾아내던 연이가 아직 애벌레를 찾지 못해서 속상해하는 한이에게 "내 거 너 줄게, 큰 벌레들은 너한테 담고, 난 작은 벌레를 담을게"라고 합니다. 속상해하던 한이도 벌레를 받아들고는 시원해진 표정입니다. 애벌레 소탕작전을 마친 아이들은 애벌레를 키워보고 싶다며 관찰통을 갖고 와서 배추이파리를 깔고 애벌레를 넣어둡니다. 나비가 될 때까지 잘 키워보잡니다.

아이들이 텃밭활동을 끝내고 사방치기를 합니다. 날이 제법 쌀쌀해서 아리샘한테 옷을 빌려 입는 아이들, 돌 하나 던져두고 폴짝폴짝 재미나게 놉니다.

### 탐바일기/ 2018. 2. 22. 목 / 도토리산

"우리는 탐바니까 탐험을 가요!"

산 좀 다녀 봤다고 큰소리 뻥뻥 치며 탐바 아이들이 새로운 길로 탐험을 갑니다. 오늘따라 멧돼지와 뱀 이야기를 많이 하면서 가던 중에 산길에서 움푹 파인 흔적을 보고 멧돼지 발자국 같다면서 꼼꼼히 살피기 시작합니다. 아리샘한테 멧돼지 발자국을 검색해 달라고 하는가 하면, 한참 동안 관찰하던 아이들이 멧돼지 발자국이라고 확신합니다. 순간 뒤도 돌아보지 않고 줄행랑을 칩니다. 그것도 정확한 게 아니라 멧돼지 발자국 같다고 짐작했을 뿐인데 말이지요.(히히) 좀 전까지 탐험을 떠나자고 의기양양하던 탐바는 어디 가고, 허둥지둥 달려가는 아이들의 뒷모습을 보자니 너무 웃깁니다.

세차게 달려가던 아이들이 눈에 익은 담벼락을 만나자 마음이 놓였는지 돌멩이를 주워서 그림을 그립니다. "야, 멧돼지 엄청 컸지~" 하면서.(푸하하)

### 탐바일기/ 2018. 3. 7. 수 / 텃밭책놀이터

바느질 놀이 첫 시간. 이 시간 이름을 '땀따미'로 정했습니다. 작년에 어린 이집에 다니던 아이들이 1학년이 되어 탐바에 합류했습니다. 장난끼 자글자글한 얼굴에 가벼운 엉덩이는 바닥에 붙어있을 줄 모릅니다. 2학년 형들 못지않게 세찬 녀석들입니다. 그런 아이들이 바느질하는 것에 어떤 반응을 보일까 궁금하기도 합니다.

재능기부해 주시는 선생님을 모신 터라 아이들이 관심을 보이지 않으면 어쩌나 조바심이 나기도 합니다. 그런데 아이들이 의외로 집중합니다. 바늘에 실 꿰는 게 안 된다며 투덜대기도 하고, 바느질하다가 자꾸 실이 빠진다며 찡찡거리긴 했지만, 한 땀 한 땀 바느질하는 모습이 기특합니다. 한 시간 반 동안 내팽개치고 도망가는 녀석 하나 없이 진지하기까지 합니다. 우와, 이런 모습 첨이야!

### 탐바일기/ 2018. 6. 12. 화 /텃밭책놀이터

양파와 마늘을 추수하는 날입니다. "야, 이거 재밌다!" 이런 건 첨 해본다는 정이가 재미있어하자 언이가 "난 어린이집 다닐 때 해봤다고~" 우쭐대며 말합니다. 아무튼 오늘은 아무도 투덜대지 않고 무사히 밭일을 마칩니다.

아이들은 개울가로 개구리 보러 갔는데, 잠시 뒤 동이가 소리소리 지르며 달려옵니다. "선생님, 물자라예요~ 물자라, 물자라!" 들고 온 것을 검색해서 살펴보니 물장군입니다.

아이들이 도랑에서 놀고 있는 동안 아리샘은 생마늘을 굽습니다. 마늘구이는 아이들 입맛을 돋우지 못하고, 삶아둔 고구마로 입가심을 합니다. 아이들이 엄마한테 갖다 준다고 싸달라고 한 마늘, 양파를 양파망에 넣어서 한 주머니씩 들고 내려가는데 길에서 장수하늘소를 만납니다. 한참 동안 머리를 맞대고 살펴보니 검정큰장수하늘소입니다. 호기심을 해결한 후 인사하고 헤어졌는데 가다 말고 다시 아이들이 아리샘을 부르며 달려옵니다.

"아리샘~ 우리 장수하늘소 키워 봐요~" 아이들이 놓아준 장수하늘소를 다시 내 손에 옮겨줍니다. 아이들 성화에 그러자고 받아들고서 책방으로 오다가 장수하늘소를 보니 앞다리를 치켜들고 죽은 듯이 꼼짝하지 않습니다. 살짝 건드려 보니 움찔하며 방어 자세(?)를 취합니다. 손에서 떨어지지 않겠다고 야무지게 장갑을 부여잡은 것이, 영 가둬둘 마음이 안 생겨서 그냥 바닥에 내려놓습니다. 아이들한테 지청구 들을 각오를 하면서.

# '작은농부'의 봄·여름·가을·겨울

'작은농부'란 작지만 모든 것을 품고 있는 씨앗처럼 온전체로서의 유아들을 비유한 말입니다. 대부분의 유아교육기관에서 텃밭활동을 한다고 하면 추수 체험에 한정된 경우가 많습니다. 방정환한울어린이집은 한 해 동안 매주 한 번씩 텃밭에 와서 흙을 고르고, 씨앗을 뿌리고, 풀을 관리하고, 추수하고, 씨앗을 거두는 봄•여름•가을•겨울의 농사활동 모두를 체험합니다. 흙, 물, 작물들, 애벌레까지도 나와 같은 생명이라는 것을 배우면서 생태적 감수성과 공감능력, 신체적 적응력을 기를 수 있는 통합적 활동입니다.

텃밭 가꾸기는 우리 식탁에 밥상이 차려지기까지의 과정을 이해하고 생명 순환의 원리를 체험할 수 있는 좋은 활동입니다. '만사지(萬事知) 식일완(食一碗)'. 세상 이치를 안다는 것은 밥 한 그릇의 이치를 아는 데 있다고 했습니다. 해월 선생님 말씀입니다. 먹을거리의 중요성은 아무리 강조해도 지나치지 않습니다. 방정환 텃밭책놀이터를 만들고 아이들을 만나는 이유이기도 합니다.

작은농부 활동을 하러 오면 먼저 '차 마시기'를 합니다. 방정환한울어린이집에서 새날열기를 할 때 했던 '맑은물'의 의미를 텃밭책놀이터에서는 차로 대신하면서 고마운 마음을 담아 나눠 마십니다. 차는 대부분 텃밭 주변에서 구한 재료들로 만든 것입니다. 봄에는 매화꽃차, 목련차, 새순차, 5·6월이 되면 아카시꽃차, 감잎차를 만들어 1년 내내 먹습니다. 딸기청은 바로 먹을 수 있어서 아이들이 제일 좋아하는 차이기도 합니다. 쑥, 매실, 개복숭아 등은 청을 만듭니다. 무와 귤껍질도 잘 말려서 차로 만들어 먹을 수 있습니다. 일 년 내내 차를 마시다 보니 아이들이 차에 익숙해지고 다양한 맛들을 경험하며 주변의 것들로 좋은 차를 만들어 먹을 수 있다는 것을 압니다.

봄이 되면 흙을 고르는 활동을 먼저 합니다. 퇴비도 넣고 두둑도 만들고, 모종판도 만듭니다. 호미와 모종삽, 괭이를 들고 흙을 뒤집으면서 농사지을 준비를 합니다. 움푹움푹 흙을 파놓는 정도지만, 그러는 동안 더럽다고 생각하던 흙이 점점 재미난 놀잇감으로 친숙해지는 모습을 볼 수 있습니다. 퇴비를 소쿠리에 담아 나를 때도 냄새난다고 코를 싸잡던 아이들이 시간이 지나면서 아무렇지도 않게 퇴비를 들고 나르게 됩니다.

텃밭 주변에 냉이, 쑥 등 봄나물이 지천입니다. 작은농부들과 봄나물을 뜯습니다. 호미 쥐는 손이 아직 어색하지만, 호미를 들고 선생님을 따라 나물을 캡니다. 아이들이 쓰는 호미는 뾰족한 앞날을 조금 갈아서 둥글게 한 상태로 사용합니다. 나물을 캐서 향기도 맡아보고 맛도 보고, 전을 부쳐 먹기도 하고, 살짝 데쳐서 나물주먹밥을 해 먹기도 합니다, 쑥으로는 해마다 쑥인절미를 해 먹는데, 쑥을 푹 삶아서 잘게 썰고 찹쌀가루에 섞어 익반죽을 합니다. 아이들 손으로 조물조물 동글납작하게 만들어 뜨거운 물에 데쳐내고 콩고물을 묻히면 맛난 쑥인절미가 됩니다. 작은농부님들 새참으로 그만이지요.

이른 봄날 밭에서 새롭고 놀라운 발견을 한 적이 있습니다. 하루는 작은 농부님들과 겨우내 땅속에 묻혀 있던 마늘을 파보았는데, 뿌리를 길게 내리고 있었습니다. 그런 줄도 모르고 '눈에 보이는 게 없으니 썩었으려니' 짐작하고 땅을 파본 것인데, 그 길고 많은 뿌리를 본 순간 감탄이 절로 나왔습니다.

깻잎 따고 맛보기　　　　　　　　　　모종 심고 물 주기

춥고 힘든 날 뿌리 내려 싹을 낼 힘을 기르고 있는 마늘을 보며 살아가는 일도 다르지 않겠다고 생각했습니다. 우리 작은농부님들도 그 옹골지게 뻗은 겨울마늘을 닮아서 힘들고 지친 날에는 고요히 안으로 힘을 키우는 사람으로 자라기를 소망합니다.

여름에 작은농부님들이 제일 잘하고 즐기는 일이 물주기입니다. 뜨겁고 가문 날 물 조리개를 들고 작물들에게도 풀들에게도 가리지 않고 물을 줍니다. 물 조리개를 들고 가는 동안 물은 이미 반쯤 흘리고 땅보다 옷이 먼저 젖지만, 아이들은 줄달음치면서 물을 퍼 나릅니다. 3, 4세 아이들도 곧잘 하는 활동입니다. 물주기를 하다 보면 옷도 신발도 다 젖기 때문에 물놀이로 이어지기 일쑤입니다.

한번은 호스로 물을 뿌리면서 놀고 있는데 윤이가 저만치 떨어져서 구경만 하는 거예요. 아리샘이 살짝 물 호수로 물을 뿌렸더니 대뜸 큰 소리로

텃밭 작물로 한 달에 한 번 '텃밭 요리' 활동

"난 물놀이 싫어!" 하고 소리를 지릅니다. 아리샘이 순간 당황해서 "그래? 난 몰랐어, 네가 싫어하는지. 미안해!" 아리샘도 큰 소리로 응수합니다. 그러던 윤이는 얼마 지나지 않아서 호스를 들고 물을 뿌려대는 물놀이 대마왕(?)이 되었답니다.(하하하)

텃밭 곁에는 작은 개울이 있어서 봄부터 개구리 알, 도롱뇽 알, 가재, 물방개, 다슬기…를 잡으며 놀고, 여름에는 작은 웅덩이를 만들어 첨벙거리고 놉니다. 겨울에는 얼음지치기 놀이터로 안성맞춤입니다.

6월 중순쯤부터는 감자도 캡니다. 딸기랑 토마토도 열리고, 보리수 앵두도 한창이라 아이들 요깃거리가 풍성해서 좋습니다. 텃밭 요리를 한 달에 한 번 하는데, 딸기청을 얹어서 딸기 핫케이크도 해 먹고, 감자 샐러드를 만들어 하트 모양 뻥튀기 위에 올리고 보리수 열매로 꼭대기에 올려주면 '감자뻥 탑과자'도 됩니다.

가을에는 상반기 작물을 대부분 갈무리하고, 김장거리 위주로 배추 모종을 심고 무씨를 뿌립니다. 배추가 자라서 잎이 커지면 배추벌레 잡기도 작은 농부님들이 흥미로워하는 활동 중 하나지요. 한쪽에선 고추가 발갛게 익어 가고, 그때까지도 방울토마토가 남아 있어서 아이들이 텃밭에 올 때마다 하나씩 따먹는 재미도 쏠쏠합니다. 수세미가 제법 길쭉하게 커지면 따서 수세미 청을 만들어요.

'텃밭노래', '기쁜 마음' 노래로 응원하던 가지와 오이가 길쭉길쭉 길어지면 따서 그 자리에서 맛을 봅니다. 가지는 알레르기가 있는 아이들이 있으니 미리 파악해 둬야 합니다. 아작아작 소리 내며 맛나게 먹는 모습만 봐도 기특하고 보람찹니다. 들깨도 알이 여물어가고 한쪽에서는 목화송이도 씨앗을 만드느라 통통하고 딱딱해집니다.

가을의 진수는 고구마 캐기입니다. 고구마 줄을 같이 거두고, 호미나 모종삽으로 흙을 살살 긁어서 고구마를 캐낼 때는 여기저기서 환호성이 터집니다. "와~ 여기 여기, 젤 크다!", "보세요, 하트처럼 생겼어요." 선생님을 부르는 소리, 친구들을 부르는 소리로 왁자지껄합니다. 땅속 깊이 박힌 고구마를 캐느라 서너 명이 둘러앉아서 요렇게 하라는 둥, 저기를 파야 된다는 둥 궁리하느라 머리를 맞대고 있습니다. 이렇게 거둔 고구마는 겨우내 아이들 구미를 당기는 군고구마가 됩니다.

햇살과 바람이 좋은 가을날에는 단풍색을 담은 치자 염색, 파란 하늘색을 담은 쪽 염색을 합니다. 과일나무에 긴 줄을 매달고 염색 손수건을 걸어두면 텃밭도 가을 색으로 흠뻑 물들어 나풀거립니다.


겨울 텃밭은 난롯가에서 군고구마 익는 냄새로 시작합니다. 나들이 오는 작은농부님들은 군고구마 먹는 재미로 텃밭을 찾아와요. 들깨털이도 하고, 배추·무로 김장까지 하고 나면 텃밭은 이제 겨울 작물들이 자리를 잡습니다. 겨울 작물은 텃밭 가꾸기에서 꼭 권하고 싶은 활동입니다. 앞서도 말했지만

고구마 캐기

긴 겨울을 이겨내는 작물들을 만나는 기쁨이란 해본 사람만 느낄 수 있습니다. 작은농부님들도 겨울 준비를 하느라 마늘과 양파, 시금치, 쪽파 등을 심어둔 밭에 왕겨로 덮어주는 작업을 합니다. 토닥토닥 두드려 주면서 씩씩하게 잘 이겨내라고 격려도 아끼지 않지요.

군고구마 구워 먹을 난로를 피우기 위해 땔감을 하러 수레를 끌고 나섭니다. 산 아래 떨어진 나뭇가지들을 주워 와서 난로를 피우면 둘러앉아 손을 녹이며 군고구마를 먹습니다. 고구마 맛을 더해 주는 옛이야기 한 자락이 보태질 때면 아이들은 눈을 동그랗게 뜨고 이야기 속으로 빠져듭니다. 그런 아이들을 만나는 기쁨이 이루 말할 수 없지요. 하루는 도깨비 이야기를 듣고 산책을 나섰다가 '낮에는 도깨비가 막대기로 변해 있다'는 아리샘 말에 막대기를 하나씩 들고 와서 도깨비인 것 같다고 내미는 거예요. 이쯤 되면 스토리텔링이 절로 됩니다. 막대기를 부러뜨려서 안 부러지면 도깨비일 수 있다고… 아이들은 나뭇가지를 골라서 서로 부러뜨려 보느라 바빠지지요. 우리는 도깨비를 찾는 탐정이 되고, 나무들을 자세히 관찰하느라 모두 길바닥에 조용히 엎드려 있기도 합니다.(히히) 이렇게 놀다 어린이집으로 돌아가면 아이들은 막대기만 보면 선생님한테 들고 오는 부작용(?)이 생깁니다.(하하하)

벼를 추수하고 논에 남아 있는 지푸라기로 새끼도 꼬고, 새끼를 뭉쳐 공놀이도 하지만, 짚으로 성을 쌓고 그 안에 들어앉아서 엮어지는 이야기는 또 얼마나 재미있던지….

팥죽을 끓여 먹으며 나누는 '팥죽할머니와 호랑이' 이야기는 해마다 들려주어도 귀맛 나는 이야기입니다. 옛이야기가 무르익고, 군고구마 맛이 깊어가는 겨울 텃밭은 그야말로 동심의 세계가 열리는 공간이 되기에 충분합니다.

> 내 마음은 기쁘다/ 니 마음도 기쁘니?/
>
> 별밤 달밤 하늘마음/ 까르르 깔깔 기쁜 우리들
>
> _〈기쁜 마음〉(동요 〈이쁘지 않은 꽃은 없다〉 개사)

> 텃밭은 좋아요 쑥쑥 자라요/ 흙에 묻은 씨앗들은 새싹이 되고
>
> 우리 발소리 노래 소리 열매가 되고/ 다 함께 사랑의 마음이 자라요
>
> _〈텃밭은 좋아요〉(동요 〈햇볕〉 개사)

① 방정환한울어린이집: 목·금 오전 10~12시
② 외부 단체: 화·수 오전 10~12시(미리 신청)

# 엄마 아빠와 함께하는 텃밭체험놀이

토요일마다 방정환 텃밭책놀이터를 찾아오는 아이들이 있습니다. 가족 단위로 오는데 아빠들의 참여도가 높습니다. 고마운 마음을 담은 차로 마음 먹기를 먼저 합니다. 처음에는 부끄러워서 목소리가 잘 안 나와 엄마 아빠가 담는 마음에 손을 얹어서 같이 먹습니다. 몇 차례 다녀가면 자기 마음을 말로 표현하는 것을 배우게 되는 것 같습니다.

차를 마시고 나면 오늘 할 일을 선택합니다. 텃밭 작물을 키우는 활동, 주변 산책, 책 읽기, 생태놀이(흙놀이, 물놀이, 개울놀이, 전래놀이 등등), 텃밭요리 중에서 오늘 할 수 있는 것들과 하고 싶은 것들을 골라 시작합니다.

처음 온 가족은 텃밭을 두루 돌아보면서 작물들과 눈을 맞추며 인사합니다. 이름도 알아보고, 생김새와 색깔도 관찰하고, 맛보기도 하면서 작물들과 차츰 친해지게 됩니다. 작물은 저마다 때가 있으니 시기에 맞춰 씨를 뿌리기도 하고, 솎기, 열매 따기, 북돋우기, 흙 고르기, 애벌레잡기 등등 알맞게 활동을 합니다.

텃밭 주변에는 시기마다 흥미로운 것들이 있습니다. 봉숭아가 씨를 맺는 8월 즈음의 일입니다. 씨앗이 여문 것을 하나 따서 아이 손바닥에 놓고 다른 손으로 꼭 눌러보게 했지요. 그러자 껍질이 또르르 말리면서 씨앗이 터져 나왔어요. 아이도 재미있어할 뿐 아니라 부모도 처음 본다며 신기해합니다.

| 손수레 끌기 | 텃밭 옆 개울에서 차 마시기 |

'손대면 톡 하고 터질 것만 같은 그대~' 유행가도 한 자락 같이 부르면서 깔깔거립니다.

손수레를 타보는 체험도 좋아하는 활동입니다. 아이들이 타기만 할 것 같지만 오히려 끌어보고 싶어 하는 경우가 더 많습니다. 텃밭 빈터를 몇 번이고 오가면 수레를 서로 끌어보겠다고 야단법석이지요.

텃밭 갓길은 사찰 가는 길로 이어지며 포장되어 있습니다. 길 따라 가면서 산딸기도 따 먹고, 비 온 뒷날에는 거미관찰 하기에 안성맞춤입니다. 거미줄이 선명하게 드러나 눈에 잘 띄기 때문입니다. 칡넝쿨을 잘라서 둘둘 말아 화관도 만들고, 줄넘기도 합니다. 칡 이파리를 뒷면이 겉으로 나오게 접어서 이빨로 꼭꼭 씹었다가 펼치면 멋진 그림이 나오기도 합니다. 그걸 나뭇가지에 걸어서 전시회도 합니다. 도토리가 떨어지는 계절에는 나중에 먹으려고 도토리를 숨겨두는 다람쥐를 흉내 내느라 신바람이 나지요.

길을 따라 올라가다 보면 대나무밭이 있고 그 곁으로 좁은 길이 나옵니다. 산으로 올라가는 길인데, 조금 올라가면 묘지가 있고 주변이 평평하게 다듬어져 있습니다. 그곳에 서서 반대쪽 산을 바라보고 서면 시야가 탁 트입니다. 이곳에서는 '마음 목욕'을 합니다. 세수하듯이 마음도 닦아줘야 하는데, 들과 산을 향해 마음속에 있는 찌꺼기를 뱉어내는 것입니다. 숨을 크게 들이마셨다가 길게 뱉기를 서너 번 하고 난 뒤 손을 모아 소리 질러 봅니다. 때로는 아이들보다 엄마 아빠가 더 좋아합니다.

텃밭 곁으로 흐르는 개울은 개구리, 물방개, 가재 등 물속 생물들을 만날 수 있는 자연놀이터입니다. 지난여름에는 개울가 그늘에 앉아서 차도 마시고 그림책도 같이 읽으면서 여름을 즐겼습니다.

흙과 물은 아이들에게 어떤 장난감보다 좋은 천연 장난감입니다. 손가락 하나로 흙을 만지기 시작하던 아이들이 흙바가지 물바가지 들고 맘껏 놀 수 있는 아이로, 그것을 함께 즐기는 어른으로, 아이와 부모가 모두 자연과 하나 되는 체험을 텃밭에서 했으면 좋겠습니다.

① **시간**: 매주 토요일 오전 10~11시

② **미리 신청 후 참여 가능**(매주 목요일까지 신청)

③ **활동**

- 텃밭 가꾸기: 흙 고르기, 씨 뿌리기, 모종 심기, 솎아주기, 물주기, 풀매기, 추수하기, 거름주기, 노래와 말로 응원하기 등
- 산책: 나무와 꽃 관찰하기, 새 소리 듣기, 열매 맛보기, 향기 찾기, 씨앗 거두기 등
- 차 마시기: 텃밭에 오면 우선 차를 한 잔 마시는데, 차가 있기까지 바람, 해, 흙 등의 도움에 감사하는 마음을 차에 담아서 나눠 마신다.
- 텃밭 요리: 화전, 꽃밥, 감자부침개, 떡, 샐러드, 화채, 군고구마, 팥죽 만들기 등
- 그림책 방: 책을 읽어주거나 간단한 놀이를 할 수 있다. 체험활동 후 자유롭게 이용 가능.

# 부모동아리 책두레 밭두레

2017년 7월 방정환 텃밭책놀이터를 개관한 후 초등동아리 '탐바'와 유아들의 텃밭가꾸기 '작은농부'를 꾸준히 이어가고 있습니다. 부모동아리 책 읽기 모임도 주제에 따라 모이기도 하고, 그림책공부 모임도 하고, 잠깐 쉬기도 합니다.

2019년에는 방정환 텃밭책놀이터를 여럿이 함께 만들어 갈 수 있도록 다양한 참여 통로를 구상했습니다. 서로 배우고 스스로 성장하는 우리가 될 수 있게 하는 것이 목표입니다. 그 작업의 일환으로 신학기에 부모동아리 모집을 했습니다. '책두레 밭두레'라는 이름으로 모집했는데 일곱 명이 모였습니다.

'책두레 밭두레'는 두 가지 성격으로 출발했습니다. 책두레는 그림책을 읽고 아이들과 함께 읽고 싶은 책을 골라서 독후활동을 할 수 있는 책놀이 활동가로 성장하는 것을 목표로 삼았습니다. 밭두레는 농작물을 키우는 경험을 쌓고 자연농의 가치를 발견하여 밥상 문화를 재구성할 수 있게 하고자 했습니다. 책 읽는 모임을 하면서 첫 농작물로 고구마 순을 심었습니다.

… 고구마순을 심고 나서 매일매일 물 주러 텃밭으로 모입니다. 별것 아닌 일 같지만 정말 많은 것을 생각하고 깨닫게 해줍니다. 자연 앞에 절로 마음이 숙연해집니

다. 무더운 날씨에 생각지도 않았던 바람 한 점이 스쳐 지나가면 그렇게 고마울 수 없습니다. 쌀 한 톨에도 천지만물의 은혜가 깃들어 있다는 말이 자꾸 생각납니다.

한 회원이 카페에 올려놓은 글입니다. 하루는 모임을 하고 난 뒤 한 분이 "여기 오면 뭔가를 하고 싶게 만들어요."라고 했습니다. 스스로 하고 싶은 욕구가 생겨나고 서로 조금씩 자기 것을 내놓고 보태다 보면 생각지도 못한 일들을 해낼 거라는 기대를 합니다. 매번 모임을 하고 나면 후기를 카페에 올리는데, 다음 글은 그중 몇 편입니다.

… 저는 요즘 자기 전에 책 읽기 대신 이야기를 들려줘요. 덕분에 옛이야기를 검색해 보고 있고요. 아이한테 전하고 싶은 메시지를 이야기 형식으로 꾸며서 들려주기도 하고, 아이가 요즘 이야기에 푹 빠졌어요. 엄마로서 함께 성장해 가는 시간 같아 넘 좋아요….

… 오직 책만이 아이들이 생각하는 힘을 기른다고 생각해서 붙잡고 읽혔는데 너무 하나만 고집했나(?) 또 나만 재밌었던 건 아니었을까(?) 하고 생각해보는 시간이었어요….

책모임을 하고, 날마다 고구마밭에 물 주러 오가는 동안, 몇 가족이 모여 식사하는 날이 잦아지고 있답니다. 작은 공동체가 만들어지고 있는 모습을 보는 듯합니다. 함께하다 보면 소소한 갈등도 생길 것입니다. 갈등은 또 다른 발견을 할 수 있는 기회이기도 하니, 그때그때 풀어내는 방법을 배워 가면 될 것입니다.

그림책에 대한 강연을 듣기도 하고, 회원 중에 상담전문가와 유럽에서 청소년기를 보낸 사람들의 경험을 나누기도 했습니다. 시간이 축적되면서 그림

'책두레 밭두레' 정기모임

책을 슬라이드로 제작해서 공연하는 빛그림 공연을 해보기로 했습니다. 방정환 텃밭책놀이터 개관 2주년을 맞아 축하공연을 하게 된 것입니다. 7월 한 달을 일주일에 두세 번 만나 가며 준비했는데, 그 사이 아이들이 아프거나 모임을 빠져야 하는 수만 가지 이유가 생겼지만 가능한 사람들이 몫을 조금 더 맡으면서 첫 공연은 큰 문제 없이 해낼 수 있었습니다. 공연 앞 놀이 뒷놀이까지 멋진 호흡을 만들어 냈습니다. 무사히 끝났다는 안도감에 젖어있을 새도 없이 방정환한울어린이집 5주년 기념 축하공연 제안을 했는데, 회원들은 흔쾌히 수락했습니다. 방학이라 더욱 모이기 어려웠음에도 짧은 시간 집중하면서 준비하고, 첫 공연보다 한 걸음 나아간 공연을 펼쳐 냈습니다.

함께 책을 읽다가 그림책에 대한 재미가 쏠쏠해질 무렵, 날마다 한 권씩 카페에 올려서 서로 공유하자고 제안했습니다. '날마다 한 권'이라고 이름 붙이고, 아이에게 읽어준 책이든 본인이 읽은 책이든 자유롭게 소개하게 했습니다. 그중 한 권을 간단한 소감과 함께 카페에 올려두기로 했습니다. 이 작

어린이집에서 빛그림 공연

책읽기와 육아 이야기

업은 꽤 오래 지속되었고, 서로에게 좋은 영향이 된다고 했습니다. 3개월쯤 지났을 때 책으로 묶어서 또래 엄마들과 나누면 좋겠다는 생각으로 자료를 편집하고 모아서 공유하기도 했습니다.

　책 읽기를 꾸준히 해가면서 육아에 대한 가치관과 함께 성장하는 즐거움도 느끼지만, 부모로서 부족한 자신을 마주하는 아픔도 있을 터입니다. 그런 경험들이 혼자서는 벅차지만 함께해서 용기와 지혜로 축적될 것을 믿습니다. 그렇게 축적된 경험들이 어떤 모습으로 성장해 갈지 자못 기대가 큽니다.

# 나눔데이(2018), 같이 뚝딱!(2019)

각자의 재능을 나누기도 하고 스스로 자신의 가능성을 발견하는 기회를 갖고자 한 달에 한 번 재능기부 강좌를 엽니다.

| 연월 | | 주제 | 비고 |
|---|---|---|---|
| 2018 | 3월 | 유기농 딸기잼 만들기 | 유기농 딸기잼 만들어서 나눔 |
| | 4월 | 풋마늘장아찌, 파김치 데이 | 텃밭 농작물 요리 나눔 |
| | 5월 | 감사의 꽃 브로치 만들기 | 어버이날 선물 |
| | 7월 | 깻잎김치, 마늘장아찌 데이<br>마음인형 만들기 | 개관 돌잔치 |
| | 10월 | 자연농 다큐 보기 | 자연농 모임 |
| 2019 | 3월 | 냉이랑 눈 맞은 날 | 엄마 아빠랑 냉이 캐서 부침개 |
| | 4월 | 쑥개떡과 뒷담화 | 육아 스트레스 집단상담 |
| | 6월 | 유럽 육아와 비빔밥 | 유럽에서 살았던 경험 나누기 |
| | 7월 | 빛그림 '내 귀는 짝짝이' 공연 | 개관 두 돌 잔치 |
| | 9월 | 빛그림 '양초귀신' 공연 | 방정환한울어린이집 5돌 잔치 |

# 3년을 돌아보며

'스스로 자라고 서로 배우는 기쁜 우리'를 내걸고 지나온 시간을 돌아보니, 먼저 '탐험하는 바람' 일명 '탐바' 아이들이 떠오릅니다. 어린이집을 졸업한 아이들이 초등 방과 후 동아리로 만나서 도전과 체험, 실수와 실패를 통해 우쭐우쭐 자라고 있는 모습을 봅니다. 자연과 더불어 놀 줄 아는 어린이, 관심거리를 찾아내고 집중하는 어린이, 새로운 방법을 찾아서 도전하는 어린이, 교실보다 바깥 활동에서 더 돋보이는 어린이, 건강한 어린이, 글과 그림으로 자유롭게 표현한 책을 펴낸 어린이를 보며 '스스로 자라고 서로 배우는 기쁜 어린이'를 만나고 있다는 자부심을 느낍니다.

생각한 만큼 아이들이 따라오지 않는다고 자책하며 속상했던 날도, 서로 마음이 통했다고 어깨를 들썩이던 날도 아이들과 함께 자라기 위한 교사의 통과의례였다는 것을 지나고서야 조금 알 것 같습니다. 새봄이 오면 만날 아이들을 생각하며 계획서를 만들고 있는 지금, 마음이 설렙니다. 여행 떠나기 전 가방을 싸는 즐거움처럼요.

어린이집 활동을 연계하고 확장한 것이 또 하나의 성장이라고 생각합니다. 정기적인 '작은농부' 활동으로 아이들과 교사가 안정된 공간에서 지속적인 활동을 하고 있습니다. 연간 계획과 활동을 통해 일 년 동안 농사 과정을 놓치지 않고 체험합니다. 씨앗 하나가 자라는 동안 흙과 해, 물과 바람 그리고 농부의 수고로운 노동이 있어야 한다는 것을 깨닫고, 그에 대한 고마운 마음을 새깁니다. 흙과 벌레조차도 함부로 대하지 않고 저마다의 생명을 존중하는 생태적 감수성이 쑥쑥 자라고 있습니다.

또한 부모들의 교육 및 동아리 활동을 위한 장소 및 콘텐츠를 제공하고 있습니다. 부모 교육과 책동아리는 양육에 대한 부모의 태도와 가치관을 세우는 데 보탬이 되었고, 부모들끼리 정보를 나누며 소통하는 장이 되고 있습니다.

더불어, 다양한 사람들이 드나들면서 공동체의 경험을 쌓아가고 있습니다. 종이접기, 바느질, 숲놀이 등 프로그램에 재능기부로 강의를 맡아주었습니다. 여러 지역 사람들이 모여 놀이터를 만들고, 농사에 필요한 밭갈이와 풀베기, 수확에 필요한 일손을 보태기도 합니다. 수도, 전기, 시설 보수 등 구체적인 기술이 필요한 부분까지 자발적인 참여를 통해 이루어지는 경우들이 종종 있습니다. 이런 경험이 쌓여서 공동체를 만들어가는 동력이 될 것으로 기대합니다.

해결해야 할 숙제도 있습니다. 우선 이동 거리가 너무 멀어 접근성이 떨어집니다. 시내에서 차량으로 30분가량 걸리는 곳에 있어서 아이들의 학교와 일상 공간에서 너무 떨어져 있습니다. 초등학생들이 방과 후 스스로 이동할 수 있는 거리가 아니라서 부모의 차량을 이용하여 이동해야 하는 것에 어려움이 있습니다.

또한 터전에 대한 새로운 생각과 전면 검토가 필요합니다. 설계 당시 예산이 부족하여 비닐하우스로 대체해서 실내공간을 만들었습니다. 생태적인 공간과는 거리가 멀게 된 셈이지요. 여름과 겨울을 지나는 동안 습기와 곰팡이, 먼지로 책과 사무기기들이 손상되었습니다. 냉난방에 취약하고 장마 때 물 관리와 겨울 동파 등에 대한 해결책이 필요합니다.

방정환 텃밭책놀이터 3년의 경험이 방정환 교육철학을 펼쳐 내는 다양하고 새로운 터전을 만들어가는 데 디딤돌이 되기 바랍니다. 전국 방방곡곡을 돌면서 맛깔나게 이야기를 들려주며 자기 삶의 주인이 되기를 바랐던 방정환 선생님의 간절한 소망을 되새기면서 '스스로 자라고 서로 배우는 기쁜 우리'가 되어 함께 나아갈 수 있기를 희망합니다.

# 방정환 교육의
# 현대적 의의

## - 이오덕과의 비교를 통해

이주영

# 세대를 뛰어넘은 만남

방정환(1899-1931)과 이오덕(1925-2003)은 26년, 곧 한 세대 차이를 두고 이 땅에 태어났습니다. 그래도 같은 하늘 아래서 6년을 살았습니다. 그러나 방정환은 서울에서 주로 활동했고, 이오덕은 경북 산골에서 태어나 살았기 때문에 서로 만날 기회는 없었습니다. 이오덕이 서울에서 태어나 천도교 유년회나 연동교회 유년부나 불교 소년회를 다녔다면 방정환을 만날 수도 있었을 것입니다. 방정환이 소년회 조직과 지원을 위해 전국을 돌아다닐 때 경북 청송에 갔다면 역시 서로 만날 수 있었을 것입니다. 그러나 현재까지 기록으로는 방정환이 청송에는 가지 않았던 것으로 보입니다. 그럼에도 이오덕이 어릴 때 화목교회 주일학교에서 배운 동요들은 방정환과 그 동지들이 어린이 운동을 하면서 만들어 보급한 노래들입니다. 게다가 방정환 어린이 운동에서 주요 활동이었던 동화 선생님이 매주 오셨다는 기록이 있습니다.[1] 이처럼 화목교회 유년부 주일학교가 방정환과 직접 연결된 기록은 없지만 이오덕이 그곳에서 배운 동요 제목을 보면 방정환의 영향을 많이 받았음을 알 수 있습니다.

실제로 방정환과 이오덕을 연결해준 사람은 이원수(1911-1981)입니다. 이원수와 이오덕이 공식으로 만난 것은 이원수가 펴내던 『소년 세계』 1955년 3월호에 이오덕 동시 〈진달래〉가 발표되면서입니다. 곧 이오덕은 이원수를 통해 문단에 등단했고, 그 뒤로 돌아가실 때까지 스승으로 모셨으며[2], 돌아가신 뒤에는 30권에 이르는 『이원수 전집』을 편찬했습니다. 이원수는 마산에서 신화소년회를 조직해 활동하며 방정환을 초빙해서 지도받았고, 방정환의 지도에 따라 꾸준히 글을 써서 『어린이』에 보냈습니다. 몇 차례 보낸 끝에 〈고향의 봄〉이 뽑혀서 실렸고, 방정환이 작곡가한테 작곡하도록 하여 발표하여 널리 알려지게 되었습니다. 이원수는 윤석중과 함께 방정환 문학 정신을 잇는 양대 산맥으로 평가받고 있습니다. 이런 과정을 볼 때 이오덕은 이원수를 통해 방정환 정신을 이어받았다고 할 수 있습니다. 물론 그 바탕에는 어린 시절 화목교회 주일학교에서 배운 동요와 동화 영향도 있었을 것이고, 동학교도였던 아버지 영향도 있었을 겁니다.

1) 이주영, 『이오덕, 아이들을 살려야 한다』, 보리, 22-23쪽.

2) 위의 책, 29-34쪽 참조.

# 방정환과 이오덕

　방정환과 이오덕은 닮은 부분도 있고 다른 점도 있습니다. 방정환은 일제 침략자 감시 속에서 잡지를 통해 자기 생각을 널리 알렸고, 소년회라는 조직을 통해 민족독립과 어린이 해방을 실현시키고자 노력했습니다. 이오덕은 독재정권 감시와 탄압이 심한데도 이에 굴복하지 않고 민주교육과 어린이 해방을 위해 노력했습니다. 방정환은 중앙보육학교에 출강하기는 했지만 학교 밖에서 어린이 운동을 했습니다. 어린이들이 스스로 소년회를 조직하여 자치활동을 하면서 스스로 깨닫고 서로 배우며 사람답게 자랄 수 있도록 북돋워 주었습니다. 이오덕은 방정환과 달리 1944년부터 1986년까지 42년간 초·중등학교 교사, 교감, 교장으로 근무했습니다. 퇴직할 때까지 평생 학교 안에서 민주학급과 모둠활동을 통해 어린이들이 스스로 깨닫고 서로 배우며 사람답게 자랄 수 있도록 교육을 실천했습니다. 방정환은 소년회 지도자들이, 이오덕은 교사들이 어린이들 삶을 가까이서 잘 살펴보면서 그들로부터 배워야 한다고 강조했습니다. 방정환은 어린이들을 어른보다 높게, 하늘님으로 모셔야 한다고 했습니다. 이오덕은 어린이들을 하늘처럼 섬기는 교실이 되어야 한다고 했습니다.

　어린이와 교육에 대한 방정환과 이오덕의 생각은 비슷하거나 닮은 점이 많습니다. 많은 글에서 추출해낼 수 있는데, 여기서는 『어린이 찬미』[3]를 바탕으로 교육에 대한 두 사람 생각을 간략하게 견주어 보겠습니다.

　첫째, '어린이란 누구인가?'에 대한 생각입니다. 방정환은 "어린이가 자는 얼굴을 들여다보라. 하늘님 얼굴을 발견하게 된다.", "더할 수 없는 참됨과 더 할 수 없는 착함과 더할 수 없는 아름다움을 갖추고[4], 그 위에 또 위대한 창조의 힘까지 가진 어린 하늘님이 편안하게 고요한 잠을 잔다."고 했습니다. 이오덕은 "어린이야말로 인간의 가장 순수한 원형이요, 희망이다. 그것은 버리고 지양해야 할 유치하고 미개한 상태가 아니라, 지키고 키워가야 할 가장 깨끗하고 착하고 참되고 아름다운 세계다. … 어른들은 아이들 인격을 존중해야 하며, 그들과 같이 놀고 일하는 동안 함께 이치를 깨닫고 지혜를 얻고 삶을 배우도록 해야 한다. 즐거운 삶을 살아가게 하는 것이 아이들을 지키는 참교육이다."[5]라고 했습니다. 이오덕이 결성한 한국글쓰기교육연구회 회원들이 교육 현장을 바탕으로 쓴 글을 모아서 서로 배우기 위해 엮은 책 제목도 『아이들을 하늘처럼 섬기는 교실』[6]이라고 했습니다.

　방정환과 이오덕은 이렇게 어린이를 '부모의 소유물이고 미성숙한 작은 짐승'이 아니라 독립된 한 사람으로 인식했고, 어른보다 더 높고 새로운 사람으로 보았습니다. 나아가 '하늘'이나 '하늘처럼 섬겨야 하는' 존재로 본 것입니다. 방정환은 "어린이는 모두 시인이다. 본 것, 느낀 것을 그대로 노래하는 시인이다. 그 노래에 스며 있는 어린이 생활, 어린이 생각, 어린이 영혼을 볼 수 있는 것이다."[7]라고 했습니다. 이오덕은 『어린이는 모두 시인이다』[8]에서 어린

3) 방정환, 『어린이 찬미』, 현북스. 2020. 〈신여성〉 1924년 6월호에 실린 방정환 글 '어린이 찬미'에서 이주영이 핵심 부분을 간추린 글로 만든 그림책.

4) 위의 책, 5, 8쪽.

5) 이주영, 앞의 책, 201쪽.

6) 한국글쓰기교육연구회 엮음, 『아이들을 하늘처럼 섬기는 교실』, 한길사, 1988.

7) 방정환, 앞의 책, 23쪽.

8) 이오덕, 『어린이는 모두 시인이다』, 지식산업사, 1988.

이 본성과 어린이가 글을 써야 하는 까닭과 방법에 대해 밝혀 놓았는데, 앞에 인용한 방정환 생각을 책 한 권으로 풀어놓았다고 할 수 있습니다.

둘째, '민주교육을 어떻게 해야 할까?'에 대한 생각입니다. 민주교육은 머리로 외우는 지식으로 되는 게 아니라 경험해서 몸으로 익혀야 되는 것입니다. 방정환과 이오덕은 민주교육을 어린이들이 경험을 통해 몸으로 익히게 하려고 온 힘을 다했습니다. 방정환은 어린이들이 스스로 소년회를 조직하고 운영해야 한다고 권유했습니다. 소년운동가들은 어린이들이 소년회를 스스로 조직하고 운영하도록 돕는 사람이어야 한다는 것입니다. 그런 원칙과 모범이 되는 해외 사례를 잡지에 여러 차례 실었습니다. 소년회에서 하는 다양한 활동을 어린이들이 의논해서 실천하도록 했습니다. 어린이가 중심이 되어 민주국가를 만들어가는 꿈은 이원수가 쓴 동화『숲 속 나라』(1949)[9]를 통해 살짝 엿볼 수 있습니다. 이오덕은 "교사가 아이들 편에 서서 참교육을 하겠다는 결심만 한다면 아무리 나쁜 상황이라도 민주 교육을 어느 정도 할 수 있고. 아이들을 지킬 수 있을 것"[10]이라고 했습니다. 그 실천 방법을『참교육으로 가는 길』[11]에서 자세히 밝혀 놓았고,『우리말로 살려놓은 민주주의』[12]에 헌법, 유엔 어린이 권리 협약, 학급회의 방법을 써 놓았습니다. 교사와 학생이 동등한 자격으로 협의해서 학급 헌법을 만들도록 했고, 이오덕 교육을 지지하는 많은 교사들이 이런 방식을 실천했습니다. 한국글쓰기교육연구회 누리집 회보 자료방에 가면, 창립한 1983년부터 현재까지 거의 달마다 펴낸 회보에 실린 글에서 그 실천 흔적을 찾아볼 수 있습니다. 윤구병, 이상석, 주중식, 이호철, 김종만, 탁동철, 주순영, 이무완, 이영근, 강승숙, 이부영, 구자행, 윤일호를 비롯한 한국글쓰기교육연구회 회원들이 학급에서 실천한 사례를 쓴 책들에서도 얼마든지 예를 찾아볼 수 있습니다.

셋째, '어린이는 자연과 함께 자라야 한다.'는 생각입니다. 방정환은 "봄이 왔다고 종달새와 함께 노래하는 이도 어린이고, 꽃이 피었다고 나비와 함께 춤추는 이도 어린이다. 비가 온다고 즐겨 하는 이도 어린이요. 저녁 하늘이 빨개진다고 기뻐하는 이도 어린이다. 눈이 온다고 기뻐하는 이도 어린이다. 모든 자연을 골고루 좋아하고, 태양과 함께 춤추며 사는 이가 어린이다."[13] 라고 했습니다. 이 말에는 어린이는 자연 속에서 자연과 함께 자라야 한다는 소망이 가득 담겨 있습니다. 이오덕은 어린이들이 자연을 알고, 자연을 사랑하고, 자연 속에서 직접 보고 경험하며 자랄 수 있도록 해야 한다고 늘 강조했습니다. 한국글쓰기교육연구회에서 여름방학과 겨울방학 때 연수를 했는데, 그때마다 교사들이 풀과 나무 이름부터 제대로 알아야 한다고 했습니다. 2003년 8월 25일 돌아가셨는데, 그 며칠 전인 8월 16일에 쓴 시 마지막 구절이 이런 절규였습니다. "아이들에게 흙을 밟게 해야 한다./푸른 하늘을 쳐다보게 해야 한다./풀과 나무처럼 숨 쉬게 해야 한다./아이들을 들과 산으로, 푸른 하늘 푸른 들로 보내어/풀처럼 나무처럼 자라게 해야 한다."[14]

넷째, '어른이 아이들에게 배워야 한다.'는 생각입니다. 방정환은 "어린이 생활, 그것 그대로가 하늘님 뜻이다. 어린이 생활을 자주 가까이 보는 사람, 어린이 생활에서 배울 수 있는 사람은 그만큼 큰 행복을 얻을 것이다."[15]라고 노래했습니다. 부모와 교사를 포함한 어른들은 어린이 생활을 자주 가까이서 살펴보고, 그 생활에서 배울 수 있어야 한다는 것입니다. 방정환은 어른이 앞서가는 사람이 아니라 어린이가 앞서가는 사람이라고 했습니다. 앞서가는 사람을 따라가야지 뒤로 잡아끌면 안 된다고 했습니다. 어린이 교육

9)  이원수, 『숲 속 나라』, 웅진, 2003.

10) 이주영, 앞의 책, 56쪽.

11) 이오덕, 『참교육으로 가는 길』, 한길사, 1990.

12) 이오덕, 『우리말로 살려놓은 민주주의』, 지식산업사, 1997.

13) 방정환 이주영, 앞의 책 9-16쪽 참조.

14) 이오덕, 『이 지구에 사람이 없다면 얼마나, 얼마나 더 아름다운 지구가 될까?』, 고인돌, 2011.

15) 방정환 이주영, 앞의 책, 20쪽.

본질과 원리를 잘 은유하고 있다고 봅니다.

　처음 이오덕 선생님이 주관하는 연수에 참여했을 때, 교사는 아이들을 가르치기만 하는 사람이 아니라 아이들한테 배우는 사람이어야 한다는 말을 듣고 깜짝 놀랐습니다. 교육대학에서는 잘 가르치는 방법만 배웠습니다. 그나마 현장에 나왔을 때 단순한 기본 기능 외에는 별 도움이 되지 않았습니다. 아이들한테 배우는 방법은 물론 배워야 한다는 말도 들어보지 못했습니다. 나는 교사로서 자질이 부족하고 둔해서 이 말을 배우고도 몸으로 어느 정도나마 깨달아 익히는 데 10년도 더 걸렸습니다. 아직 반도 못 미치는 것 같습니다. 이오덕은 『아이들에게 배워야 한다』[16]에서 어른들이 왜 아이들에게 배워야 하는지에 대해 구구절절 피를 토하듯 썼습니다. 이 개념은 이오덕이 주장하는 글쓰기 교육에서 가장 중요한 원리이기도 합니다. 이 말을 깨달아 몸으로 실천하지 못하면 삶을 가꾸는 글쓰기 교육, 곧 참교육이 불가능합니다.

　다섯째, '쉽고 바른 우리말과 글을 살려 써야 한다.'는 생각입니다. 방정환은 한글 보급과 발전에 주시경 못지않게 큰 업적을 남겼습니다. 방정환 글은 100여 년 전에 쓴 것인데 지금 읽어도 크게 어색하지 않습니다. 이러한 방정환 문체가 『어린이』를 통해 독자들에게 전달되었을 것입니다. 또 여름과 겨울 방학 때면 고향으로 돌아가는 중등학생들에게 방정환은 이렇게 말했습니다. "여러분은 '조선의 아들이요 딸이다. 시골에 돌아가는 40일 960여 시간, 쉬는 학생이 되지 말고 일하는 학생이 되라. 조선의 아들과 딸에게는 편히 쉬는 방학이 있을 수 없다. … 그대들에게는 전지에 가는 출전이어야 한다. … 아아 학생군총동원! … 총동원 총공격의 나팔 소리가 귀를 뚫지 안느냐."(『학생』 2권 7호. 1930. 7.)[17] 이렇게 학생들에게 권했던 방학 중 총공격 임무 가운데 하나가 바로 한글을 가르치는 일이었습니다. 한 번에 많이 모으지 말고, 배울 사람이 있는 곳으로 찾아가서 예닐곱 명 정도만 모아서 하라고 했습니다. 일제 감시를 피하기 위해서였을 것입니다.

이오덕 역시 쉽고 바른 우리말과 글을 써야 한다는 생각이 방정환 못지않게 확고했습니다. 한자말에 죽어가는 우리말을 살리자고 했습니다. 한자말 하나를 죽이면 우리말 열 개를 살린다고 했습니다. 또 말이 민주화되지 않으면 참된 정치 민주화나 경제 민주화가 이뤄질 수 없다고 했습니다. 일본말법이나 서양말법을 마구 쓰는 지식인들이 독재 권력의 주구가 되고, 민주주의를 짓밟는 데 얼마나 어떻게 영향을 미치는지를 『우리글 바로쓰기』[18]를 통해 통렬하게 밝혀주었습니다. 1980~90년대, 조금이라도 귀와 눈을 열려고 했던 교육자, 출판인, 언론인, 법조인, 정치인을 비롯한 각계각층 지식인들에게 큰 충격과 반성의 기회를 주었습니다. 방정환이 한글 보급에 큰 업적을 남겼다면 이오덕은 우리말과 글 바로 쓰기 운동에 큰 업적을 남겼습니다. 쉽고 바른 우리말을 한글로 써야 한다는 방정환 뜻을 가장 잘 실천했다고 할 수 있습니다.

---

16) 이오덕, 『아이들에게 배워야 한다』, 길, 2004.

17) 장정희, 「방정환의 학생운동의 방향과 실제」, 방정환 창간 『학생』지 특별학술포럼 자료집, 2021, 87, 89, 90쪽 참조.

18) 이오덕, 『우리글 바로쓰기』, 한길사. 1989. 이 책이 준 충격이 컸고, 많은 분의 호응을 받아서 1990년대 말까지 10여 년 동안 같은 제목으로 5권까지 더 나왔다.

# 참교육과 혁신교육

한국 현대교육사를 살펴보면 방정환과 이오덕이 아주 중요한 자리에 놓여 있음을 알 수 있습니다. 현대교육이 지향하는 가장 큰 특징은 자유와 민주, 인간 해방과 평등입니다. 이런 관점에서 볼 때 나는 한국 현대교육 시작을 1860년 최제우가 동학을 선포한 때부터라고 생각합니다. 최제우는 동학이 종교가 아니라 학문이라고 선언했습니다. 그 학문을 제자들에게 가르쳤습니다. 최시형은 수십 년을 숨어다니며 가르쳤습니다. 그 성과를 보면 최제우와 최시형은 19세기 조선에서 가장 뛰어난 교육자라고 할 수 있습니다. 또 하나의 흐름이 있습니다. 미국 교육을 들여온 서재필과 헐버트를 비롯한 기독교 교육자들이 있습니다. 이들로부터 교육받은 안창호와 주시경 역시 뛰어난 교육자들입니다. 한국 현대교육사에서 국내외의 진보적 교육사상을 가장 잘 품어서 발전시킨 사람이 방정환입니다.

방정환 교육사상을 세대를 뛰어넘어 되살린 사람은 앞에서 살펴본 것처럼 이오덕이라고 할 수 있습니다. 이오덕 교육사상을 흔히 '참교육'이라고 합니다. 사실 참교육은 특별한 사상이라기보다는 교육현장에서 횡행하는 거짓교육에서 벗어나 교육의 본질을 회복하자는 운동이라고 보면 됩니다. 해방 후 한국 교육학자들이 미국 피바디 대학에 가서 루소와 존 듀이, 민주시민교육 연수를 받고 돌아왔습니다. 이들은 미국식 민주교육을 '새교육'이라고 불렀습니다. 그러나 자유당 독재정부가 교육을 장악하기 위해 1957년 시학제를 부활시키면서 교육이론과 교육현장은 완전히 유리되었습니다. 겉으로는 민주교육을 말하면서 속으로는 일제 식민지 노예교육 사상과 방법을 부활시켰기 때문입니다. 5·16 군사반란으로 정부를 찬탈한 박정희와 군부세력은 더욱 반민주·반민족·반인간교육으로 치달았습니다.

이오덕은 거짓된 민주교육을 참된 민주교육으로, 거짓된 민족교육을 참된 민족교육으로, 거짓된 인간교육을 참된 인간교육으로 되살려야 한다고 했습니다. 그래서 처음에는 '참된 교육'이라고 했는데, 1980년 초부터 '참교육'이라는 말이 교사와 학부모들 공감을 받으면서 확산되었습니다. 참교육 실천 가운데 하나가 촌지 거부 운동입니다. 이오덕은 '촌지'라는 말을 '돈봉투' '뇌물'이라고 불러야 한다고 했습니다. 당시 촌지 풍토는 교사들의 자존감과 도덕심을 약화시키고, 교육 민주화를 가로막았고, 교사를 아이들 편이 아니라 교육관료와 독재정부의 시녀로 전락시키는 독이었습니다. 이오덕을 따르는 젊은 교사들이 승진과 촌지 거부 운동에 동참하면서, 교사로서 당당하게 서기 시작했습니다. 학급민주화를 위해 학생과 학급회의에 권한을 주기 시작했고, 학생들이 말하기와 글쓰기를 통해 자기 경험과 생각을 솔직하게 표현하도록 했습니다. 놀이와 공부와 일을 통합할 수 있도록 교과서 내용을 통합하면서 학급교육과정을 만들기 시작했습니다. 과도한 숙제를 없애고, 경쟁교육을 협력교육으로 바꾸고, 자연과 만나는 체험학습을 실천하기 위해 교육관료들과 싸웠습니다. 지금 돌아보면 아무것도 아닌 것 같지만 1980~1990년대의 20년은 정말 잘 가르치는 길을 찾고 싶어 하던 교사들 수천 명이 징계받거나 해직된 시기였습니다. 1989년 전교조를 결성하면서 내세운 강령이 민주, 민족, 인간화 교육이고, 이를 참교육이라고 불렀습니다. 당시 노태우 정부는 참교육 실천을 주장하던 교사 1,527명을 한꺼번에 해직시키는 국가폭력을 저지르기도 했습니다.

1999년 전교조가 합법화되면서 참교육 실천이 수월해졌습니다. 그래서 한국글쓰기교육연구회 회원이면서 전교조 조합원인 교사들 가운데 특정 공립학교를 정해놓고 모여서 참교육을 실천해 보았습니다. 경기 남한산초등학교와 충남 거산초등학교가 대표 사례입니다. 2009년 경기도에서 최초로 민선 교육감을 선출하면서 전교조 지지를 받은 김상곤 교육감이 당선되었습니다. 김상곤 교육감은 10여 년 동안 교사와 학부모들이 참교육을 추진해서 학생과 학부모들 호응을 받은 사례를 본보기로 제도화하면서 '혁신교육'·'혁신학교'라고 불렀습니다. 그 뒤를 이어 전교조와 참교육을 지지하는 진보교육감들이 14개 교육청에서 당선되었습니다. 교육청마다 참교육 실천을 목표로 하는 학교가 혁신학교, 행복더하기학교, 무지개학교를 비롯한 여러 가지 이름으로 바뀌면서 확산되었습니다. 이를 통틀어 혁신교육이라고 부릅니다.

혁신교육 10년을 넘어가는 현 시점에서 보면 '무늬만 혁신학교'가 많아졌습니다. 그러다 보니 학부모들한테 배척받는 경우도 생겼습니다. 2010년 혁신학교 초기에는 학부모들 호응 때문에 주변 집값이 올랐는데, 2020년대로 오면서 혁신학교가 되면 주변 집값이 떨어진다는 것입니다. 특히 서울 강남 지역에서 반발이 심합니다. 집값 때문에 혁신학교를 유치하거나 배척하는 것 자체가 말도 안 되는 것이지만 현실을 무시해서는 안 됩니다.

혁신학교가 이렇게 된 까닭은 참교육의 뿌리를 잃어버렸기 때문입니다. 현재의 혁신교육, 진보교육은 세 가지 문제로 길을 잃었습니다. 교육행정 편의주의에 매몰되어 교사, 학생, 학부모의 자발성이 약해졌습니다. 혁신학교 실적을 내기 위해 양적 확대에만 매달리다 질이 떨어졌습니다. 더 중요한 것은 혁신교육 방향을 외국에서 찾으려다 뿌리를 잊어버린 것입니다. 혁신교육의 뿌리는 전교조 참교육에 있고, 전교조 참교육의 뿌리는 수십 년 동안 우리 교육 현장에서 연구와 실천을 바탕으로 일궈낸 이오덕의 '삶을 가꾸는 참교육'에 있습니다. 그리고 이오덕 참교육 사상은 앞에서 살펴본 바와 같이 방정환 어린이 해방 사상에 닿아 있습니다. 그런데 혁신학교가 확산되면서 속보다는 겉만 흉내 내거나 외국 사례를 직수입하는 데 치중했습니다.

가다가 길을 잃으면 처음으로 돌아가 초심을 찾아 지키는 것이 오류와 혼란을 극복하는 가장 빠른 길입니다. 지금 시점에서 방정환과 이오덕을 다시 불러내야 하는 까닭입니다. 우리 교육현장에서 방정환과 이오덕이 꼭 부활하기를 기원합니다.

# 구름달 공동체가 꾸는 꿈

김 용 휘

우리나라에 방정환초등학교가 하나도 없다는 말을 듣고 시작한 저희 교육운동이 올해로 7년차가 되었습니다. 아직은 미미합니다. 어린이집 하나와 텃밭책놀이터를 겨우 유지하고 있을 뿐입니다. 그럼에도 여기까지 오는 데 너무도 많은 분들의 노고와 도움이 있었다는 것을 생각하면 가슴이 뭉클해집니다. 좁쌀 한 알에도 온 우주가 담겨있듯이, 이 공간을 만들고 지금에 이르기까지 무수한 사람들의 정성과 마음이 연결되어 있음을 새삼 느낍니다.

지난 7년간을 돌아보자면, 어린이집을 시작하면서 같이 출발한 '잔물결공부모임'에서 나름대로 방정환 교육이념을 정립한 것이 작은 성과라 하겠습니다. 3년간의 공부를 통해 "스스로 자라고 서로 배우는 기쁜 우리"라는 세 가지 핵심을 찾아낼 수 있었습니다. 이를 통해 '지금 여기', 매 순간순간 아이의 욕구와 감정, 의지와 생각을 온전히 존중하고, 늘 가슴에는 기쁨이, 얼굴에는 씩씩함이 넘칠 수 있도록 노력하고 있습니다. 부족한 가운데서도 기본에 충실하며 가슴으로 아이들을 마주하려고 노력하고 있습니다.

물론 여러 현실적인 과제를 안고 있습니다. 아직 어린이집의 공간을 안정적으로 확보하지 못하고 있습니다. 지금 공간은 5년 계약이 끝나고 다시 5년간 계약 연장을 했습니다만, 언제까지 살 수 있을지 불투명한 상황입니다.

게다가 실내는 물론 실외 공간도 아이들이 마음껏 놀기에는 턱없이 협소합니다. 바로 앞에 큰 도로가 있는 점도 늘 불안한 요소입니다.

산 밑 3천 평 정도의 땅에 아이들을 위한 최적의 시설을 생태적으로 설계해서 마음껏 뛰어놀 수 있는 날이 오길 꿈꾸어 봅니다. 초등과정도 같이 운영할 수 있으면 더 바랄 게 없겠지요. 지금은 초등과정이 없다 보니 어린이집을 졸업하면 기존 일반학교로 진학할 수밖에 없어서 이 배움이 연결되지 못하는 것이 가장 안타까운 점입니다. 그래서 초등과정을 만드는 것이 우리 공동체의 가장 시급한 과제입니다.

저희 구름달 공동체는 방정환의 정신을 계승한 '배움'을 통해 아이들이 자기 몸과 마음을 잘 알고, 자신을 진정으로 사랑하면서 주변 친구들, 뭇 생명들, 그리고 작은 물건 하나도 공경할 수 있는 아이가 되길 꿈꿉니다. 자기가 먹는 식재료를 자연농으로 가꾸고, 일주일에 한두 번은 자신과 친구들을 위해 직접 요리를 하고, 자신이 필요한 물건들, 그리고 필요한 공간을 직접 설계해서 친구들과 협동하며 만들 수 있는 아이가 되길 꿈꿉니다.

이 배움을 거친 아이들은 자기 몸을 스스로 다스릴 줄 알아서 몸의 욕구에 끄달리지 않고, 자기 감정을 솔직히 표현하되 가슴의 언어로 평화롭게 전달할 수 있기를, 때론 글이나 영상, 노래와 춤을 통해 아름답게 표현할 수 있기를 꿈꿉니다. 또한 주변이나 세상의 고통을 외면하지 않을 것이며, 기꺼이 작은 도움의 손길을 내밀 수 있는 따뜻하고 깨어있는 의식을 갖춘 아이가 되기를, 어떤 어려움과 곤경을 만나도 씩씩하고 당당하며, 가슴의 기쁨과 얼굴의 미소를 잃지 않고 내면 깊은 곳에서의 고요함이 흔들리지 않는 아이로 성장할 수 있기를 꿈꿉니다. 무엇보다 자기의 내적 씨앗을 온전히 꽃피워내는 것은 물론, 자기실현이 자기성장에 그치지 않고, 주변을 살리고 세상을 살리는 공동체적 살림의 큰 길[大道]로 나아갈 수 있기를 꿈꿉니다.

이 꿈이 실현될 수 있도록 우리 구름달 공동체는 모든 정성과 공경과 믿음을 다해 나가겠습니다. 이 꿈을 같이 꾸는 분들이 더 많아져서 민들레 홀씨처럼 세상에 널리 퍼져 나가길 소망합니다. 고맙습니다.

# 방정환배움공동체 구름달(전 방정환한울학교) 연혁

2014. 1.　　한울연대 겨울 수련회에서 교육문제 제기

2014. 3.　　방정환한울학교 추진위 구성

2014. 9.　　방정환한울어린이집 설립

2016. 4/5.　방정환이야기마당(서울/ 대구)

2016. 5/10.　교사부모연수-유아생태지도사 교육(방정환한울어린이집)

2016. 8.　　방정환한울학교 여름계절학교(경주 용담정)

2016. 11.　　잔물결공부모임 시작

2016. 12. 4. 창립총회

2017. 2.　　터전(경주 현곡면 남사리 605-1. 밭 500평) 기증받음.

2017. 7. 14. 방정환텃밭책놀이터 설립

2017. 9.　　방정환교육철학 논문 발표(김용휘)

2017. 11.　　국제심포지엄 '대한민국영유아교육의 미래 탐색'(김대중도서관)
　　　　　　-방정환한울어린이집 운영사례 발표

2018. 8/10.　동학어린이문화교실(진주, 삼천포)

2018. 10.　　『방정환말꽃모음』(단비) 출간

2018. 9-11.　잔물결양성교육(방정환한울어린이집)

2019. 7.　　<방정환한울어린이집 운영자료집>(방정환한울어린이집 5주년 기념) 발간

　　　 8.　　동학어린이문화교실(진주)

2020. 5-12. 방정환책놀이터 운영

　　　 11.　　방정환생태예술강연회/ 방정환책놀이터(대면), 줌화상회의(비대면)
　　　　　　: 방정환연구소와 공동 주최

2021. 2.　　『서로 배우고 함께 자라요』(모시는사람들) 출간

2021. 5.　　잔물결카페 개장

2021. 7.　　'방정환과 20세기 어린이를 찾아서'(온라인 컨퍼런스)- 실천 사례 발표
　　　　　　: 방정환연구소 주관

　　　 7.　　유치원 1급정교사 승급교육 출강(울산교육연수원 주최)

2021. 9.　　『교사, 방정환에게 길을 묻다』(살림터) 출간

# 삶의 행복을 꿈꾸는 교육은 어디에서 오는가?

● **교육혁명을 앞당기는 배움책 이야기** 혁신교육의 철학과 잉걸진 미래를 만나다!

## 한국교육연구네트워크 총서

**01** 핀란드 교육혁명
한국교육연구네트워크 엮음 | 320쪽 | 값 15,000원

**02** 일제고사를 넘어서
한국교육연구네트워크 엮음 | 284쪽 | 값 13,000원

**03** 새로운 사회를 여는 교육혁명
한국교육연구네트워크 엮음 | 380쪽 | 값 17,000원

**04** 교장제도 혁명
한국교육연구네트워크 엮음 | 268쪽 | 값 14,000원

**05** 새로운 사회를 여는 교육자치 혁명
한국교육연구네트워크 엮음 | 312쪽 | 값 15,000원

**06** 혁신학교에 대한 교육학적 성찰
한국교육연구네트워크 엮음 | 308쪽 | 값 15,000원

**07** 진보주의 교육의 세계적 동향
한국교육연구네트워크 엮음 | 324쪽 | 값 17,000원
2018 세종도서 학술부문

**08** 더 나은 세상을 위한 학교혁명
한국교육연구네트워크 엮음 | 404쪽 | 값 21,000원
2018 세종도서 교양부문

**09** 비판적 실천을 위한 교육학
이윤미 외 지음 | 448쪽 | 값 23,000원
2019 세종도서 학술부문

**10** 마을교육공동체운동:
세계적 동향과 전망
심성보 외 지음 | 376쪽 | 값 18,000원

**11** 학교 민주시민교육의 세계적 동향과 과제
심성보 외 지음 | 308쪽 | 값 16,000원

**12** 학교를 민주주의의 정원으로
가꿀 수 있을까?
성열관 외 지음 | 272쪽 | 값 16,000원

## 한국교육연구네트워크 번역 총서

**01** 프레이리와 교육
존 엘리아스 지음 | 한국교육연구네트워크 옮김
276쪽 | 값 14,000원

**02** 교육은 사회를 바꿀 수 있을까?
마이클 애플 지음 | 강희룡·김선우·박원순·이형빈 옮김
356쪽 | 값 16,000원

**03** 비판적 페다고지는
세상을 변화시킬 수 있는가?
Seewha Cho 지음 | 심성보·조시화 옮김 | 280쪽 | 값 14,000원

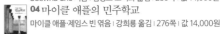
**04** 마이클 애플의 민주학교
마이클 애플·제임스 빈 엮음 | 강희룡 옮김 | 276쪽 | 값 14,000원

**05** 21세기 교육과 민주주의
넬 나딩스 지음 | 심성보 옮김 | 392쪽 | 값 18,000원

**06** 세계교육개혁:
민영화 우선인가 공적 투자 강화인가?
린다 달링-해먼드 외 지음 | 심성보 외 옮김 | 408쪽 | 값 21,000원

**07** 콩도르세, 공교육에 관한 다섯 논문
니콜라 드 콩도르세 지음 | 이주환 옮김 | 300쪽 | 값 16,000원
2019 세종도서 학술부문

**08** 학교를 변론하다
얀 마스켈라인·마틴 시몬스 지음 | 윤선인 옮김
252쪽 | 값 15,000원

**09** 존 듀이와 교육
짐 개리슨 외 지음 | 심성보 외 옮김 | 376쪽 | 값 19,000원

**10** 진보주의 교육운동사
윌리엄 헤이스 지음 | 심성보 외 옮김 | 324쪽 | 값 18,000원

혁신학교
성열관·이순철 지음 | 224쪽 | 값 12,000원

행복한 혁신학교 만들기
초등교육과정연구모임 지음 | 264쪽 | 값 13,000원

서울형 혁신학교 이야기
이부영 지음 | 320쪽 | 값 15,000원

대한민국 교사, 어떻게 가르칠 것인가?
윤성관 지음 | 320쪽 | 값 15,000원

아이들을 어떻게 가르칠 것인가
사토 마나부 지음 | 박찬영 옮김 | 232쪽 | 값 13,000원

## 비고츠키 선집 시리즈 발달과 협력의 교육학 어떻게 읽을 것인가?

**생각과 말**
레프 세묘노비치 비고츠키 지음
배희철·김용호·D. 켈로그 옮김 | 690쪽 | 값 33,000원

**도구와 기호**
비고츠키·루리야 지음 | 비고츠키 연구회 옮김
336쪽 | 값 16,000원

**어린이 자기행동숙달의 역사와 발달 I**
L.S. 비고츠키 지음 | 비고츠키 연구회 옮김
564쪽 | 값 28,000원

**어린이 자기행동숙달의 역사와 발달 II**
L.S. 비고츠키 지음 | 비고츠키 연구회 옮김
552쪽 | 값 28,000원

**어린이의 상상과 창조**
L.S. 비고츠키 지음 | 비고츠키 연구회 옮김
280쪽 | 값 15,000원

**비고츠키와 인지 발달의 비밀**
A.R. 루리야 지음 | 배희철 옮김 | 280쪽 | 값 15,000원

**수업과 수업 사이**
비고츠키 연구회 지음 | 196쪽 | 값 12,000원

**비고츠키의 발달교육이란 무엇인가?**
비고츠키교육학실천연구모임 지음 | 412쪽 | 값 21,000원

**비고츠키 철학으로 본 핀란드 교육과정**
배희철 지음 | 456쪽 | 값 23,000원

**성장과 분화**
L.S. 비고츠키 지음 | 비고츠키 연구회 옮김
308쪽 | 값 15,000원

**연령과 위기**
L.S. 비고츠키 지음 | 비고츠키 연구회 옮김
336쪽 | 값 17,000원

**의식과 숙달**
L.S 비고츠키 | 비고츠키 연구회 옮김
348쪽 | 값 17,000원

**분열과 사랑**
L.S. 비고츠키 지음 | 비고츠키 연구회 옮김
260쪽 | 값 16,000원

**성애와 갈등**
L.S. 비고츠키 지음 | 비고츠키 연구회 옮김
268쪽 | 값 17,000원

**관계의 교육학, 비고츠키**
진보교육연구소 비고츠키교육학실천연구모임 지음
300쪽 | 값 15,000원

**비고츠키 생각과 말 쉽게 읽기**
진보교육연구소 비고츠키교육학실천연구모임 지음
316쪽 | 값 15,000원

**교사와 부모를 위한 비고츠키 교육학**
카르포프 지음 | 실천교사번역팀 옮김 | 308쪽 | 값 15,000원

---

**모두를 위한 국제이해교육**
한국국제이해교육학회 지음 | 364쪽 | 값 16,000원

**혁신교육, 철학을 만나다**
브렌트 데이비스·데니스 수마라 지음
현인철·서용선 옮김 | 304쪽 | 값 15,000원

**혁신교육 존 듀이에게 묻다**
서용선 지음 | 292쪽 | 값 14,000원

**다시 읽는 조선 교육사**
이만규 지음 | 750쪽 | 값 33,000원

**대한민국 교육혁명**
교육혁명공동행동 연구위원회 지음 | 224쪽 | 값 12,000원

**경쟁을 넘어 발달 교육으로**
현광일 지음 | 288쪽 | 값 14,000원

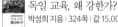
**독일 교육, 왜 강한가?**
박성희 지음 | 324쪽 | 값 15,000원

**핀란드 교육의 기적**
한넬레 니에미 외 엮음 | 장수명 외 옮김 | 456쪽 | 값 23,000원

**한국 교육의 현실과 전망**
심성보 지음 | 724쪽 | 값 35,000원

## 4·16, 질문이 있는 교실 마주이야기 통합수업으로 혁신교육과정을 재구성하다!

 **통하는 공부**
김태호·김형우·이경석·심우근·허진만 지음
324쪽 | 값 15,000원

 **내일 수업 어떻게 하지?**
아이함께 지음 | 300쪽 | 값 15,000원
2015 세종도서 교양부문

 **인간 회복의 교육**
성래운 지음 | 260쪽 | 값 13,000원

 **교과서 너머 교육과정 마주하기**
이윤미 외 지음 | 368쪽 | 값 17,000원

 **수업 고수들**
수업·교육과정·평가를 말하다
박현숙 외 지음 | 368쪽 | 값 17,000원

 **도덕 수업, 책으로 묻고 윤리로 답하다**
울산도덕교사모임 지음 | 320쪽 | 값 15,000원

 **체육 교사, 수업을 말하다**
전용진 지음 | 304쪽 | 값 15,000원

 **교실을 위한 프레이리**
아이러 쇼어 엮음 | 사람대사람 옮김 | 412쪽 | 값 18,000원

 **마을교육공동체란 무엇인가?**
서용선 외 지음 | 360쪽 | 값 17,000원

 **교사, 학교를 바꾸다**
정진화 지음 | 372쪽 | 값 17,000원

 **함께 배움**
학생 주도 배움 중심 수업 이렇게 한다
니시카와 준 지음 | 백경석 옮김 | 280쪽 | 값 15,000원

 **공교육은 왜?**
홍섭근 지음 | 352쪽 | 값 16,000원

 자기혁신과 공동의 성장을 위한
**교사들의 필리버스터**
윤양수·원종희·장군·조경삼 지음 | 280쪽 | 값 14,000원

 **함께 배움 이렇게 시작한다**
니시카와 준 지음 | 백경석 옮김 | 196쪽 | 값 12,000원

 **함께 배움 교사의 말하기**
니시카와 준 지음 | 백경석 옮김 | 188쪽 | 값 12,000원

 **교육과정 통합, 어떻게 할 것인가?**
성열관 외 지음 | 192쪽 | 값 13,000원

 **학교 혁신의 길, 아이들에게 묻다**
남궁상운 외 지음 | 272쪽 | 값 15,000원

 **미래교육의 열쇠, 창의적 문화교육**
심광현·노명우·강정석 지음 | 368쪽 | 값 16,000원

 **주제통합수업, 아이들을 수업의 주인공으로!**
이윤미 외 지음 | 392쪽 | 값 17,000원

 **수업과 교육의 지평을 확장하는 수업 비평**
윤양수 지음 | 316쪽 | 값 15,000원
2014 문화체육관광부 우수교양도서

 **교사, 선생이 되다**
김태은 지음 | 260쪽 | 값 13,000원

 **교사의 전문성, 어떻게 만들어지나**
국제교원노조연맹 보고서 | 김석규 옮김 392쪽 | 값 17,000원

 **수업의 정치**
윤양수·원종희·장군 지음 | 280쪽 | 값 14,000원

 **학교협동조합,**
현장체험학습과 마을교육공동체를 잇다
주수원 외 지음 | 296쪽 | 값 15,000원

 **거꾸로 교실,**
잠자는 아이들을 깨우는 수업의 비밀
이민경 지음 | 280쪽 | 값 14,000원

 **교사는 무엇으로 사는가**
정은균 지음 | 292쪽 | 값 15,000원

 **마음의 힘을 기르는 감성수업**
조선미 외 지음 | 300쪽 | 값 15,000원

 **작은 학교 아이들**
지경준 엮음 | 376쪽 | 값 17,000원

 **아이들의 배움은 어떻게 깊어지는가**
이시이 준지 지음 | 방지현·이창희 옮김 | 200쪽 | 값 11,000원

 **대한민국 입시혁명**
참교육연구소 입시연구팀 지음 | 220쪽 | 값 12,000원

 **교사를 세우는 교육과정**
박승열 지음 | 312쪽 | 값 15,000원

 **전국 17명 교육감들과 나눈 교육 대담**
최창의 대담·기록 | 272쪽 | 값 15,000원

 **들뢰즈와 가타리를 통해 유아교육 읽기**
리세롯 마리엣 올슨 지음 | 이연선 외 옮김 | 328쪽 | 값 17,000원

 **학교 민주주의의 불한당들**
정은균 지음 | 276쪽 | 값 14,000원

**프레이리의 사상과 실천**
사람대사람 지음 | 352쪽 | 값 18,000원
2018 세종도서 학술부문

**혁신학교, 한국 교육의 미래를 열다**
송순재 외 지음 | 608쪽 | 값 30,000원

**페다고지를 위하여**
프레네의 『페다고지 불변요소』 읽기
박찬영 지음 | 296쪽 | 값 15,000원

**노자와 탈현대 문명**
홍승표 지음 | 284쪽 | 값 15,000원

**선생님, 민주시민교육이 뭐예요?**
염경미 지음 | 244쪽 | 값 15,000원

**어쩌다 혁신학교**
유우석 외 지음 | 380쪽 | 값 17,000원

**미래, 교육을 묻다**
정광필 지음 | 232쪽 | 값 15,000원

**대학, 협동조합으로 교육하라**
박주희 외 지음 | 252쪽 | 값 15,000원

**입시, 어떻게 바꿀 것인가?**
노기원 지음 | 306쪽 | 값 15,000원

**촛불시대, 혁신교육을 말하다**
이용관 지음 | 240쪽 | 값 15,000원

**라운드 스터디**
이시이 데루마사 외 엮음 | 224쪽 | 값 15,000원

**미래교육을 디자인하는 학교교육과정**
박승열 외 지음 | 348쪽 | 값 18,000원

**흥미진진한 아일랜드 전환학년 이야기**
제리 제퍼스 지음 | 최상덕·김호원 옮김 | 508쪽 | 값 27,000원

**폭력 교실에 맞서는 용기**
따돌림사회연구모임 학급운영팀 지음 | 272쪽 | 값 15,000원

**그래도 혁신학교**
박은혜 외 지음 | 248쪽 | 값 15,000원

**학교는 어떤 공동체인가?**
성열관 외 지음 | 228쪽 | 값 15,000원

**교사 전쟁**
다나 골드스타인 지음 | 유성상 외 옮김 | 468쪽 | 값 23,000원

**시민, 학교에 가다**
최형규 지음 | 260쪽 | 값 15,000원

**교육과정, 수업, 평가의 일체화**
리사 카터 지음 | 박승열 외 옮김 | 196쪽 | 값 13,000원

**학교를 개선하는 교장**
지속가능한 학교 혁신을 위한 실천 전략
마이클 풀란 지음 | 서동연·정효준 옮김 | 216쪽 | 값 13,000원

**공자뎐, 논어는 이것이다**
유문상 지음 | 392쪽 | 값 18,000원

**교사와 부모를 위한 발달교육이란 무엇인가?**
현광일 지음 | 380쪽 | 값 18,000원

**교사, 이오덕에게 길을 묻다**
이무완 지음 | 328쪽 | 값 15,000원

**낙오자 없는 스웨덴 교육**
레이프 스트란드베리 지음 | 변광수 옮김 | 208쪽 | 값 13,000원

**끝나지 않은 마지막 수업**
장석웅 지음 | 328쪽 | 값 20,000원

**경기 꿈의 학교**
진흥섭 외 지음 | 360쪽 | 값 17,000원

**학교를 말한다**
이성우 지음 | 292쪽 | 값 15,000원

**행복도시 세종, 혁신교육으로 디자인하다**
곽순일 외 지음 | 392쪽 | 값 18,000원

**나는 거꾸로 교실 거꾸로 교사**
류광모·임정훈 지음 | 212쪽 | 값 13,000원

**교실 속으로 간 이해중심 교육과정**
온정덕 외 지음 | 224쪽 | 값 13,000원

**교실, 평화를 말하다**
따돌림사회연구모임 초등우정팀 지음 | 268쪽 | 값 15,000원

**학교자율운영 2.0**
김용 지음 | 240쪽 | 값 15,000원

**학교자치를 부탁해**
유우석 외 지음 | 252쪽 | 값 15,000원

**국제이해교육 페다고지**
강순원 외 지음 | 256쪽 | 값 15,000원

**선생님, 페미니즘이 뭐예요?**
염경미 지음 | 280쪽 | 값 15,000원

**평화의 교육과정 섬김의 리더십**
이준원·이형빈 지음 | 292쪽 | 값 16,000원

학교를 살리는 회복적 생활교육
김민자·이순영·정선영 지음 | 256쪽 | 값 15,000원

 수포자의 시대
김성수·이형빈 지음 | 252쪽 | 값 15,000원

 교사를 위한 교육학 강의
이형빈 지음 | 336쪽 | 값 17,000원

 혁신학교와 실천적 교육과정
신은희 지음 | 236쪽 | 값 15,000원

 새로운학교 학생을 날게 하다
새로운학교네트워크 총서 02 | 408쪽 | 값 20,000원

 삶의 시간을 잇는 문화예술교육
고영직 지음 | 292쪽 | 값 16,000원

 세월호가 묻고 교육이 답하다
경기도교육연구원 지음 | 214쪽 | 값 13,000원

 혐오, 교실에 들어오다
이혜정 외 지음 | 232쪽 | 값 15,000원

 미래교육, 어떻게 만들어갈 것인가?
송기상·김성천 지음 | 300쪽 | 값 16,000원
2019 세종도서 교양부문

 혁신교육지구와 마을교육공동체는
어떻게 만들어지는가?
김태정 지음 | 376쪽 | 값 18,000원

 교육에 대한 오해
우문영 지음 | 224쪽 | 값 15,000원

 선생님, 특성화고 자기소개서 어떻게 써요?
이지영 지음 | 322쪽 | 값 17,000원

 혁신교육지구 현장을 가다
이용운 외 지음 | 348쪽 | 값 18,000원

 학생과 교사, 수업을 묻다
전용진 지음 | 344쪽 | 값 18,000원

 배움의 독립선언, 평생학습
정민승 지음 | 240쪽 | 값 15,000원

 혁신학교의 꽃, 교육과정 다시 그리기
안재일 지음 | 344쪽 | 값 18,000원

 서울의 마을교육
이용운 외 10인 지음 | 352쪽 | 값 18,000원

 교육혁신의 시대 배움의 공간을 상상하다
함영기 외 13인 지음 | 264쪽 | 값 17,000원

 학습격차 해소를 위한 새로운 도전:
보편적 학습설계 수업
조윤정 외 3인 지음 | 225쪽 | 값 15,000원

 평화와 인성을 키우는 자기우정
따돌림사회연구모임 우정팀 지음 | 240쪽 | 값 15,000원

 물질의 새로운 만남
베로니차 파치니-케처바우 지음 | 이연선 외 옮김
240쪽 | 값 15,000원

 미래교육을 열어가는 배움중심 원격수업
하늘빛중학교 원격수업연구회 지음 | 332쪽 | 값 17,000원

## ● 살림터 참교육 문예 시리즈 영혼이 있는 삶을 가르치는 온 선생님을 만나다!

 꽃보다 귀한 우리 아이는
조재도 지음 | 244쪽 | 값 12,000원

 선생님이 먼저 때렸는데요
강병철 지음 | 248쪽 | 값 12,000원

 성깔 있는 나무들
최은숙 지음 | 244쪽 | 값 12,000원

 서울 여자, 시골 선생님 되다
조경선 지음 | 252쪽 | 값 12,000원

 아이들에게 세상을 배웠네
명혜정 지음 | 240쪽 | 값 12,000원

 행복한 창의 교육
최창의 지음 | 328쪽 | 값 15,000원

 밥상에서 세상으로
김흥숙 지음 | 280쪽 | 값 13,000원

 북유럽 교육 기행
정애경 외 14인 지음 | 288쪽 | 값 14,000원

 우물쭈물하다 끝난 교사 이야기
유기창 지음 | 380쪽 | 값 17,000원

 시험 시간에 웃은 건 처음이에요
조규선 지음 | 252쪽 | 값 15,000원

 오천년을 사는 여자
염경미 지음 | 272쪽 | 값 16,000원

 다정한 교실에서 20,000시간
강정희 지음 | 296쪽 | 값 16,000원

# 교과서 밖에서 만나는 역사 교실 상식이 통하는 살아 있는 역사를 만나다

**전봉준과 동학농민혁명**
조광환 지음 | 336쪽 | 값 15,000원

**교과서 밖에서 배우는 역사 공부**
정은교 지음 | 292쪽 | 값 14,000원

**남도의 기억을 걷다**
노성태 지음 | 344쪽 | 값 14,000원

**팔만대장경도 모르면 빨래판이다**
전병철 지음 | 360쪽 | 값 16,000원

**응답하라 한국사 1·2**
김은석 지음 | 356쪽·368쪽 | 각권 값 15,000원

**빨래판도 잘 보면 팔만대장경이다**
전병철 지음 | 360쪽 | 값 16,000원

**즐거운 국사수업 32강**
김남선 지음 | 280쪽 | 값 11,000원

**영화는 역사다**
강성률 지음 | 288쪽 | 값 13,000원

**즐거운 세계사 수업**
김은석 지음 | 328쪽 | 값 13,000원

**친일 영화의 해부학**
강성률 지음 | 264쪽 | 값 15,000원

**강화도의 기억을 걷다**
최보길 지음 | 276쪽 | 값 14,000원

**한국 고대사의 비밀**
김은석 지음 | 304쪽 | 값 13,000원

**광주의 기억을 걷다**
노성태 지음 | 348쪽 | 값 15,000원

**조선족 근현대 교육사**
정미량 지음 | 320쪽 | 값 15,000원

**선생님도 궁금해하는 한국사의 비밀 20가지**
김은석 지음 | 312쪽 | 값 15,000원

**다시 읽는 조선근대 교육의 사상과 운동**
윤건차 지음 | 이명실·심성보 옮김 | 516쪽 | 값 25,000원

**걸림돌**
키르스텐 세룹-빌펠트 지음 | 문봉애 옮김
248쪽 | 값 13,000원

**음악과 함께 떠나는 세계의 혁명 이야기**
조광환 지음 | 292쪽 | 값 15,000원

**역사수업을 부탁해**
열 사람의 한 걸음 지음 | 388쪽 | 값 18,000원

**논쟁으로 보는 일본 근대 교육의 역사**
이명실 지음 | 324쪽 | 값 17,000원

**진실과 거짓, 인물 한국사**
하성환 지음 | 400쪽 | 값 18,000원

**다시, 독립의 기억을 걷다**
노성태 지음 | 320쪽 | 값 16,000원

**우리 역사에서 사라진 근현대 인물 한국사**
하성환 지음 | 296쪽 | 값 18,000원

**한국사 리뷰**
김은석 지음 | 244쪽 | 값 15,000원

**꼬물꼬물 거꾸로 역사수업**
역모자들 지음 | 436쪽 | 값 23,000원

**경남의 기억을 걷다**
류형진 외 지음 | 564쪽 | 값 28,000원

**즐거운 동아시아사 수업**
김은석 지음 | 240쪽 | 값 15,000원

**어제와 오늘이 만나는 교실**
학생과 교사의 역사수업 에세이
정진경 외 지음 | 328쪽 | 값 17,000원

**노성태, 역사의 길을 걷다**
노성태 지음 | 324쪽 | 값 17,000원

**우리 역사에서 왜곡되고 사라진 근현대 인물 한국사**
하성환 지음 | 348쪽 | 값 18,000원

# 더불어 사는 정의로운 세상을 여는 인문사회과학 사람의 존엄과 평등의 가치를 배운다

 **밥상혁명**
강양구·강이현 지음 | 298쪽 | 값 13,800원

 **도덕 교과서 무엇이 문제인가?**
김대용 지음 | 272쪽 | 값 14,000원

 **자율주의와 진보교육**
조엘 스프링 지음 | 심성보 옮김 | 320쪽 | 값 15,000원

 **민주화 이후의 공동체 교육**
심성보 지음 | 392쪽 | 값 15,000원
2009 문화체육관광부 우수학술도서

 **갈등을 넘어 협력 사회로**
이창언·오수길·유문종·신윤관 지음 | 280쪽 | 값 15,000원

 **동양사상과 마음교육**
정재걸 외 지음 | 356쪽 | 값 16,000원
2015 세종도서 학술부문

 **교과서 밖에서 배우는 철학 공부**
정은교 지음 | 280쪽 | 값 14,000원

 **교과서 밖에서 배우는 사회 공부**
정은교 지음 | 304쪽 | 값 15,000원

 **교과서 밖에서 배우는 윤리 공부**
정은교 지음 | 292쪽 | 값 15,000원

 **한글 혁명**
김슬옹 지음 | 388쪽 | 값 18,000원

 **우리 안의 미래교육**
정재걸 지음 | 484쪽 | 값 25,000원

 **왜 그는 한국으로 돌아왔는가?**
황선준 지음 | 364쪽 | 값 17,000원
2019세종도서교양부문

 **공간, 문화, 정치의 생태학**
현광일 지음 | 232쪽 | 값 15,000원

 **인공지능 시대의 사회학적 상상력**
홍승표 지음 | 260쪽 | 값 15,000원

 **동양사상과 인간 그리고 사회**
이현지 지음 | 418쪽 | 값 21,000원

 **장자와 탈현대**
정재걸 외 4인 지음 | 424쪽 | 값 21,000원

 **놀자선생의 놀이인문학**
진용근 지음 | 380쪽 | 값 18,000원

 **포스트 코로나 시대, 예술과 정치**
현광일지음 | 288쪽 | 값 16,000원

 **좌우지간 인권이다**
안경환 지음 | 288쪽 | 값 13,000원

 **민주시민교육**
심성보 지음 | 544쪽 | 값 25,000원

 **민주시민을 위한 도덕교육**
심성보 지음 | 500쪽 | 값 25,000원
2015 세종도서 학술부문

 **교과서 밖에서 배우는 인문학 공부**
정은교 지음 | 280쪽 | 값 13,000원

 **오래된 미래교육**
정재걸 지음 | 392쪽 | 값 18,000원

 **대한민국 의료혁명**
전국보건의료산업노동조합 엮음 | 548쪽 | 값 25,000원

 **교과서 밖에서 배우는 고전 공부**
정은교 지음 | 288쪽 | 값 14,000원

 **전체 안의 전체 사고 속의 사고**
**김우창의 인문학을 읽다**
현광일 지음 | 320쪽 | 값 15,000원

 **카스트로, 종교를 말하다**
피델 카스트로·프레이 베토 대담 | 조세종 옮김
420쪽 | 값 21,000원

 **일제강점기 한국철학**
이태우 지음 | 448쪽 | 값 25,000원

 **한국 교육 제4의 길을 찾다**
이길상 지음 | 400쪽 | 값 21,000원
2019세종도서학술부문

 **마을교육공동체 생태적 의미와 실천**
김용련 지음 | 256쪽 | 값 15,000원

 **교육과정에서 왜 지식이 중요한가**
심성보 지음 | 440쪽 | 값 23,000원

 **식물에게서 교육을 배우다**
이차영 지음 | 260쪽 | 값 15,000원

 **왜 전태일인가**
송필경 지음 | 236쪽 | 값17,000원

 **한국 세계시민교육이 나아갈 길을 묻다**
유네스코태평양 국제이해교육원 지음 | 360쪽 | 값 18,000원

 **대한민국 대학혁명**
대학무상화·대학평준화 추진본부 연구위원회 지음 | 240쪽 |
값 15,000원

 **코로나 시대, 마을교육공동체 운동과
생태적 교육학**
심성보지음 | 280쪽 | 값 17,000원

## 평화샘 프로젝트 매뉴얼 시리즈 학교폭력에 대한 근본적인 예방과 대책을 찾는다

학교폭력 어떻게 만들어지는가
문재현 외 지음 | 300쪽 | 값 14,000원

아이들을 살리는 동네
문재현·신동명·김수동 지음 | 204쪽 | 값 10,000원

학교폭력, 멈춰!
문재현 외 지음 | 348쪽 | 값 15,000원

평화! 행복한 학교의 시작
문재현 외 지음 | 252쪽 | 값 12,000원

왕따, 이렇게 해결할 수 있다
문재현 외 지음 | 236쪽 | 값 12,000원

마을에 배움의 길이 있다
문재현 지음 | 208쪽 | 값 10,000원

젊은 부모를 위한 백만 년의 육아 슬기
문재현 지음 | 248쪽 | 값 13,000원

별자리, 인류의 이야기 주머니
문재현·문한뫼 지음 | 444쪽 | 값 20,000원

우리는 마을에 산다
유양우·신동명·김수동·문재현 지음 | 312쪽 | 값 15,000원

동생아, 우리 뭐 하고 놀까?
문재현 외 지음 | 280쪽 | 값 15,000원

누가, 학교폭력 해결을 가로막는가?
문재현 외 지음 | 312쪽 | 값 15,000원

코로나 19가 앞당긴 미래,
마을에서 찾는 배움길
문재현 외 5인 지음 | 308쪽 | 값 16,000원

## 남북이 하나 되는 두물머리 평화교육 분단 극복을 위한 치열한 배움과 실천을 만나다

10년 후 통일
정동영·지승호 지음 | 328쪽 | 값 15,000원

선생님, 통일이 뭐예요?
정경호 지음 | 252쪽 | 값 13,000원

분단시대의 통일교육
성래운 지음 | 428쪽 | 값 18,000원

김창환 교수의 DMZ 지리 이야기
김창환 지음 | 264쪽 | 값 15,000원

한반도 평화교육 어떻게 할 것인가
이기범 외 지음 | 252쪽 | 값 15,000원

포괄적 평화교육
베티 리어든 지음 | 강순원 옮김 | 252쪽 | 값 17,000원

## 창의적인 협력 수업을 지향하는 삶이 있는 국어 교실 우리말 글을 배우며 세상을 배운다

중학교 국어 수업 어떻게 할 것인가?
김미경 지음 | 340쪽 | 값 15,000원

토론의 숲에서 나를 만나다
명혜정 엮음 | 312쪽 | 값 15,000원

토닥토닥 토론해요
명혜정·이명선·조선미 엮음 | 288쪽 | 값 15,000원

인문학의 숲을 거니는 토론 수업
순천국어교사모임 엮음 | 308쪽 | 값 15,000원

어린이와 시
오인태 지음 | 192쪽 | 값 12,000원

수업, 슬로리딩과 함께
박경숙 외 지음 | 268쪽 | 값 15,000원

언어던
정은균 지음 | 268쪽 | 값 15,000원
2019 세종도서 교양부문

민촌 이기영 평전
이성렬 지음 | 508쪽 | 값 20,000원

감각의 갱신, 화장하는 인민
남북문학예술연구회 | 380쪽 | 값 19,000원

# 참된 삶과 교육에 관한
## 생각 줍기